坂元浩一 著

教養系の
国際経済論

―総合理解から次の一歩まで―

大学教育出版

はじめに

　本書は、大学の教養系、国際系、社会科学系、人文科学系の学部・学科の学生を主な対象とした国際経済論のテキストです。また、経済学の素養に乏しい社会人にも参考になる内容となっています。さらに、経済学を専門として学ぶ学生にとっても、より広い視野から国際経済、世界経済、外国経済を理解できるように工夫してあります。

　本書の特徴は以下の通りです。第1に、国際経済学の多くのテキストはかなり理論に偏っていますが、本書では理論、歴史、政策をバランスよく配合しています。読者が教養としての知識を得られるべく、国際経済、世界経済などの総合的な考え方、これまでの経緯、現実の状況と政策課題を解説しています。

　第2に、本書では理論をわかりやすく説明することを心がけています。類書では、結構難しい図や式による説明がありますが、本書ではそれらは最小限にとどめ、かつ国際経済現象の基本を押さえられるようにしています。

　また、本来国際経済学を学ぶ前に、少なくともミクロ経済学とマクロ経済学を理解しておくことが必要ですが、本書ではこれらの基礎経済学のポイントを説明して、本書1冊で国際経済論ないし国際経済学を理解できるようにしています。「経済学の基本」を囲みで立てて、読者の理解を助けるようにしました。

　以上が、筆者が大学経済学部時代から経済学を苦労して学んできた経験を踏まえた本書の特徴です。加えて、これまで国際協力関係者で経済学の素養がまったくない社会人（日本人の公務員・コンサルタント、外国政府官僚）に対して行った国際経済学や基礎経済学の講義の経験も生かしています。

　第3に、次につながる実践を示すことによって、読者の関心を高めるように工夫してあります。経済系の学問は、読者の日々の生活と直接関係がないために、学生諸君の関心を惹かないという現実の講義での状況を踏まえたものです。

　本書では「次の一歩」を囲みで立てて、ネット・サーベイによる統計などのダウンロードの仕方や『日本経済新聞』などの経済記事の活用方法を示します。また、現場の状況に肉薄すべく、インターネットのホームページを多く引用しま

す。その際に、リアルタイムのビデオも紹介します。加えて、やさしい演習問題も数多く用意しました。

　第4に、多くの国際経済に関わる類書は先進工業国の経済をベースに考えています。本書の中心は一般的な経済理論のベースになるこれらの経済ですが、中国を筆頭とする新興（市場）国など（発展）途上国も適宜扱います。特に、今日の世界金融危機に対処するにあたって、新興市場国がG20サミットなど国際会議の場で存在感を示すようになっています。また、これらの国々に加えて貧困国も扱うことによって、真の国際経済論、世界経済論になると考えます。

　本書執筆にあたっての問題意識として、2008年からの世界金融危機とその後の新しい世界経済・国際経済があります。世界経済の歴史において、世界が動いた特別の日を挙げることができます。政治面においては、2001年9月11日のアメリカでの同時多発テロです。当時のブッシュ政権が経済政策面でも経済・金融の自由化の強制など単独主義に走ることになりました。

　経済面で最も重要な事件は、2008年9月15日のアメリカの投資銀行、リーマン・ブラザーズの破産です。その後のアメリカ、ダウジョーンズ指数や日本の日経平均の株価の暴落に代表される世界経済の落ち込みは、1930年代の大恐慌に次ぐものでした。

　その破産から2か月後、11月15日にG7と有力新興市場国が一緒になったG20のサミットが開催されました。その後、2011年10月までに通算5回のサミットが開催されてきました。

　この政策対応には大きく2つの意味があります。第1に、欧米主体の先進工業国に対して中国を筆頭とする新興市場国の経済規模が大きくなったということです。世界経済、国際経済を運営するに当たって、G7では不十分となったのです。

　第2に、1980年以降、特に冷戦以降の世界において英米主導で強制的に実施された急速な経済・金融自由化が両国で大破局をもたらし、新たな経済秩序が目指されているということです。特に、国際金融を含む金融制度の再構築が焦眉の課題となっています。

　本書は、中国など先進工業国以外の国々を含んだ真の国際経済論であり、また経済や金融の基本を提示しながら、総合的に理解できよう構成されています。

ただし、国際経済事象は幅広く、特に経済・金融などの自由化によりそれまで国内市場と思われていた分野も国際経済の対象となっており、これらの多くの事項・事象を筆者がすべて分析することは困難です。必須の基本的な事項、情報は押さえるとして、サーベイは、浅いものにとどめています。

　また、国際経済の主な課題やテーマ、日本を中心とした世界経済の主要国・経済を扱いますので、個別に深く掘り下げることはしません。よって、読者の理解を深めるために提供する情報はマクロ的なものが中心です。国際的に活躍する専門家が多用し、かつネットなどで入手可能な国一覧表などを多く示すことで、読者の理解を助けています。

　さらに、先進的な金融取引については、深い分析は行いませんが、金融や国際金融の基本的な考え方や理解の仕方は、わかりやすく解説します。

　一方、現実経済を理解するために、経済外の事象も説明することにしました。経済のみが独立で動くわけでなく、自然、社会、政治の方面の重要な条件を第1章で説明しています。ただし、基本的な事項にとどめました。

　本書の構成は、基本的に類書と似通っていますが、大きな違いの一つは、まず総合的に国際経済を理解するために、現代の国際経済問題を第1章で説明しながら、考え方や分析の方法を示したことにあります。また、第2章で国際収支を取り上げ、国際経済取引の全体を理解できるようにしました。その後の第3～5章は、国際金融を含む国際経済の主要項目の個別の分析をします。そして、第6章のオープン・マクロ経済学では理論の総合化と政策論を展開します。

　第7章は国際経済に関わる政策や制度を全般的に扱いますが、今日の世界金融危機後の国際金融制度改革も分析します。

　そして、第8章は、類書の多くと違って、第5章の民間中心の国際金融に加えて、公的金融に対応する途上国に対する経済協力と援助の問題を対象とします。

　末尾ながら、本書の刊行にあたり、お世話になりました大学教育出版の佐藤守社長と編集スタッフの方々に厚くお礼申しあげます。

2012年3月

坂元浩一

教養系の国際経済論
―総合理解から次の一歩まで―

目　次

はじめに ……………………………………………………………………… i
略語表 ……………………………………………………………………… x

序　章　国際化の大進展と人類への挑戦 …………………………………… 1
　　A．世界に展開する日本人　1
　　B．凋落した日本の国際競争力　3
　　C．100年に2度の世界金融危機　6
　　D．人類共通の目標：貧困削減　7

第1章　現代の国際経済—全体像をバランスよくつかむ— ……………… 10
　　第1節　国際経済の捉え方の基本　10
　　　　（1）経済関係のモデル化（単純化）　10
　　　　（2）フロー・アプローチ　19
　　　　（3）ストック・アプローチ　20
　　　　（4）政策枠組み　23
　　　　（5）経済統計　35
　　　　（6）非経済要因　40
　　第2節　世界経済のサーベイ　42
　　　　（1）世界経済の基本構造　42
　　　　（2）文献　56
　　第3節　一国経済のサーベイ　58
　　　　（1）分析枠組み　58
　　　　（2）事例：日本を中心として　65
　　　　（3）文献　68

第2章　国際収支と為替レート—国際経済取引を総括的に知る— ……… 72
　　第1節　国際収支の基礎事項　72
　　　　（1）国際収支の経済における位置づけ　72
　　　　（2）国際収支の特徴　75
　　第2節　趨勢と現況　77

第3節　捉え方の基本　*78*
　　　　（1）分析枠組み　*78*
　　　　（2）国際収支の基礎理論　*86*
　　第4節　政　策　*93*
　　　　（1）国際収支のファイナンス手段　*93*
　　　　（2）事例：黒字国・日本を中心として　*95*
　　第5節　歴史的推移　*97*
　　第6節　ストックとしての対外純資産　*98*
　　第7節　為替レート（相場）　*99*
　　　　（1）基礎事項　*99*
　　　　（2）捉え方の基本　*102*
　　　　（3）政　策　*118*
　　第8節　国際経済取引の国比較　*123*

第3章　国際貿易　*126*

　　第1節　基礎事項　*126*
　　第2節　趨勢と現況　*127*
　　　　（1）世界の貿易　*127*
　　　　（2）日本の貿易　*129*
　　第3節　捉え方の基本　*130*
　　　　（1）分析枠組み　*130*
　　　　（2）貿易理論　*132*
　　第4節　貿易政策　*139*
　　　　（1）保護貿易政策　*140*
　　　　（2）貿易自由化政策　*144*
　　第5節　国分類　*147*

第4章　海外直接投資（FDI） ……………………………………… *150*

第1節　基礎事項　*150*
第2節　趨勢と現況　*151*
（1）世界の投資　*152*
（2）日本の投資　*153*
（3）ストック　*153*
第3節　捉え方の基本　*154*
（1）分析枠組み　*154*
（2）基礎理論　*156*
第4節　政　策　*163*
（1）世界の動向　*163*
（2）日本の動向　*164*
（3）国際競争力ランキング　*165*

第5章　国際金融 ……………………………………………………… *169*

第1節　基礎事項　*169*
第2節　捉え方の基本　*172*
（1）分析枠組み：市場の構成　*172*
（2）分析枠組み：市場の秩序　*180*
第3節　外国為替市場　*184*
（1）基礎事項　*184*
（2）趨勢と現況　*186*
（3）捉え方の基本　*187*
（4）外国為替取引の実際　*190*
第4節　その他の国際金融市場　*190*
（1）資本市場　*191*
（2）オフショア市場　*193*
第5節　政　策　*193*
（1）政策の推移　*194*
（2）世界における自由化　*194*

　　　　（3）日本の国際金融自由化　*195*
　　第6節　証券の国別ランキング　*196*

第6章　開放（オープン）マクロ経済学 ……………………… *199*
　　第1節　IS-LM 分析の基本　*199*
　　第2節　基礎理論　*206*
　　第3節　現実の政策運営　*208*

第7章　国際経済・金融の政策と制度 ……………………… *210*
　　第1節　全体的推移　*210*
　　第2節　ブレトンウッズ体制—1970 年代初めまで　*211*
　　　　（1）ブレトンウッズ体制　*211*
　　　　（2）貿易体制　*212*
　　第3節　ブレトンウッズ体制後の推移　*215*
　　　　（1）経済自由化の推進　*215*
　　　　（2）世界金融危機　*217*
　　第4節　途上国の政策　*219*

第8章　経済協力と援助 ……………………………………… *221*
　　第1節　基礎事項　*221*
　　第2節　趨勢と現況　*223*
　　第3節　捉え方の基本　*225*
　　第4節　政　策　*225*

参考文献・統計 ……………………………………………… *228*

略語表

略　語	正式名称	日本語訳
ADB	Asian Development Bank	アジア開発銀行
AFTA	ASEAN Free Trade Area	アセアン（ASEAN）自由貿易地域
APEC	Asia-Pacific Economic Cooperation	アジア太平洋経済協力会議
ASEAN	Association of Southeast Asian Nations	東南アジア諸国連合
ASEM	Asia Europe Meeting	アジア欧州会議
BHN	Basic Human Needs	ベーシック・ヒューマン・ニーズ
BIS	Bank for International Settlements	国際決済銀行
BOP	Balance of Payments	国際収支
BOP	Bottom of the Pyramid, Base of the Pyramid	（世界の最下層）
BRICs		（ブラジル、ロシア、インド、中国）
BWIs	Bretton Woods Institutions	ブレトンウッズ機関
CDS	Credit Default Swap	クレジット・デフォールト・スワップ
CIF	Cost, insurance, freight	運賃・保険料込みの（輸入金額）
CP	Commercial Paper	コマーシャル・ペーパー
CPI	Consumer price index	消費者物価指数
CPIA	Country Policy and Institutional Assessment	国別政策・制度評価（IDA）
DAC	Development Assistance Committee	開発援助委員会（OECD）
ECB	European Central Bank	欧州中央銀行
EPA	Economic Partnership Agreement	経済連携協定
EU	European Union	欧州連合
EXIM	Export and Import Bank	輸出入銀行
FDI	Foreign Direct Investment	海外（外国）直接投資
FED	Federal Reserve System（FRS）の通称	アメリカ連邦準備制度
FOB	Free on board	本船渡しの（輸入金額）
FOMC	Federal Open Market Committee	アメリカ連邦公開市場委員会
FRB	Federal Reserve Board	アメリカ連邦準備制度理事会
FRS	Federal Reserve System	アメリカ連邦準備制度
FSA	Financial Services Agency	（日本）金融庁
FSA	Financial Services Authority	（イギリス）金融サービス機構
FSB	Financial Stability Board	金融安定化委員会
FSF	Financial Stability Forum	金融安定化フォーラム
FTA	Free Trade Agreement	自由貿易協定
G 7	Group of Seven	先進7カ国
G 20	Group of Twenty	20カ国・地域首脳会合
GATT	General Agreement on Tariffs and Trade	関税および貿易に関する一般協定
GCR	Global Competitiveness Report（WEF）	グローバル競争力レポート
GDF	Global Development Finance	世界開発金融
GDP	Gross Domestic Product	国内総生産

略語表　xi

GFS	Government Finance Statistics	財務統計
GFSR	Global Financial Stability Report	国際金融安定性報告書
GNI	Gross National Income	国民総所得
HIPC	Heavily Indebted Poor Countries	重債務貧困国
IBRD	International Bank for Reconstruction and Development	国際復興開発銀行（世界銀行）
IDA	International Development Association	国際開発協会（世界銀行グループ）
IFC	International Finance Corporation	国際金融公社（世界銀行グループ）
IFS	International Financial Statistics	国際金融統計
IMD	Institute for Management Development	（スイスのビジネス・スクール）
IMF	International Monetary Fund	国際通貨基金
IMFC	International Monetary and Financial Committee	国際通貨金融委員会
JBIC	Japan Bank for International Cooperation	国際協力銀行
JETRO	Japan External Trade Organization	日本貿易振興機構、ジェトロ
JICA	Japan International Cooperation Agency	国際協力機構
LIBOR	London Inter-Bank Offered Rate	ロンドン銀行間取引金利
M&A	Merger and Acquisition	合併・買収
MDGs	Millennium Development Goals	（国連）ミレニアム開発目標
MDRI	Multilateral Debt Relief Initiative	多国間債務軽減イニシアティブ
NAFTA	North American Free Trade Agreement	北米自由貿易協定
NIEs	Newly Industrializing Economies	新興工業経済
NTB	Non-tariff Barrier	非関税障壁
ODA	Official Development Assistance	政府開発援助
OECD	Organization for Economic Cooperation and Development	経済協力開発機構
OOF	Other Official Flow	その他政府資金
OPEC	Organization of the Petroleum Exporting Countries	石油輸出国機構
OTC	Over-the-counter	店頭取引
PRGF	Poverty Reduction and Growth Facility	貧困削減・成長ファシリティ
PRSP	Poverty Reduction Strategy Paper	貧困削減戦略ペーパー
S&P	Standard & Poor's	スタンダード・アンド・プアーズ
SAL	Structural Adjustment Lending	構造調整融資
SAP	Structural Adjustment Program	構造調整計画
SDR	Special Drawing Rights	特別引出権
TPP	Trans-Pacific Partnership	環太平洋戦略的経済連携協定
UNMDGs	United Nations Millennium Development Goals	国連ミレニアム開発目標
WCY	World Competitiveness Yearbook (IMD)	世界競争力年鑑
WDI	World Development Indicators	世界開発指標
WDR	World Development Report	世界開発報告
WEF	World Economic Forum	世界経済フォーラム
WEO	World Economic Outlook	世界経済見通し
WTO	World Trade Organization	世界貿易機関

序章

国際化の大進展と人類への挑戦

A. 世界に展開する日本人

　海外における在留邦人数については、外務省のホームページに一覧表があります。渡航関連情報に、多くの統計と短い解説があります。
　『海外在留邦人数調査統計』平成23年速報版によれば、平成22（2010）年10月1日現在の推計で、日本の領域外の日本人在留者は100万人を少し超える114万3,357人です。2009年は113万1,807人です。2000年から2006年にかけてかなり増加してきましたが、その後は増加率が減っています。
　1999年に女性が男性を上回りましたが、2010年には女性が全体の約52％を占めています。男性より約4万5,900人多いです。地域的には、北アメリカと西欧で女性が男性を上回っています。
　在留者は、長期滞在者と永住者の合計です。2010年には永住者数が38万4,569人で全体の33.6％を占めました。北米地域が一番多く、7,043人です。次はオーストラリアを含む大洋州の3,116人です。
　表Aによれば、地域別にはアメリカが最も多いですが、中国がそれに次いでいます。ビジネスに関わる長期滞在者数でみても同様の順序です。日本企業にとって世界最大の取引先であるアメリカにおける滞在者が一番多かったですが、中国の重要性が高まり、またタイとシンガポールといった東南アジアでの滞在者数が増えています。
　都市別にみると、在留邦人総数ではロサンゼルス、ニューヨーク、上海の順ですが、長期滞在者数では上海の5万289人がトップです。次いで、ニューヨーク

(4万4,819人)、ロサンゼルス（4万3,147人）、バンコク（3万3,271人）、大ロンドン（2万8,523人）となっています。

また、2009年の報告によると、オーストラリアや中国南部の珠江デルタ地域での滞在者数が急激に増えています。

就学子女総数は、2005年にアジアがアメリカを上回り、2010年には2万5,626人となっています。世界全体では6万7,322人です。

日本経済の国際化により多くの日本人が海外に住むようになっています。長期滞在者数の方が多いですが、海外に住みつく永住者も全体の3分の1を占めます。また、女性の進出が顕著です。

表A　世界の在留邦人数

順位	国	万人	都市	万人
1	アメリカ	38.8	ロサンゼルス	6.9
2	中国	13.2	ニューヨーク都市圏	5.7
3	オーストラリア	7.1	上海	5.0
4	イギリス	6.2	大ロンドン	3.6
5	ブラジル	5.8	バンコク	3.4
6	カナダ	5.4	シドニー	2.6
7	タイ	4.7	シンガポール	2.5
8	ドイツ	3.6	バンクーバー	2.2
9	大韓民国	2.9	香港	2.1
10	フランス	2.7	サンフランシスコ	1.7
11	シンガポール	2.5	サンディエゴ	1.5
12	台湾	2.2	サンパウロ	1.3
13	フィリピン	1.8	サンノゼ	1.3
14	ニュージーランド	1.4	メルボルン都市圏	1.3
15	イタリア	1.2	ホノルル	1.2
16	アルゼンチン	1.2	台北	1.2
17	インドネシア	1.2	マニラ首都圏	1.0
18	マレーシア	1.0	北京	1.0
19	スイス	0.9	パリ	1.0
20	ベトナム	0.9	トロント	1.0

注：在留邦人数は永住者と長期滞在者の合計。
出所：外務省『海外在留邦人数調査統計、平成23年速報版（平成22年10月1日現在）』
http://www.mofa.go.jp/mofaj/toko/tokei/hojin/11/pdfs/2.pdf
（2011年12月18日閲覧）

> **次の一歩①　情報収集**
>
> 世界の各国、各都市の日本人数を調べましょう。
> ・世界の各地域別にどの国、どの都市の在留者が多いかどうか、外務省ホームページを使って調べてみましょう。
> ・皆さんが関心のある世界の国や都市にどれだけの日本人が滞在しているか調べてみましょう。中国の各都市の日本人数を地図にプロットすると面白いでしょう。
>
> ■ステップ（ホームページ）
> 　外務省のホームページを利用します。以下の手順で進んでください。
> 外務省 → 渡航関連情報 → 統計の中の海外在留邦人数統計 → 海外在留邦人数調査統計
> （URLは表Aの出所を参照）

B. 凋落した日本の国際競争力

　スイスの著名なビジネス・スクール、Institute for Management Development（IMD）が、毎年5月に世界の国・地域の国際競争力を比較したWorld Competitiveness Yearbook（WCY、世界競争力年鑑）を発行します。日本の日刊紙にも常に掲載されます。評価の主なベースは、200以上の多岐にわたる指標と各国の多国籍企業の経営者のアンケートの結果です。指標毎に数量化しています。

　興味深いのはIMDの2008年5月発表のランキングのプレス・リリースです。同年がIMDのランキング発表の20年目にあたり、20年前にトップだった日本と当時の比較を行い、経済危機に見舞われたアメリカが「日本の悲劇」を繰り返さないことが提案されています。

　1978年にハーバード大学のボーゲル教授が『ジャパン・アズ・ナンバーワン』を出版しましたが、1980年代の日本経済はまさにそうでした。当時、世界の金融機関の時価総額のベストテンはすべて日本の銀行でした。日本経済の活力、特に工業部門の効率と技術革新により、ナンバーワンの地位は揺らがないとみられていました。

　その後、80年代末のバブルの後遺症として、90年代初めから21世紀初めにかけての長期の低成長が続きます。その間、日本のランキングはどんどん下がっ

ています。表Bによれば、2011年発行のランキングでは26位です。

　世界全体で急激な経済自由化が始まったのが1980年であり、僅か30年の間に日本の相対的な経済力が急激に低下したのです。中国は19位であり、その間国内外の経済活動を自由化した同国が2010年には日本の経済規模を上回ることとなりました。

表B　国際競争力ランキング（20年前との比較）

順位	1989（最初のランキング） OECD加盟国 （先進工業国）	スコア	順位	2011 対象国・地域 （総数59ヵ国）	スコア
1	日本	100.0	1	香港	100.0
2	スイス	98.5	1	アメリカ	100.0
3	アメリカ	92.7	2	シンガポール	98.6
4	カナダ	87.3	3	スウェーデン	94.1
5	西ドイツ	85.0	4	スイス	92.6
6	フィンランド	81.5	5	台湾	92.0
7	オランダ	81.2	6	カナダ	90.8
8	スウェーデン	80.5	7	カタール	90.2
9	ノルウェー	79.2	8	オーストラリア	89.3
10	オーストラリア	77.7	9	ドイツ	87.8
	非OECD国・地域	スコア			
1	シンガポール	100.0	19	中国本土	81.1
2	香港	91.5	20	イギリス	80.3
3	台湾	90.0	22	韓国	78.5
4	韓国	75.7	26	日本	75.2
5	マレーシア	73.5	29	フランス	71.4
6	タイ	63.9	32	インド	70.6
7	インド	55.3	44	ブラジル	61.0
8	ブラジル	52.6	49	ロシア	58.4

出所：Institute for Management Development（IMD），"The World Competitiveness Scoreboard 2011," *World Competitiveness Yearbook（WCY）2011*.
　　http://www.imd.org/research/publications/wcy/upload/scoreboard.pdf
　　1989年については、IMD, *Press Release, WCY 2008（20th Year Anniversary Release）*, in F. A. Hayek Foundation Bratislava
　　http://www.hayek.sk/images/stories/media/WCY/IMD_TS.pdf
（上記URL、2011年9月25日閲覧）

2008年のプレス・リリースでは、以下の教訓が挙げられています。

 Benjamin Franklin:

 "even a small hole can sink a big ship…"「小さな穴が巨艦を沈める」

経済強国も、問題が金融部門からのものであると、危機に陥る可能性があるということです。しかし、日本の「失われた10年（90年代）」に比較して、2008年からの世界金融危機の震源地であるアメリカの競争力は高い評価を受けています（表B参照）。

次の一歩②　情報収集

世界の国々の競争力を比較してみましょう。
　World Competitiveness Yearbook（WCY、世界競争力年鑑）の国別競争力ランキング表をダウンロードして、印刷しましょう。世界の投融資機関が注目する60弱の国だけが対象です。

■ステップ（ホームページ）
　以下に、表Bで引用した2011年版（同年5月発行）へのアクセスを示します。
IMD（www.imd.org）→ Research & Knowledge → Research Centers → World Competitiveness Center → IMD World Competitiveness Yearbook → 2011 Results → WCY 2011 Rankings（プレゼンを行う白人男性の写真をクリック）→ Download WCY 2011 Rankings
　The World Competitiveness Scoreboard を得られます。棒グラフのランキングであり、印刷できます。表Bに挙げた上位の国から、最下位のベネズエラまでを横断的に見ることができます（URLは表Bの出所を参照）。

次の一歩③　ビデオ視聴

最新の『世界競争力年鑑』の発表に関わる英語のビデオを見てみましょう。
　世界中の投融資機関や識者が毎年注目する国別ランキングの発表です。かなり早い英語ですが、上の②のランキング表を見ながら見ると、なかなか面白いです。

■ステップ
　上記②のステップで、最後のDownload WCY 2011 Rankings の左側のドキュメントをクリックできるようになっています。ステップは年により異なることがあります。（URLは表Bの出所を参照）

> 次の一歩④　情報収集
>
> 他の国際競争力ランキングを見てみましょう。
> 　上記に紹介したIMDの世界競争力年鑑と並んで有名な文献が、Global Competitiveness Report（GCR）です。同じくスイスにある非営利機関の世界経済フォーラム（World Economic Forum: WEF）が毎年秋に発表します。WEFは、毎年1月末にダボス会議を開催することで有名です。世界中の政治家、多国籍企業のトップなど500人以上が集います。本書の第4章第4節（3）を参照してください。筆者は、GCRの日本のランキングの方をとります。なお、他の文献も紹介しています。

C. 100年に2度の世界金融危機

　2008年からの世界金融危機の震源地はアメリカです。2007年のサブ・プライム・ローンの不良債権化による金融不安もアメリカ発です。サブ・プライム・ローンはアメリカの低所得者層に対する住宅ローンであり、それを組み込んだ金融商品が同ローンの回収困難により不良債権となって金融機関の経営を悪化させたのです。

　よく「100年に1度の危機」と言われますが、本当は「100年に2度の危機」です。すなわち、1929年10月24日のニューヨーク（ウォール街）の株式市場の大暴落（「暗黒の木曜日（ブラック・サーズデイ）と言われる）に始まり、1933年まで世界中の国々を不況に陥れた「大恐慌」があるからです。

　表Cで、大恐慌と2008年からの世界金融危機を比較してみました。なるほど、2010年までの指標を見る限り、大恐慌の方がかなり深刻です。アメリカの雇用統計は通常、毎月第1金曜日に、アメリカ政府労働省から発表されます。2011年10月は、数か月ぶりに失業率が下がり、9.0％となっています。

　しかし、上記のBで触れましたが、金融部門から生じた不況は長引く傾向があります。日本は90年代を中心に「失われた10年」を経験しました。2008年から3年経った2011年の夏には深刻なユーロ問題が生じており、世界経済は不況から脱却できない状態が続いています。

　世界経済の現状や今後の見通しについては、本書の第1章第2節（2）で、アメリカ、ワシントンD.C.の記者会見を視聴してみましょう。世界金融危機につ

表C　世界金融危機下の米国経済（大恐慌との比較）

	1929	1933	1939	1945		2007	2008	2009	2010
実質GDP (2000年価格、10億ドル)	865	636	951	1,786	実質GDP (2000年価格、10億ドル)	13,206	13,162	12,703	13,088
実質GDP (1929年=100)	100	73	110	206	実質GDP (2008年=100)	100	100	97	99
消費者価格指数 (1982-84年=100)	17	13	14	18	消費者価格指数 (2005年=100)	130	110	110	112
消費者価格指数 (1929年=100)	100	76	81	105	消費者価格指数 (2008年=100)	118	100	100	101
労働力（千人）	49,180	51,590	55,230	53,860	労働力（千人）	153,124	154,287	154,142	153,889
失業者（千人）	1,550	12,830	9,480	1,040	失業者（千人）	7,078	8,924	14,265	14,825
失業率（%）	3.2	24.9	17.2	1.9	失業率（%）	4.6	5.8	9.3	9.6

注：労働力については、1947年まで14歳以上人口、1948年以降16歳以上人口が対象である。
出所：1929-1945年については、Krugman, *Macroeconomics*, Worth Wishers, 2006.
　　　2007年以降のGDPについては、IMF, *World Economic Outlook Database, September 2011.*（IMFホームページ）
　　　2007年以降のその他は、IMF, *International Financial Statistics March 2011.*

いては、第7章第3節（2）でその進捗と対策を論じます。

D．人類共通の目標：貧困削減

　21世紀においては、民族問題やテロの問題などがあるものの、経済面では以前と比較して自由に経済活動が行われるようになり、身近な生活の中で世界中の商品を購入できますし、私たちは自由にどの国を訪問することも可能です。
　このように一面でみると経済的繁栄があるものの、世界には極貧にあえいでいる人々が10億人以上いると言われています。こうした中で、人類共通の目的として国連ミレニアム開発目標（United Nations Millennium Development Goals: UNMDGs）があります。2000年の国連ミレニアム総会で決まったもので、8つの目標がありますが、最初の重要な目標が、2015年までに1990年の水準の世界の絶対貧困層を半減させるというものです。
　絶対貧困層は、以前は1日1ドル未満、現在では1.25ドル未満で生活する階

層です。表Dが絶対貧困層の過去と未来です。まず地域別にみると、サハラ以南アフリカ（ブラック・アフリカ）で達成が難しい状況です。特に、アフリカとインドの状況は深刻です。

　国別でみると、インドが4億人、中国が2億人の規模ですが、中国の目覚ましい経済成長により貧困者の数はかなり減ってきています。今後もその傾向が続くとみられ、何億もの貧困者を救った中国の経験は、注目を浴びています。

　もっとも、同国の問題は所得格差であり、2005年で最富裕層10％の所得が最下層の15倍になっています。その後格差は広がったとみられ、経済社会の安定のために、低所得層の雇用と生活水準の向上が課題となっています。この所得格差は、ラテンアメリカなどで深刻な問題であり、犯罪の温床になっていると言わ

表D　絶対貧困層（1990-2020）

地域・国	1990	2005	2015	2020
1日1.25ドル未満で生活する人口の比率（対全人口、％）				
東アジア・大洋州	54.7	16.8	5.9	4.0
中国	60.2	15.9	5.1	4.0
南アジア	51.7	40.3	22.8	19.4
インド	51.3	41.6	23.6	20.3
サハラ以南アフリカ	57.6	50.9	38.0	32.8
欧州・中央アジア	2.0	3.7	1.7	1.2
ラテンアメリカ・カリブ	11.3	8.2	5.0	4.3
中東・北アフリカ	4.3	3.6	1.8	1.5
合計（途上国・地域）	41.7	25.2	15.0	12.8
1日1.25ドル未満で生活する人口数（百万人）				
東アジア・大洋州	873	317	120	83
中国	683	208	70	56
南アジア	579	595	388	352
インド	435	456	295	268
サハラ以南アフリカ	296	387	366	352
欧州・中央アジア	9	16	7	5
ラテンアメリカ・カリブ	50	45	30	27
中東・北アフリカ	10	11	6	6
合計（途上国・地域）	1,817	1,371	918	826

　注：2015年と2020年は予測値。
　出所：World Bank, *Global Economic Prospects 2010*, 2010.

れます。
　本書では、第1章第2節で貧困の現状を把握しています。世界銀行の『世界開発報告』の統計付録の表2に国別の詳しい一覧表があり、図表1-11に示しました。また、第8章で経済協力と援助を論じてこの問題を取り上げます。日本の政府開発援助の最重点分野がこの貧困削減となっています。

第1章

現代の国際経済
――全体像をバランスよくつかむ――

　本章においては、まず第1節で国際経済の捉え方の基本を説明します。そして、その方法論を土台にして、第2節で世界経済を、第3節で一国経済をサーベイします。

第1節　国際経済の捉え方の基本

　本節においては、国際経済の基本的な捉え方として、世界経済、一国経済、そして国際経済取引という分析対象を総合的に理解します。具体的には、次の（1）で複雑な経済現象のモデル化を行って、総合的な分析枠組みを示します。そして、その後の（2）から（4）にかけて経済現象への接近方法（アプローチ）をそれぞれ示します。（5）では、本書で多用し、また実践を行う場合にも使う重要な経済統計を説明します。そして、（6）で、経済現象に影響を与える非経済要因を補完的に説明します。

（1）経済関係のモデル化（単純化）
1）はじめに
　経済現象は多様で複雑に絡み合っていますので、その理解を容易にするために、経済現象の単純化を行います。これをモデル化といいます。いろいろな現象がどのように関連しているかを明確にするためです。図表1-1に、一国経済を対象に、関連する現象や事象を書きこみました。そして、それらの関連性を示しました。世界経済は各国経済の集計ですので、重要な現象や事象などは同じです。詳しくは以下で説明していきます。

第1章 現代の国際経済―全体像をバランスよくつかむ― 11

図表1-1 経済関係のモデル

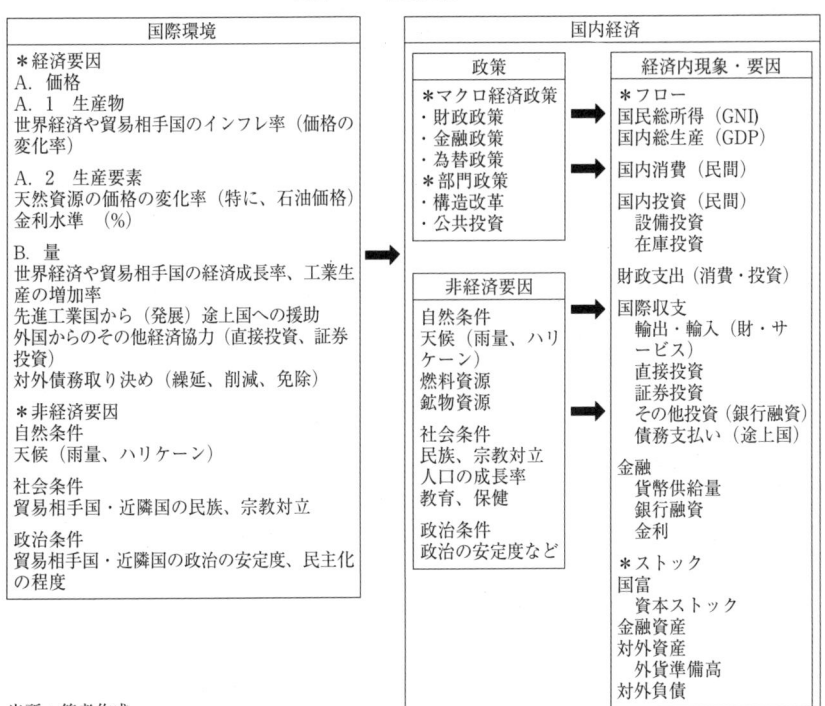

出所：筆者作成。

　モデル化を広く考えると、経済に影響を与える非経済要因についても考慮に入れなければなりません。しかし、本書で社会要因や政治要因などを正面から分析することはできませんので、（6）で要点のみ補完的に挙げるにとどめます。本書では経済現象を中心に説明します。

　まず、一国経済を対象とする場合、当該経済の外側にあるものとして国際経済要因があります。国際経済環境とも言います。当該経済に外から影響を与える国際要因には非経済要因もありますが、それは要点を（6）で説明します。

　国際経済要因あるいは国際経済環境は、当該経済に国の外から影響する要因ということになります。考え方としては、「価格と量」の2つで考えます。経済学の基本①で説明しますが、経済学で多く出てくる2つの用語でセットとなっているものの一例です。経済現象を見る場合、「価格と量」であると肝に銘じましょう。

経済学の基本① 経済学の対象

　経済学の主な対象は市場であり、そこで行われる需要と供給です。市場は大きく分けると最終生産物市場と生産要素（インプット）市場の2つとなります。最終生産物がアウトプットですが、財とサービスが対象です。トマトというモノの市場と、トマトを運ぶ輸送サービス市場があるのです。

　需要と供給は、価格と量によって決まります。特に、近代経済学理論の多くは、価格の変動による需要と供給の調整と、最終的な均衡を扱います。金融市場であれば、金利と貨幣です。

　また、需要は消費、供給は生産と考えられます。消費者と生産者がいるわけです。ただし、需要には投資もありえます。投資については、経済学の基本③を参照してください。

　さらに、需要と供給の実際の主体として、家計と企業があります。家計は消費と貯蓄の行動をとります。企業は生産活動の主体です。

　経済学では、多くの対となる用語がありますので、覚えておくとよいでしょう。主な例は以下の通りです。

経済学理論・政策の対象

	価格	数量
財の需給	相対価格	需給量
サービスの需給	相対価格	需給量
貨幣の需給	金利	需給量
輸入政策	関税障壁	数量制限 （非関税障壁）
工業政策	価格規制	数量規制
金融政策	金利規制	参入・退出規制
	金利政策	貨幣政策
	公定歩合	貨幣政策
	ゼロ金利	量的緩和
産業育成	低金利政策 （政策金利）	信用供与

　経済学理論は、ミクロ経済学とマクロ経済学からなりますが、経済学の基本②で説明します。

2) 国際経済環境としての生産物価格

　上記の用語のセットにしたがって、国際経済要因を図表1-1に分類して記入してあります。まず価格ですが、これも経済学の基本①にありますが、「最終生産物と生産要素」の2つのセットに分けましょう。生産物の価格としては、世界経済や貿易相手国のインフレ率に注目します。物価がプラスの変化をするとインフレーションないしインフレと言いますので、その変化率はインフレ率のことです。インフレ率は価格の変化率で、3.5％などと表されます。物価の上昇率ないし変化率ともいいます。

　一国経済や世界経済をみる場合、インフレ率は最も重要な指標です。（4）で経済政策を論じる場合に説明しますが、多くの国の政府がインフレ率を低くさせることを重要な政策目標としています（図表1-5を特に参照）。インフレ率が低いと、経済全体が安定します。便乗値上げなどが起こって、そのうちに手がつけられないようになって、バブルに発展するようなことになりません。また、インフレ率が低いと金利も低くなり[1]、企業がお金を借りやすくなって、生産活動が安定します。さらに、価格の安定は、為替レート（相場）の安定にもつながり、投機活動なども起こりません。

　国際経済に限ると、世界経済および貿易相手国のインフレ率が安定しているということはこれらの経済が安定しているわけですから、当該国（例えば、日本）によるこれらの国（例えば、アメリカ）への輸出が安定的に成長するでしょう。

　一方、当該国のインフレ率が貿易相手国のインフレ率よりも低い場合、当該国の生産物の価格が貿易相手国の価格よりも相対的に低いわけですから、当該国からの輸出が増える可能性が高まります。いわゆる価格競争力が高まるのです。

　以上がいわゆる実物経済で見た場合ですが、他方、上記のようにインフレ率により金利の水準が異なりますから、当該国のインフレ率がより低くく、その結果として金利が低いと、金利が高い貿易相手国の方へ資金が流出してしまいます。これは金融面で見た場合です。

　それでは、どのような数字を使うのでしょうか。経済学の基本②と関係しますが、どの生産物の価格で見るかということが重要です。利用する指標（数値で動きを表すもの）は2つあります。まず一国の経済全体の生産を表すものとして国内総生産（Gross Domestic Product: GDP）があります。経済を構成する生産

物は価格が異なりますので、それを集計して経済全体の生産の水準を計算したものです。世界の各国のGDPの合計が、世界経済の生産となります。

経済学の基本② ミクロ経済学とマクロ経済学

経済学の理論として、ミクロ経済学とマクロ経済学があります。これらは基礎経済学であり、財政論や国際経済学のベースとなります。ミクロ経済学は以前、微視経済学と訳されていました。企業や家計といった「個別」の経済主体の行動を理論化します。

マクロ経済学は巨視経済学と訳されたことがあります。国全体の生産や消費といった集計された指標（数値で動きを表すもの）を使って、全体的な経済活動の動きを捉えます。

本書でこれから展開しますので、ここでマクロ経済学の基本を説明します。まず統計は国民所得統計あるいは国民経済計算（national accounts）です。生産の合計は、基本的に所得に等しくなります。

よく使われる指標が、国内総生産（Gross Domestic Product: GDP）と国民総所得（Gross National Income: GNI）です。以下の関係があります。

$$GDP + 海外からの純要素所得 = GNI$$

要素所得は生産要素の所得ということで、労働と資本の所得です。国際収支の項目の説明で詳しく説明します。純要素所得の部分を正しく書くと次の式になります。

$$GDP + （海外からの要素所得 - 海外への要素所得） = GNI$$

純所得の純は、上記のように差し引きと言う意味です。よく、ネットで言うと、といいます。途上国の場合、国内の生産活動に従事した外国企業が利潤の本国送金（海外への要素所得）を行いますので、マイナス額が大きく、GDPよりGNIが小さいです。

次に、GDPとその支出項目の間には、以下の関係があります。

$$国内総生産（GDP）=「消費 + 投資 + 輸出 - 輸入」$$

よく以下のように書かれます。

$$Y = C + I + X - M$$

左辺の生産の合計と右辺の支出の合計が等しいということです。消費と投資には輸入品への支出が含まれますので、輸入は引いてあります。

さらに、政府支出（G）を消費（C）や投資（I）から抜き出して、以下の式も使われます。

$$Y = C + I + G + X - M$$

　最後に、GDPなどの指標には名目値と実質値があります。例えば、前者では、2010年の値を計算する場合、同年の生産物の量に価格をかけて集計します。後者では、価格のベースの年を2000年として、2010年でも他の年でも、量はその年の数字を使いますが、価格は2000年の数値を使うのです。こうすることによって、価格の変動による生産の増加分を除くことができるのです。

　国全体の生産物（財とサービス）の全体的な価格をGDPデフレータ（deflator）と言います。デフレータについては、その変化率が国全体のインフレ率として使われます。日本にとっては、主要な貿易相手国であるアメリカや中国のデフレータの変化率、すなわちインフレ率が重要です。

　インフレ率としては、もう一つ指標があります。GDPはその生産物への支出面でみると、「消費＋投資＋輸出－輸入」となります（経済学の基本②参照）。その支出項目の中で、多くの経済で最も比率が高く経済への影響が大きいものとして民間消費があります。その価格を消費者物価指数（Consumer Price Index: CPI）といいます。CPIの変化率は消費者の購買力とも関係しますので、インフレ率と言う場合、CPIの変化率は重要です。一般に、GDPデフレータは3か月ごとの発表、CPIは1月ごとに発表されますので、景気を考える場合、CPIの変化率を使うことが多いです。

3）国際経済環境としての生産要素価格

　次に図表1-1に戻って、今度は最終生産物ではなくて、GDPの生産物を生産するための生産要素（productive factor）を見てみましょう。これも経済学の基本①で説明した「最終生産物と生産要素」のセットです。

　生産要素として代表的なものが労働と資本ですが、国際経済環境として重要な生産要素が、天然資源の価格です。国際市場からどの価格で輸入できるかが特に重要であるからです。

　よく参照されるのは、石油価格です。石油は、プラスチックなど工業製品そのものになると同時に、輸送のためのガソリンなど、経済の幅広い分野で不可欠の資源（インプット）となります。石油価格の上昇は、輸入する機械や原料の価格を全般的に上げる可能性が高く、企業の収益を圧迫します。また、輸入消費財の

図表 1-2　国際経済環境

	1965	1970	1975	1980	1985	1990	1995	1996	1997	1998	1999	2000	2001	2002	2003	2004	2005	2006	2007	2008	2009	2010
原油価格 (スポット, US$/バーレル)																						
平均価格	1.79	1.79	11.45	35.71	27.37	22.99	17.20	20.37	19.27	13.07	17.98	28.23	24.33	24.95	28.89	37.76	53.35	64.27	71.13	97.00	61.80	79.00
ドバイ	1.80	1.80	10.43	35.85	26.51	20.73	16.13	18.54	18.10	12.09	17.08	26.09	22.71	23.73	26.73	33.46	49.20	61.43	68.37	93.80	61.80	78.10
イギリス	2.23	2.23	11.50	37.89	27.61	23.71	17.06	20.45	19.12	12.72	17.70	28.31	24.41	25.00	28.85	38.30	54.44	65.39	72.71	97.70	61.90	79.60
アメリカ	2.92	3.35	11.16	37.88	27.99	24.52	18.43	22.13	20.59	14.42	19.17	30.32	25.87	26.12	31.10	41.45	56.44	66.05	72.29	99.60	61.70	79.40
金 (US$/トロイオンス)																						
イギリス	35	36	161	608	317	384	384	388	331	294	279	279	271	310	364	409	445	604	697	872	973	1225
US$/g (算出)	1.13	1.16	5.18	19.55	10.20	12.33	12.35	12.47	10.64	9.46	8.97	8.98	8.72	9.97	11.69	13.16	14.30	19.43	22.40	28.03	31.29	39.38
円/g (算出)	405	416	1537	4432	2433	1785	1162	1356	1288	1238	1021	967	1059	1250	1355	1424	1577	2260	2638	2897	2927	3457
金利 (ロンドン LIBOR, %)																						
翌日物	4.19	8.05	8.16	16.56	8.04	8.13	5.90	5.35	5.54	-	-	-	3.98	1.75	1.19	1.40	3.25	5.02	5.15	2.31	0.23	0.23
3か月物	4.81	8.51	6.95	14.19	8.40	8.31	6.04	5.51	5.76	5.59	5.41	6.53	3.78	1.79	1.22	1.62	3.56	5.19	5.30	2.91	0.69	0.34
通貨																						
US ドル, REER	-	-	114.90	104.40	142.70	89.40	81.00	82.00	87.20	90.60	89.70	100.00	104.00	102.90	91.70	85.10	83.50	81.60	78.50	75.35	78.91	75.85
円/US ドル (年平均)	360.00	360.00	296.79	226.74	238.54	144.79	94.06	108.78	120.99	130.91	113.91	107.77	121.53	125.39	115.93	108.19	110.22	116.30	117.75	103.36	93.57	87.78

注：「US ドル, REER」は IFS online データで調整した実質実効為替レート (Real Effective Exchange Rate) の年平均値。
2007 年までは IFS online データ。2000 年＝100 としている。2008 年以降は、2005 年＝100 のデータ (IFS March 2011) を使って筆者が算出した。
1 バーレルは約 159 リットル、1 トロイオンスは約 31 グラム。

出所：2007 年までは、IMF ホームページの IFS online の統計 (2008 年 5 月 1 日閲覧) を使って筆者作成。2008 年以降は、IMF の IFS (国際金融統計) March 2011.

価格の上昇は、国内価格の上昇を招きます。

国際石油価格として、1バーレル（barrel）が何ドルかという数字を使います[2]。石油価格は1973年の第1次石油危機前までは、1バーレル3USドル以下でした（図表1-2参照）。それまでは、先進工業国の多国籍企業が価格を支配していましたので、その低価格が日本を含む先進工業国の経済成長に大きく寄与したと言われています。

ところが、政治的な影響もありましたが、1973年に産油国のアラブ諸国が大幅に価格を引き上げたのです。これは、日本経済等には大きな影響を与えました[3]。そして、1978年の引き上げは第2次石油ショックと言われます。

また、2008年からの世界金融危機下で、震源地のアメリカの通貨ドルが弱くなってモノへの資金移動が起こり、2008年の石油価格はかなり高くなりました。さらに、金融危機の継続という背景下で、2011年2月の中東における民主化の影響がありますが、同年にはその価格が100ドルを突破しました。

次に、生産要素として重要なものが資本です。経済学上の資本は金融資本ではなくて、機械や原料などのモノを指します（経済学の基本③参照）。これらの資本を購入するためにお金が必要であり、お金、つまり資金の金利が、生産要素としての資本に関わるものとして重要です。

経済学の基本③　資本

経済学の基本としては、資本（capital）は金融資本でなく、物的資本を意味します。機械、原料、土地です。直接資本が直接的に生産活動に関わり、間接資本は道路などのインフラを指します。

○年○月○日現在の資本の合計を資本ストックといいます。それに対して、資本の変化分が投資（investment）です。前者をストック変数、後者をフロー変数と言います。ストックとフローは、他の経済用語でも出てきます。

機械などの減価償却分を含むのが総投資（gross investment）、含まないのが純投資（net investment）です。②で出てきた「純」という言葉の用途と同じです。グロスとネットというセットも覚えておきましょう。

一方、上では資本をモノないし実物の面で分析しましたが、金融面で重要なものは金利です。金利は「お金の価格」とみなせます。すなわち、お金を運用することで得られるのが金利です。財を取引するのと同じふうに考えましょう。

一般に、多くの企業はお金を借りながら、生産活動を行いますので、どれだけの金利で借りられるのかは大変重要です。借入金で、上記の機械や原料を購入しますので、企業の収益に直結します。金利が低いと企業の投資が増え、金利が高いと投資が減ります。政府は金利の上げ下げによって、経済活動をコントロールします。

　よく使われるのは、国際金利の代表であるロンドン金融市場における銀行間金利（London Interbank Offered Rate: LIBOR）です。世界の投融資機関は、金利差を見ながら、生産活動としての投資活動や資産運用としての金融業務を行います。

　図表1-2でLIBORの動向を見ますと、1980年にかなりの高金利になったのがわかります。70年代末から経済状況が悪かった途上国の多くが債務返済困難に陥りました。それに対して、2008年からの世界金融危機以降、極めて低い金利の時代に入っていることがわかります。

　最後に、図表1-2には、石油価格に加えて、モノの価格として金の価格も示しました。第2次世界大戦後1971年までにはアメリカのドルは金にリンクされて価格が定められていました。そして、日本を含む各国の通貨も固定価格で決まっていました。しかし、1971年にアメリカのニクソン大統領がそのリンクを放棄するという声明を出して、日本円を含めて1973年から変動相場制度に移行しました。その後今日まで、先進工業国では同制度下にあるのですが、アメリカの国際収支赤字が続いたこともあり、ドルの価値が弱くなると、投資家はペーパー・マネーである通貨の代わりに金を買うようになりました。すなわち、通貨安の度に金の価格が上がったのです。

　世界金融危機下で、金の価格も上昇しました。2011年8月にアメリカ政府の債券である連邦債の格付けが初めて最上位から下げられた際に、金購入ブームが起きました。

　最後に、生産要素としての労働は、国をまたがって大量に移動できませんので、国際経済環境としてあまり考えません。途上国の労働の賃金が低いということは、日本からの投資が出ていくという意味で海外直接投資の章で議論します。

4）国際経済環境としての量

　図表1-1の国際経済要因のうち量として重要なものは、世界経済のGDP成長率、主要貿易相手国のGDP成長率です。GDPの成長率を経済成長率と言います。日本経済には、アメリカや中国の経済成長率が大きな影響を与えるでしょう。また、経済の中心部門である工業部門の増加率も、重要な影響を与えます。

　これらの成長率ないし増加率が高いと、日本の輸出が増えます。2008年からの世界金融危機下では、日本の主要輸出先であったアメリカ経済が大変な不況に陥って日本の輸出が大打撃を受けました。しかし、同年末から中国政府が大規模な投資支出を行って経済成長率が維持されて、中国ビジネスが多い日本企業は大いに救われました。

（2）フロー・アプローチ

　前項で、国際経済要因を扱いましたので、ここからは当該の一国経済内の現象の見方を示します。国内の経済現象の説明に移ります。多くの国際経済論や国際経済学のテキストは、既に挙げたGDPなどフロー（flow）を中心に説明しており、本項でも踏襲します。しかし、同様に重要な指標としてストック（stock）を次項で扱います。フローとストックの詳しい説明は、経済学の基本④で説明します。

経済学の基本④　フロー（flow）とストック（stock）

　経済学では、フロー変数とストック変数があります。このセットは重要で、いろいろな経済現象を分析する場合、どちらが対象なのか見極める必要があります。フローは「流れ」という意味で、「一定期間」の経済活動の流れを意味します。例えば、2010年のGDPや投資、国際収支などがあります。

　ストックは、「ある時点」での経済活動の結果を意味します。例えば、資本ストックや金融資産（assets）などがあります。第2章第7節で論じますが、為替レート変動の要因を求めるために、フロー・アプローチとアセット・アプローチがあります。

　本書が取り上げるフローは、類書と同じく、図表1-1の国内経済の部分の「経済内現象・要因」にある指標です[4]。最初の部分は国民所得統計に対応するもので、国民総所得（Gross National Income: GNI）、国内総生産（GDP）とその構

成要素です。本書の重要な対象である国際収支以降のフロー分析のベースとなるのが、この国民所得統計です（経済学の基本②で説明）。図表 1-1 の「国際収支」から後の指標は、本書の第3章からの目次にも対応しています。

分析上重要なことは、図表 1-1 に挙げられている現象が相互に関連しあっているということです。例えば、投資（機械や原料の購入）が増えれば、波及効果で生産（GDP）が増えます。生産が増えれば、今度は企業が投資を再度増やすでしょう。また、生産が増えれば、雇用者の所得増加、消費増加を引き起こします。消費増加は当然ながら企業の投資を増やすでしょう。このように相互に影響しあうものを、内生変数といいます。

これに対して、図表 1-1 で挙げられている「政策」の財政支出、特に公共支出や金利（金融政策）といった要因は、政府や中央銀行が経済の状況を見ながら数値を変えるものです。経済モデルでいうと経済の外から人為的に影響を与える要因となります。これを外生変数と言います。政策については、（4）で総合的に説明します。

いずれにせよ、経済状況を分析する場合、これらの現象ないし要因の全体を考慮して、どの指標がどの指標に関連するのか、またどの指標が最も影響を与えている要因なのか、などを考えることが必要です。

（3）ストック・アプローチ

本書の大きな特徴の一つは、国際経済や世界経済に対してストック・アプローチを行うということです。多くの国際経済論や国際経済学のテキストは、上記の GDP、国際収支などフローを中心としています。それだけでは、国際経済などの構造の本質をつかむことはできません。

例えば、アメリカの国際取引を記帳した国際収支は、多くの場合大きな赤字を計上しています。そこで、フローで見てアメリカ経済に問題があるとみて、ドルが弱くなると言われます。そして、それが国際的に金融不安を醸成して、2008年からの世界金融危機を引き起こした重要な原因の一つであると言われます。それ以降ドルが売られて円が買われました。

この間、特に 2011 年 8 月に債券の格付け会社がアメリカの国債に当たる連邦債の格を最上位から初めて引き下げた際に、同国経済および世界経済が深刻なド

ル安や株価安など苦境に直面しました。

　ところが、最後には逆にドルが買われました。最後に頼りになる資産はドル資産と言うわけです。その原因として、日本など世界の主要国の多くが、多額のドル資産を持っていることが挙げられます。

　もちろん、ドルが売られ、同じく震源地の欧州のユーロが売られて、なぜ円が買われたかというのは、日本が世界最大級の対外資産国であったからです。アメリカは世界一の債務国なのです。

　本書が取り上げるストックは、重要な経済要因として図表1-1に書きこんであります。以下で説明します。まず、国富は一国の資産から負債を差し引いたものです。土地が大きな比率を占めます。その構成要素として重要なものが資本ストックです。当該経済内の資本の合計を表します。国全体でどれだけの工場施設、機械、原料などがあるかということです。これらはフローであるGDPや投資と同じく、マクロ経済指標と言われます。国全体のいろいろな生産や投資の活動を集計したものであるからです。

　金融資産は債券や株式ですが、その金額の膨大さから今日の経済に大きな影響を与えるといいます。たとえば、第2章第7節で説明しますが、為替レートの決定要因として以前は輸出や輸入などのフローが重要でしたが、国際金融の自由化により金融資産がより大きな影響を与えるといわれます。前者をフロー・アプローチ、後者をアセット（資産）・アプローチといいます。

　また、国富は対外資産と対外負債を含みます。グローバル化が進んだ世界経済においてより重要なストック指標は、対外資産の純額です。図表1-3を見てください。まず表の見方ですが、日本の対外資産とは、日本の企業などが海外の、例えばアメリカの連邦債などの債券を持っているということです。債務は、外国人が日本の債券を持っていることです。日本にとっては、お金を借り入れている状況です。

　そして、対外資産の純額とは、当該国が海外に持っている資産から、当該国が海外から借りている負債（外国が当該国に持っている資産）を引いたものです。すなわち、債権から債務を引いたものです。

　そして、それがプラスの場合、すなわち資産の方が負債より大きい、あるいは債権が債務より大きい場合、その国は純債権国（純額でみた）あるいは資産国

図表 1-3 主要国の対外資産・債務

(単位：10億ドル)

		日本			アメリカ			イギリス	ドイツ	フランス	中国本土			香港（中国）		
		2008	2009	2010	2008	2009	2010	2009	2009	2009	2008	2009	2010	2008	2009	2010
対外純資産 (net assets) A-B		2,485	2,892	3,088	-3,494	-2,738	-2,471	-492	1,270	-316	1,494	1,822	1,791	623	721	694
A. 対外資産 (assets)		5,721	6,027	6,919	19,245	18,379	20,315	14,057	7,320	6,816	2,957	3,460	4,126	2,261	2,555	2,885
	直接投資	680	741	831	3,743	4,051	4,429	1,674	1,358	1,720	186	230	311	762	832	948
	証券投資	2,377	2,846	3,346	4,312	5,982	6,694	3,036	2,508	2,879	253	243	257	557	811	929
	株式	395	594	678	2,748	3,977	4,486	1,079	707	600	21	55	63	275	499	584
	債券	1,982	2,252	2,267	1,564	2,005	2,209	1,957	1,801	2,278	231	188	194	282	313	345
	デリバティブ	77	46	53	6,127	3,512	3,653	3,565	−	343	−	−	−	87	49	59
	その他投資	1,562	1,343	1,592	4,769	4,429	5,050	5,717	3,274	1,742	552	535	644	672	606	680
	外貨準備	1,025	1,051	1,097	294	404	489	65	181	133	1,966	2,453	2,914	183	256	269
B. 対外債務 (liabilities)		3,236	3,135	3,831	22,739	21,117	22,786	14,549	6,050	7,132	1,463	1,638	2,335	1,638	1,834	2,191
	直接投資	203	200	215	2,521	2,673	2,659	1,056	1,000	1,133	916	997	1,476	816	936	1,098
	証券投資	1,546	1,541	1,872	9,473	10,437	11,709	3,896	3,086	3,309	168	190	222	230	341	403
	株式	756	830	989	2,133	2,830	3,510	1,383	573	820	151	175	206	214	326	384
	債券	790	712	883	7,340	7,606	8,199	2,513	2,513	2,489	17	15	15	15	15	19
	デリバティブ	86	57	65	5,968	3,384	3,542	3,436	−	419	−	−	−	74	40	49
	その他投資	1,401	1,337	1,680	4,777	4,624	4,876	6,160	1,964	2,271	380	451	637	518	517	642

出所：IMF, *International Financial Statistics September* 2011.

と見なせます。資産が債務より小さければ、債務国あるいは負債国（借金国）です。

この表の詳しい説明は、第2章第6節で行います。ここで総体的にいうと、日本と中国は債権国であり、アメリカは債務国です。しかし、アメリカは債務国であるとはいえ、その対外総資産の規模は、日本や中国より図抜けて大きいです。負債が大きいとはいえ、それは世界中の投融資家がアメリカ経済を信用して資金を供与しているからなのです。アメリカが世界一の経済強国とも言えます。

一般に、先進工業国の多くは債権国であり、途上国の多くは債務国です。ただし、途上国から卒業した国（シンガポールなど）、中国など一部の途上国、そして石油輸出国も債権国です。

（4） 政策枠組み

経済を総合的に理解するために示した図表1-1の中に、政策があります。本節では、国際経済取引、世界経済、一国経済を正しく理解するために、政府の政策の枠組みを示します。本書でも類書と同じく貿易や海外直接投資などを独立の章で扱いますが、真に国際経済取引を理解するためには、全体的にどのような政策が採られているのかをまず理解することが必要です。

例えば、アメリカが日本の貿易黒字是正に関して、当初はマクロ経済政策での対応を求めましたが、それでも改善されず、1980年代にミクロ的な政策措置を求めたことがあります。経済全体に対応するマクロ経済政策の実施がどうなのかということを見ると同時に、産業・企業レベルでの輸入自由化や外国企業参入などミクロ面を見ることが必要です。後者は、アメリカが日本に対して経済開放を強く求めたものです。

別の例としては、多国籍企業がある国に直接投資を行う場合には、企業レベルのミクロ情報を集めますが、同時に経済全体の景気や国際収支の状況などマクロ面も当然考慮するでしょう。

なお、以下での説明の多くは、国際経済学の基礎となるマクロ経済学や経済政策論などの基本ということになります。

1） 経済政策の範囲

　一国がとりうる経済政策の範囲は、全体的には図表1-4のように示されます。この表は、経済政策の及ぶ範囲を示したものです。一国経済で、マクロ経済政策、セクター（部門）政策、サブ・セクター（小部門）政策、そしてミクロ政策があります。

　また、これは、政策を実施する政府の観点からみて、経済全体を縦割りに政策が介入するように見るやり方でもあります。すなわち、政府の省庁など部署別に採用される政策を説明したものとなっています。そして、マクロ、セクター、サブ・セクター、そしてミクロが垂直に見て関連づいていることも示してあります。

　マクロ水準は、GDP、国際収支、インフレなど集計化されたマクロ経済指標で体現される経済全体です。これらの指標の改善のためには、直接的に関係する部署、日本でいえば、財務省（以前の大蔵省）や日本銀行が政策をとります。また、この水準では、セクター（部門）の優先順位が決められます。この業務は、経済計画担当機関や財務省が中心になって担うこととなります。

図表1-4　政策範囲（重点部門や事業の絞込み）

水準	対象	水準内での目標設定のアプローチ
マクロ	マクロ経済（指標）全部門	マクロ経済目標間の優先順位付け、部門間で優先順位付け
セクターA　セクターB　セクターC	各部門（農業、工業、運輸業、金融業）	各部門内の目標間の優先順位付け、各部門内の小部門・産業間優先順位付け
サブ・セクターB1　サブ・セクターB2　サブ・セクターB3	各小部門・産業（食糧、中小企業、道路、銀行）	サブ・セクター内の目標間の優先順位付け、各小部門・産業内の事業間優先順位付け
プロジェクト（ミクロ）B2-1　プロジェクト（ミクロ）B2-2　プロジェクト（ミクロ）B2-3	個別開発事業、企業活動（公企業含む）	1開発事業（プロジェクト）が複数の事業を含むプログラムの場合、事業間の優先付け

出所：筆者作成。

よく言われますが、経済の持続的な発展のためには、あるいは業界の進展のためには、マクロ経済環境の整備が必要です。これは、マクロ水準の動向が、セクター以下の経済活動のベースとなっているということです。

セクターは行政的に経済の各部門をどう見るかということです。製造業や商業であれば経済産業省（以前の通商産業省）、コメの自由化ということであれば農林水産省が担当部署です。サブ・セクターが企業にとっては業界となります。ミクロ水準は各々の企業レベルということです。もちろん、サブ・セクターとミクロ水準も経済産業省などが担当します。

簡単に政府の政策立案の過程を説明しますと、マクロ水準をみて経済全体の課題を押さえて、政策目標を立ててそれを実現する政策手段を決めます。その際に、セクターの課題を抽出して、部門間の優先順位をつけます。

同様な作業が、セクター以下の水準で行われます。すなわち、各セクター内の小部門（サブ・セクター）の課題を分析して、政策の目標と手段が立てられます。そして、セクター内のサブ・セクター間の優先順位が決められます。運輸部門であれば、道路整備なのか、鉄道建設なのかといったことです。

最後はミクロ水準で、個別事業（プロジェクト）の選定基準も明確化されるのです。つまり、各プロジェクトが上位のマクロ、セクター、サブ・セクターの水準から絞り込まれるのです。

重要なことは、マクロ―セクター―サブセクター―ミクロが整合性あるように政策が立案されることです。

一方、部門に加えて、分野でみるとして、政策分野ということもあります。部門にまたがる環境問題などに対応して環境政策が立案・実施されます。また、地域別にみるとして、当該地域の開発を総合的に考えることがあるでしょう。これらの分野の場合、複数の省庁が協議して政策を立案・実施していくということになります。

したがって、国際経済を理解するためには、少なくともマクロ経済政策と、それ以下の政策が対応していることを念頭に入れておく必要があります。国際経済学や国際経済論の主要対象である貿易や海外直接投資は、輸出業者や投資企業がどの部門に属するかという点でセクターやサブ・セクターに対応しています。当然、セクターなどそれらの水準の政策の内容を理解する必要があります。

しかし、貿易や投資を分析する場合、マクロ経済の状況がどうなのかも把握する必要があります。本書の序章で挙げた国際競争力ランキング（カントリー・ランキング）は、多国籍企業がどのように各国経済を位置づけるかということですが、当然のことながら、各国経済を全体的にも見ているでしょう。また、第3章と第4章のカントリー・ランキング、第5章第6節の国債の格付け（レーティング）なども、各国の全体を分析した結果です。

2）政策体系

1）の説明は、政策の範囲を行政府の関連部署の政策介入も参考にして全体的にみたものです。ここでは、経済政策論に基づいて政策の設計ないし内容をしっかり理解することにします。すなわち、1）でも触れた政策目標と、それに対応する政策手段を把握しなければなりません。ここでは、一国経済のマクロ経済政策が各国の経済にどのように影響を与えるのかを中心に分析しますが、当該経済の政策が他国経済や世界経済にも影響を与えます。国際経済取引、世界経済、一国経済を正しく理解するためには、全体的にどの目標が目指されていて、どのような政策手段が採られているのかを理解する必要があります。政策目標は、当該経済の政策課題あるいは問題点でもあります。

まず例を挙げます。マクロ経済政策とは主に財政政策と金融政策です。2008年からの世界金融危機において、先進工業国と中国など有力な途上国は同時に大規模な財政支出を行いました。なぜならば、多くの国で既に金融政策はとられていて金利が既に低くて、追加の政策を採ることができなかったからです。

もう1例としては、2010年のギリシャ危機、2011年8月からのユーロ危機では、関連国の財政赤字の大きさを理由にユーロが売られ、円が買われました。このように、財政政策と金融政策の両方を見る必要があるのです。2番目の例は金融市場に関わるものであり、財政政策が、外貨の取引が行われる外国為替市場というセクターないしサブ・セクターにも関連していることになります。

一国における政策の目標と手段の一般的な関係を、一覧表に示したのが図表1-5です。

以下に政策の構成として、目標と手段に分けて説明します。

① 政策目標

一般のマクロ経済学や経済政策論に依拠して分析すると、多くの経済学者

第1章 現代の国際経済―全体像をバランスよくつかむ―

図表1-5 政策の目標と手段

政策目標	主な政策手段	目標値設定時の指標	時期の主な実施例 不景気時	時期の主な実施例 好景気時	政策内容
(短期の目標)					
インフレ抑制	財政政策	所得税率等 支出総額	減税 財政支出政策(支出増加)	増税 財政政策(支出削減)	財政収支不均衡是正。左記の政策手段の重要なサブ目標。
	租税政策 財政支出政策 (消費、投資)				
	金融政策				
	金利政策	銀行間金利	金利引き下げ	金利引き上げ	無担保オーバーナイト金利を、貨幣供給の変化で誘導する。
	貨幣政策	公定歩合	金利引き下げ	金利引き上げ	公定歩合や中央銀行の市中銀行への貸出金利。先進工業国では今日使わない。
		貨幣供給量	公開オペ買い(供給量の増加)	公開オペ売り(供給量の減少)	公開オペは中央銀行による市中銀行との間の債券の売買。
	預金準備率操作	準備率	準備率引き下げ	準備率引き上げ	預金準備は、市中銀行による中央銀行への預金額。先進工業国では今日あまり使わない。
安定的経済成長 (失業削減)	財政政策				
	租税政策	所得税率			
	財政支出政策	支出額			
	金融政策				
	金利政策	銀行間金利			
	貨幣政策	貨幣供給量			
	預金準備率操作	準備率			国際収支黒字国は黒字額減少、赤字国は赤字額減少。
国際収支不均衡の是正	財政政策				財政収支赤字が国際収支赤字の主因。
	租税政策	所得税率			
	財政支出政策				
	金融政策				
	金利政策	銀行間金利			
	貨幣政策	貨幣供給量			
	預金準備率操作				上記インフレ抑制、安定的成長でも用いられる。先進工業国の多くでは、相場介入が基本。固定相場制の国では、相場水準の変更が重要。
	為替政策	相場水準			
(長期の目標)					
効率的な資源配分	構造改革(経済自由化)	投資支出額			主な政策は、輸入自由化、外資自由化、民営化、財政均衡。
持続的成長	財政支出政策				開発支出、公共(事業)投資が言われる。
所得分配の公正化	財政政策	所得税率+社会サービス			所得格差是正。途上国の場合、貧困削減。

出所:筆者作成。

が同意する共通の政策目標として、短期はインフレ抑制、安定的経済成長、国際収支不均衡の是正（改善）であり、長期は効率的資源配分、持続的成長、所得分配の公正化が挙げられます。

インフレ抑制と安定的成長は、マクロ経済学の対象となる重要なマクロ経済指標です。これらの2つが国内経済の主な目標です。本書の次章で扱う国際取引に関わる国際収支改善とならぶ政策目標です。

また、安定的成長の代わりに失業削減が政策目標として考えられます。一定の経済成長が毎年実現されることは失業削減につながります。また、安定的成長はインフレ抑制や国際収支改善にも寄与します。

そして、これらの短期の目標をまとめると、マクロ経済の安定（macroeconomic stability）ということです。

重要なことは、政策目標の間にトレードオフ（二律背反）の関係があるということです。ここで政策手段も交えて説明しますが、図表1-5に例も挙げてあります。例えば、好景気になると、あるいは景気が過熱するとインフレが進み、国内需要増加により海外からの輸入が増えて国際収支赤字が起こります。放っておくと、バブルになるかもしれません。

そこで、インフレ抑制と国際収支赤字抑制のためには、一時的な総需要抑制政策ないし不況政策が採用されます。総需要抑制政策は、主に財政政策と金融政策により実施されます。具体的には、財政支出削減と金利引き上げです。

その結果、生産・需要の低下によりインフレ率が低くなり、輸入の減少を通じて国際収支の赤字が減ります。ところが、それは経済成長率を低めて、失業問題を深刻にさせます。

反対に景気が悪い時には、金利低下や財政面の公共投資実施などの景気刺激政策が取られて、経済成長率は高まり失業率が下がるでしょう。しかし、インフレが進み、輸入が増えて国際収支が赤字になるかもしれません。上と逆のケースです。

すなわち、短期的な経済成長率の確保の代替目標として挙げた失業削減を満たすには、景気刺激策ないし好況政策を採用すればよいですが、インフレを起こし、国際収支赤字を惹起する可能性があります。

国際収支改善については、上記で基本的な関係を説明しました。次章で詳

しく述べますが、日本や中国の場合、改善とは貿易黒字の縮小であり、多くの途上国の場合、赤字削減ないし均衡が具体的な目標です

　最後に、長期目標については、効率的資源配分が今日重要視されています。以前は政府が資源を配分ないし動員して経済発展を図ることが是とされましたが、その成果が不十分であり、今日では配分ないし動員を市場が行うべきであるという立場が強くなっています。市場で行うべきということは、民間の生産者や消費者にまかせるべきであるということです。

　他の長期目標としては、持続的成長があります。以前の日本、今日の中国その他の途上国が追い求めてきた政策目標です。主な政策手段は公共投資の増加です。大規模な投資は経済成長率の上昇に寄与します。

　しかし、多くの場合投資は海外からの借り入れでも行われるゆえに一定の制約があり、上記の効率的資源配分との関連が重要になっています[5]。

　さらに、所得分配の公正化は、先進工業国でも途上国でも重要な目標です。途上国の貧困問題は、この長期の所得分配改善に含まれるものです。

　そして、短期の目標と同じく、これらの長期の目標の間にもトレードオフがあります。よく言われる、「効率（efficiency）対分配（equity）」「成長（growth）対分配（equity）」というものです。初めは「効率的資源配分対所得分配の公正化」、次は「持続的成長対所得分配の公正化」に対応します。

　経済の効率を高めるためには、生産効率のよい大企業ないし外国企業に自由に経済活動をさせればよいでしょうが、中小企業が取り残され、格差が大きくなります。

　また、高成長の国では所得分配が悪化することが起こりました。高成長のためには、同じく大企業や多国籍企業がどんどん投資をすればよいのですが、中小企業との差はつくでしょう。また、それぞれの企業に勤める労働者間の差も当然大きくなるでしょう。

　地域的にみても、大都会で集中的に生産・消費活動を行った方が効率的であり、高成長をもたらすでしょうが、地方は取り残されるでしょう。

　これらの長期の目標も重要なテーマですが、基本的には経済成長論や経済発展論で扱います。本書でも必要に応じて、特に途上国を説明する場合、これらの専門分野の知見を少しは説明します。しかし、国際経済論ないし国際経済

学としては、短期の目標が中心であり、以下の説明の多くは短期を対象としたものです。

② 政策手段

以上の政策目標を実現するために、政策手段があります。経済安定化のためのマクロ経済政策としては、財政政策、金融政策、為替レート（相場）政策の3つがあります。いわゆる、通常のマクロ経済管理政策です。景気の良い時、悪い時にどのような政策が採られるべきかは、図表1-5と上記で既に述べました。

ここでは、具体的にどのような政策手段があるのかを説明します。どの政策が重視されるかは本項の最後の3）で述べます。

まず財政政策について説明しますが、重要な項目でありますので、経済学の基本⑤で財政構造を示しました。

経済学の基本⑤　財政

政府は多くの経済で最大の経済主体です。公共サービスを提供（生産）し、また消費と投資を行います。下記が財政構造の基本です。

財政の基本構造

歳入（主に税収）	100
歳出 （消費支出：官僚の給料、財等購入）	120
経常収支	−20
投資支出 （公共事業支出）	30
総合収支	−50

上の例では、多くの国の場合のように、財政赤字の内容となっています。第2章の第4節（2）で論じますが、アメリカなどの国際収支の赤字の主因は財政赤字であると言われています。

ここでは要点だけ述べるとして、政府の財政も企業と同じ構造であり、収入の中心が税収です。支出は、官僚の賃金を含む財・サービス購入（経常支出）と、公共事業などの公共投資支出に分かれます。

租税政策については、景気が悪い時は減税、過熱しているときは増税が行われます。財政支出としては、景気喚起のために道路建設などの公共事業支出が行われます。

金融政策は金利政策と貨幣政策に分かれますが、前者が「価格」政策、後者が「数量」政策である、と覚えましょう。くどいですが、経済学の分析対象の多くが「価格と量」です（経済学の基本①参照）。

金利政策はお金の価格たる金利への介入と考えられます。貨幣政策は貨幣供給量を制御する政策ですので、まさしく「数量政策」です。景気が悪い時には、金利引き下げと、市場への貨幣供給量の増加が行われます[6]。実施機関は、中央銀行であり、日本の場合日本銀行です。

図表1-5には、金融政策としてあまり採用されませんが、預金準備率操作があります。金融政策手段すべてを使えない中国では、預金準備率操作も実施しています[7]。

為替相場（レート）政策は、適切な水準の実現と安定化が目標であり、2011年に80円を割り込む円高が進んだとき、日本銀行が介入して、円売りドル買いを行いました[8]。実施機関は中央銀行です。

一方、固定相場制度から変動相場制度への変更といった制度そのものの変更も含まれます。日本は1973年に変動相場制に既に移行しています。その後も、ある程度の為替相場の水準を維持するために、為替介入が行われました。また、財政政策と金融政策の実施によっても為替レートの水準に影響を与えることができます。

以上、短期的なマクロ経済安定の目標と政策手段について説明しましたが、長期目標の政策手段を以下に説明します。まず効率的資源配分のために、市場重視が行われるようになっています。よって、構造改革政策ないし経済自由化政策が政策手段です。政府で言えば、規制の緩和ないし撤廃です。詳しい内容は、7章で説明します。

次の長期目標である持続的成長に対する政策手段は、投資の持続的増加です。従来であれば政府による公共投資でしたが、今日では民間投資の拡大が重要視されています。

効率的資源配分と持続的成長の関係については、既に①で述べました。限られ

た資源しかない状況下では、効率的資源配分の実現が経済成長率を高めることになります。つまり、市場を競争的にすることが求められるのです。

所得分配の改善に対する政策としては、当然のことながら、マクロ経済安定も必要ですが、対象を絞った所得（経済）政策や社会政策が実施される必要があります。

最後に、留意点としては、経済安定化、経済自由化（構造改革）、所得分配改善は、当該国政府が実施する政策であり、加えて国際経済においては、貿易、投資、経済協力など国際的支援、すなわち経済協力が重要です。外国の官民の企業や機関からの協力や支援です。特に、限られた開発資源しかない途上国にとっては重要であり、国際収支のところで見ますが、国際的支援は、具体的には投融資ないし公的援助と債務救済に分かれます。

3）現代の経済政策の構造：マクロ安定と構造改革（自由化）

以上が政策の大枠で、ここでは、今日の国際経済や世界経済を見る場合に重要な政策の基本構造を説明します。政策の変遷を含めた詳しい説明は第7章に譲るとして、本書の全体に関わる政策全般について、政策の現状を説明します。つまり、次の政策構造を頭に入れて、個々の国際経済活動を見てほしいのです。

まず重要なことは、マクロ経済の安定が必要であるということです。具体的に

図表1-6　一国の経済政策の基本構造

政策目標	政策手段	主な政策内容
マクロ経済安定	マクロ経済政策	
インフレ抑制 安定的経済成長 （失業削減） 国際収支不均衡の是正	財政政策 金融政策 為替政策	均衡財政 貨幣政策のみ重視 為替不介入主義
市場の競争促進、効率上昇 （全市場対象）	構造改革（調整）政策	
	経済開放政策	輸入自由化、外資自由化
		金融規制の再構築
	国内市場自由化政策	異業種参入推進
		労働と土地の市場の自由化
	公的部門改革政策	公企業の民営化

注：財政政策などマクロ経済政策は、政策目標と必ずしも対で示していない。
出所：筆者作成。

は、第1に、部門以下の政策や営業方針の実施のための基本が経済環境の安定ということになります。経済全体が安定的に成長しない場合、当然企業は生産活動を安心して進めることはできません。消費者は、所得の安定的な増加に不安を感じれば、消費を差し控えるでしょう。

各部門に対応する市場を自由化することにしていますので、市場で安定的に生産・消費活動が行われるためにマクロ経済の安定が必要となります。

第2に、マクロ経済の安定のために、市場が安定的に機能しなければなりません。すなわち、市場で価格が急騰したり、特に株価や地価などが大きく上昇してバブル状態になる状況は避ける必要があるのです。バブルの後には大きな反動として厳しい不況がやってきます。市場が安定的に機能していますので、経済全体も安定的になるのです。

そしてさらに指摘すべき点は、マクロ経済安定の中の国際収支赤字是正のためにはマクロ経済政策で対応できますが、セクター（部門）以下を対象とした自由化ないし構造改革によっても改善が期待されるのです。上記で述べたマクロ経済安定と市場の機能との交互作用があるということです。

例としては、輸入自由化や外国投資自由化によって当該経済の競争力が高まり、結果として国際収支改善につながることが期待されます。つまり、輸入や投資面の活動がマクロ的な国際収支に良好な影響を与えうるのです。また、海外から良品質の製品が低価格で供給されますので、消費者の満足度、生活水準は高まります。

さらに、日本など先進工業国の場合、人口の老齢化と経済の成熟により、高い経済成長の実現は難しく、部門以下を競争的な環境におくことにより、経済成長と価格の低下を実現しようとしています。

政策目標別にみますと、既に政策目標のところで説明しましたように、多くの国々ではインフレ抑制が最重要な目標となっています。その実現が、安定的経済成長と国際収支の改善ないし均衡に寄与すると考えられています。

構造改革については7章で説明しますが、すべての市場を対象にした抜本的な市場の自由化、競争化が進められつつあるということが重要です。多くの国で、財・サービス（最終生産物）市場に始まって、金融市場に対する政府の規制が大きく削減されてきました。具体的には、各国内で異業種参入も含めた自由化が行

われると同時に、経済開放として輸入自由化と外資自由化が抜本的に行われました。外資自由化は、生産活動に関わる直接投資のみならず証券投資を含みます。

そして、自由化の最終段階として、生産要素市場の自由化も始まっています。資本市場は早くから外資を含めて自由化が行われており、加えて各国に特有の事情がある土地と労働の市場についても弾力的な競争化が導入されています。途上国の中で新興市場経済と言われる国々が競争力をつけてきている中で、先進工業国で高い地価や労働賃金の引き下げや抑制が必要となってきているのです。

さらに、経済自由化の柱の一つとして、公的部門改革があり、公企業の民営化などが進められています。

もっとも、金融市場の自由化については、金融資産の大きさと動きの速さに鑑みて、2008年からの世界金融危機後は市場の在り方について再構築が必要との意見が強くなっています（第7章参照）。

いずれにせよ、日本経済でも、マクロ安定と構造改革が日々行われていると考えるとよいです。全体的な経済は安定させます。つまり低インフレ、低成長、しかし毎年経済は一定の成長率で問題なく成長させます。一方、各セクター、サブ・セクターでは激烈な競争を喚起します。国内経済主体間の競争を厳しくするのみならず、海外の経済主体との競争（輸入や外国投資）にさらす、というものです。

最後に、主要な政策目標のターゲット、数値での目標を、図表1-7に示しました。この表は絶対的なものではありませんが、世界経済や一国経済の指標の変化を見る場合の一つの目安となるでしょう。過去のEUなどの政策や各国の経済実績を参考にしてあります。もちろん、平時の数値目標です。

今日の日本や欧米の先進工業国の成熟経済について強調しますと、経済安定化のために経済成長率は2～3%程度、インフレ率も2～3%で運営します。このような低成長下において、効率の向上のため競争を導入すべく、抜本的な構造改革政策が行われているということです。

1985年導入の労働者派遣法が批判されていますが、労働面でも構造改革が行わざるをえない状況になっているのです。

財政赤字については、経済の不均衡の主な原因と見られており、EUを中心に目標値が設けられています。2008年からの世界金融危機下で、2011年後半に

図表1-7 平時の経済安定化の目標値（ターゲット）

政策分野・政策目標		先進工業国	途上国
マクロ経済			
インフレ率		2% （英国のインフレ・ターゲティング）	
財政収支	財政赤字の対GDP比	3%未満 （EUの経済安定・成長協定）	均衡ないし 黒字化 （IMF予測）
国際経済			
外貨準備	輸入カバー率	8週間（2か月）以上	12週間（3か月）以上
対外債務	公的債務残高の対GNI比	60%未満 （EUの経済安定・成長協定）	
	全債務残高の対GNI比		48%未満 （世銀分類、軽債務国の基準）
	全債務残高の対輸出比		132%未満 （世銀分類、軽債務国の基準）

出所：筆者作成。

ユーロが売られましたが、その原因が各国の深刻な財政赤字でした。

外貨準備については、第2章第2節の図表2-1を使いながら説明します。対外債務については、本章第2節（1）7）で解説します。

(5) 経済統計

本項では、本書で引用し、「次の一歩」の演習でも使う主な統計を紹介します。

1) 統計数値利用上の留意点

最初に、統計数値などの扱い方で注意すべきことを説明します。

① 統計のありか

各国の所得や生産については、各国の統計担当部署が、国連機関が定める基準にしたがって算出・推定しています。こうすることによって、比較可能になりますし、集計して世界や地域のGDPを求めることが可能になります。

本書の中心課題である国際収支は国際通貨基金（International Monetary Fund: IMF）がガイドブックを作って、各国に作成させています。貿易や投資なども国際収支の構成要素ですから、同様に比較可能な統計が作られています。

元々の統計は、各国が作成するものですが、国連やIMFがチェックをしています。

② 異なる統計の使い方

同じ年のGDPの値が違う場合は、まず作成された年とデータの出所をチェックしてください。同じ年でも、すべての数値を織り込んだ最終値と、一部の数値を除いて推定した値（例えば、1～11月までの毎月の輸出額を元に年間輸出額を推計）があります。

次に、作成機関が同じかどうか確かめましょう。当該国の統計局が発表した輸出金額と、財務省関税局が発表した輸出金額が違うことがあります。基本的には、後者が元々の数字でしょうから、統計局は推計を行っているかもしれません。

GDPの値とその構成要素の値は、同じ統計書のものを使いましょう。なぜならば、GDPの構成要素には輸出や輸入があり、輸出入は国際収支の重要な項目です。国際収支に入る直接投資は、GDPの支出項目である投資に含まれます。また、財政はGDPの大きな項目であると同時に、政府は国際収支上でも重要な投融資機関です。もちろん、もっと大きな活動は民間の企業や金融機関の活動です。

このように個々の経済活動は関連しあっており、統計上重要な構成要素になっているので、同じ発表機関からの全体的な数値と構成要素の数値を使うべきです。こうして初めて、全体と部分が整合性のある統計値ということになります。

繰り返しますが、ある機関のGDPの値を使い、輸出は他の機関を使うというのはよくありません。なぜならば、GDPを計算するために、ある輸出の数字が使われているのです。

2つ以上の情報源を使うときには、そのうちの1つを中心としましょう。そして、追加的な統計ないし、より詳細な統計を使う際には、数値が違う可能性がありますので、必ず出所を書くべきです。また分析するためには、絶対値を使わないで、増加率や対GDP比率などの相対的な数値を使うようにしましょう。

2）主要統計の紹介

　以下に、本書で使い、また入手が容易な情報源を紹介します。元々の統計を収集するのは各国機関ということになりますが、世界全体を知る、日本と主な貿易相手国などを比較するということになると、各国の統計を全体的にまとめてくれている国際機関の情報を使うことになります。大元締めは国連やIMFですが、本書では入手が容易で分かりやすい情報源を以下に説明します。詳細なデータについては、各国の統計局のデータを見るということになります。

　本書でも使う基本的な情報源は、マクロ経済と金融データはIMFのものです。GDPの成長率などは世界銀行の統計も使い、加えて開発指標、貧困指標についても参照します。

　以下に、元のデータが海外から来ていますので、ここでは基本的な統計を紹介します。和訳版を中心に海外の文献を先に、そして日本語の文献を説明します。なお、本章の別の部分や2章以下の国際収支などで適宜統計などを説明します。

① 海外文献

基礎統計　　基礎指標がまとまっているものとしては、世界銀行の年次刊行物、『世界開発報告』（World Development Report: WDR）の巻末の統計資料があります。本書ではこの統計を多用します。所得、生産、社会指標などの基礎統計の一覧は以下にあります。

　　World Bank, Table 1 Key indicators of development, Selected World Development Indicators, *World Development Report 2012*, 2011.
　　http://siteresources.worldbank.org/INTWDR2012/Resources/7778105-1299699968583/7786210-1315936222006/Complete-Report.pdf　　（2011年12月14日閲覧）

　この日本語版は世界銀行『世界開発報告2012』です。2011年に発行されています。なお、表1（Table 1）は、小国や紛争などにより統計資料がない国は対象としていません。

　このレポートの統計はよく使われますので、以下に入手のステップを記しておきます。

> World Bank → PUBLICATIONS → Index（目次）→ World Development Reports → WDR2012 → FULL TEXT → World Development Report 2012 → DOWNLOAD THE REPORT HERE → 目次の最後の Selected World Development Indicators
> 　URL は前ページを参照してください。

　国民所得統計　国連統計局発行ですが、データベースや分析結果が容易に利用できるのは国際通貨基金の World Economic Outlook（世界経済見通し）です。日本語版はありませんが、骨子は主要紙に掲載されます。年に2回発行される報告書で、世界銀行と同時に開催する春季総会と秋の年次総会前に発行されます。同じ時期に開催される G7 にとっても、重要なインプットとなっています。近年の主要マクロ数字があり、また最も権威あるマクロ経済予測も発表されます。

　上記の『世界開発報告』でも主な集計値はあります。

　経済社会統計　経済指標と社会指標を網羅している統計が、世界銀行（World Bank）が発行する World Development Indicators（WDI）です。日本語版は『世界経済社会統計』です。株式市場の大きさから、所得階層別所得の比率まで、すべての国が一覧表になっています。WDI の 2011 年版は、インターネットでダウンロードできます。筆者の経験では、世界銀行のホームページ内での入手が容易ではありません。単純に Google などで WDI, World Bank で検索してみてください。主なトピックごとに分かれており、それぞれに 10 以上の一覧表があります。この統計集で、世界や当該国の経済社会状況がすべてわかるといっても過言ではありません。

　アジアの統計　日本を含むアジア諸国については、アジア開発銀行（Asian Development Bank: ADB）のホームページから、かなり詳細なデータをダウンロードできます。ドキュメント名は Key Indicators であり、ステップは以下のとおりです。

> ADB → Key Indicators → Key Indicators for Asia and the Pacific 2011（Aug. 2011）→ Key Indicators for Asia and the Pacific
> 　画面の左側の Navigation の Country Tables をクリックします。各国の統計を EXCEL ファイルでダウンロードできます（2011 年 12 月 15 日現在）。
> 　http://beta.adb.org/key-indicators/2011/country-tables

各国の統計　　世界の統計局のリストが、ジュネーブの世界貿易機関（World Trade Organization: WTO）にあります。

> WTO → Documents and Resources → Statistics → National Statistical Offices
> 　http://www.wto.org/english/res_e/statis_e/natl_e.pdf（2011 年 12 月 15 日現在）

タイの統計局は、以下です。

> WTO → Documents and Resources → Statistics → Links: National Statistical Offices → Thailand

　タイ語だらけの画面が出てきますが、NSO をクリック。次の画面もタイ語ばかりですが、イギリスの旗をクリックすると英語版が出てきます。Census でタイ全図を使った人口統計があります。

② 日本語文献

総務省統計局発行の『世界の統計』（年刊）
　コンピュータを使って閲覧できる統計としては、『世界の統計』があります。この本は書店で売っていますが、すべてホームページで見ることができて、またプリントすることもできます。ありがたいのは、統計数字の多くが EXCEL ファイルでダウンロードできることです。

> **次の一歩①　演習**
>
> 基礎統計を使って所得ランキングを作成してみましょう。
> 『世界の統計』で国民経済計算を選びます。まず1人当たり所得水準を確かめましょう。次に、ランキングの1位から10位までをリストにしてみましょう。上記のように、EXCELファイルをすべてダウンロードしてから順序を変えるとよいでしょう。

アジア経済研究所の『ワールド・トレンド』（月刊）

　アジアの主要国の基礎経済統計が掲載されています。ホームページで「アジア各国・地域　経済統計」をダウンロードできます。国別に、為替レート、実質経済成長率、外貨準備などのデータがあります。数年前からのデータや2, 3か月前の統計を見ることができます。下記がその例です。

アジア各国・地域　経済統計　2011年11月号

　http://www.ide.go.jp/Japanese/Publish/Periodicals/W_trend/pdf/tokei_201111.pdf

『世界国勢図会（ずえ）』

　世界の統計が網羅的にあり、政府機関以外の書物としては良書です。

（6）非経済要因

　本書では経済が中心課題ですので、非経済要因は本項だけで限定的に扱います。しかし、本来はある国の経済を理解するためには、その前提条件として理解する必要があります。

　非経済要因としては、大きく分けて2つあります。国外要因と国内要因です。当該経済の外側にあるものとして、（1）で国際経済環境を既に説明しました。ここでは、国外の非経済要因と国内の要因を説明します。図表1-1にも書き込んであります。

　基本的な考え方として、経済に影響を与えるものとして、自然条件、社会条件、政治条件があります。これらの3条件については、それぞれ詳しい分析が必要となりますが、ここでは経済に大きな影響を与える条件ないし要因だけに絞ることとします。

1）非経済要因の一覧

ここでは、理解を容易にするために、一国内の条件を先に、国際要因を後に示しました。一覧表にしたものが以下です。

① 一国内

自然条件

燃料（エネルギー）資源の賦存量　特に石油と天然ガスが重要。

鉱物資源の賦存量　希少資源が重要。

雨量　土地の肥沃度にも関連する。

主な国際市場からの距離　内陸国や島嶼国について国連は特別の行動計画を作っている。

社会条件

民族

宗教

人口（規模、人口密度、成長率、分配〈地域別、年齢別〉）　都市化率も含まれる。

保健・衛生

教育

政治条件

安定度　選挙年月は要注意。政権維持のために人為的な景気抑揚政策が採られる。

民主化の程度　複数政党制を最近導入した国が多い。

軍事支出

② 国際要因

上の①に準じます。少し説明すると、自然条件として、島嶼国にとってハリケーンは重要です。また内陸国にとって、国際貨物経由国の政治不安は当該国の輸出入に、そして経済に大きな影響を与えます。

アフリカの場合、国境が人為的に策定されましたので、近隣国に住む同人種の関係で、近隣国からの政治・軍事介入が起こる可能性が高いです。

以上、上記について全体的に見て少しコメントすると、特に人口は重要です。上記でかっこで示していますが、指標をシステマティックに覚えましょう。所得

に準じます（第2節参照）。人口減の先進工業国と違って、途上国は若年労働力の雇用や貧困の問題が特に深刻です。

2）主な資料
① 日本語文献

海外の国のことをよくまとめた文献はそれ程ありません。外務省のホームページで、各国・地域情勢を選びますと、表形式ながら歴史を含む基礎情報が得られます。文章としては、政府開発援助（Official Development Assistance: ODA）白書の国別版、『国別データブック』に国別の最近の状況が書かれています。ステップは以下のとおりです。

> 外務省 → ODA → 広報・資料（下の方）→ 報告書・資料

② 海外文献

基礎情報の一覧は、以下の文献がよく使われます。いずれもインターネットでダウンロードできます。

　　CIA Factbook
　　Library of Congress (USA), Country Studies

第2節　世界経済のサーベイ

まず世界経済の現状を全体的に鳥瞰（ちょうかん）ないしサーベイ（survey）してみましょう。本節は、基本構造を捉えることとします。歴史は第7章で扱います。

（1）世界経済の基本構造
1）基本的見方

世界経済をどのように見るとよいでしょうか。いろいろな見方ないし分析枠組みがありますが、第1節の（1）の図表1-1などを参照して、組織だった理解を試みることにします。その際、（5）で説明した国際機関などが特に取り上げる指標を中心に利用することにします。ここでの指標は国別分析でも使います。また、これらの指標によって、2）以降で見るように世界のいろいろな経済を分

第1章　現代の国際経済—全体像をバランスよくつかむ—　43

図表1-8　国分類

基準	指標	国分類	分類資料
【フロー】			
所得・生産規模	国内総生産 (GDP), US ドル	大国 (人口でおおよそ、3千万人以上)	世界銀行『世界開発報告』
経済成長率	対前年比成長率 (期間平均)	高成長国 (5%以上)	世界銀行『世界開発報告』
1人当たり水準	1人当たり国民総所得 (GNI), US ドル	世界銀行分類 (2010年所得) 低所得国 (1,005US ドル以下) 中所得国 (1,006～12,275US ドル) 低位中所得国 (1,006～3,975US ドル) 高位中所得国 (3,976～12,275US ドル) 高所得国 (12276US ドル以上)	世界銀行『世界開発報告2012』
分配			
所得階層	ジニ係数 (Gini index)	不平等度の高い国 (係数が40%以上)	World Bank, World Development Indicators (WDI) ホームページあり
	最上位10%の最下位10%に対する比率		WDI
地域別	地域別所得, GDP	(途上国にデータはあまりない)	各国統計局発行の統計年鑑
貧困度	1日1.25ドル未満で生活する人口の比率 (対全人口)	絶対貧困層の多い国	世界銀行『世界開発報告』
	各国別の貧困ライン以下の人口の比率		世界銀行『世界開発報告』
輸出	製品グループ	燃料輸出国 非燃料輸出国 (IMFは2001年まで、このグループをさらに、一次産品、製造品、サービス輸出/所得・贈与受取、多品目の輸出グループに分類)	IMF, World Economic Outlook (WEO『世界経済見通し』)
【ストック】			
対外資産	対外純資産 (資産ー負債)	債権国 (資産国) 債務国	IMF, World Economic Outlook (WEO『世界経済見通し』)
対外債務残高	GNIに占める比率	重債務国、一般 (中) 債務国、軽債務国	World Bank, Global Development Finance (GDF)

注：対外債務残高については、本書の図表1-12参照。
　　世界銀行『世界開発報告』(年刊) は、巻末の主要開発指標による。ホームページで閲覧できる。
出所：筆者作成。

類できます。

　世界経済を理解するに当たって、何によって、あるいはどんな統計数字で見るのか、を考えましょう。図表1-1で挙げたように国全体の所得や生産でまず見てみます。所得・生産を含む総合的な接近方法を、図表1-8で説明します。同じ表で、世界の国の分類も示しています。

　まず所得ないし生産を、規模、増加率（成長率）、1人当たり水準、分布（配分）の4つで考えましょう。つまり、世界経済の中で、どの国の経済規模が大きいのか、成長率は高いのか低いのか、どのくらい経済的に豊かな国や貧しい国があるのか、一国内で所得の配分は平等なのかどうか、といった基本的な問いに答える指標となります。

　以下に、一つひとつの指標がどのように使われるか説明していきます。まず世界の所得や生産は各国の所得ないし生産の集合体となります。具体的な指標については、所得として国民総所得（GNI）、生産として国内総生産（GDP）をよく使います（国民や国内の違いは経済学の基本②参照）。

　原則的には、世界中の国や地域（香港など独立国でないところ）のGNIやGDPの合計に着目することになりますが、世界経済はあまりに多くの国や地域によって構成されていますので、世界経済をひとつかみにするために、その構成、すなわち先進工業国とアジアなどの地域の主な国に着目して以下に説明していきます。そして、2）以下では分類も行います。

　資料は、世界銀行の『世界開発報告』（WDR）の巻末の統計資料の表1を主に使います（第1節（5）で説明済み）。

2）国分類：経済大国と小国

　それでは、世界経済の基本構造はどのように説明できるのでしょうか。図表1-8を参照しながら、図表1-9を見てください。所得の規模として国民総所得（GNI）を見ます。経済規模としてはGDPが望ましいですが、ここではWDRの表1にあるGNIで説明します。

　そこで、GNIの規模に着目すると、先進工業国と言われる国について、アメリカや日本のような巨大な経済があるのに対して、アフリカ諸国やアジアのインドシナ諸国（カンボジア）のように経済規模がかなり小さい国があります[9]。

　3）で見ますが、世界経済は先進工業国と途上国という分け方があり、前者が

第1章 現代の国際経済—全体像をバランスよくつかむ— 45

図表 1-9 基礎指標

	人口	国民総所得 (GNI)		実質 GNI		国内総生産 (GDP)	実質 GDP	成人識字率
	百万人	総額 10億ドル	1人当たり USドル	総額 10億ドル	1人当たり USドル	総額 10億ドル	年平均成長率,%	対同年齢人口比率 %
	2010	2010	2010	2010	2010	2010	2000-2010	2005-2009
世界	6,855	62,364	9,097	75,803	11,058	63,049	2.8	84
高所得国	1,123	43,412	38,658	41,756	37,183	43,002	1.8	98
中所得国	4,915	18,503	3,764	33,326	6,780	19,562	6.4	83
高位中所得国	2,449	14,410	5,884	24,254	9,904	15,247	6.5	93
低位中所得国	2,467	4,090	1,658	9,128	3,701	4,312	6.3	71
低所得国	817	417	510	1,018	1,246	414	5.5	61
中所得国と低所得国	5,732	18,940	3,304	34,345	5,991	19,997	6.4	80
東アジア・大洋州	1,957	7,223	3,691	12,962	6,623	7,579	9.4	94
欧州・中央アジア	408	2,945	7,214	5,389	13,200	3,055	5.4	98
ラテンアメリカ・カリブ	578	4,510	7,802	6,330	10,951	4,969	3.8	91
中東・北アフリカ	337	1,293	3,839	2,598	7,851	1,068	4.7	74
南アジア	1,591	1,930	1,213	5,103	3,208	2,088	7.4	61
サハラ以南アフリカ	862	1,004	1,165	1,817	2,108	1,098	5.0	62
日本	127	5,369	42,150	4,432	34,790	5,498	0.9	−
アメリカ	310	14,601	47,140	14,562	47,020	14,582	1.9	−
ユーロ圏								
ドイツ	82	3,537	43,330	3,116	38,170	3,310	1.0	−
フランス	65	2,750	42,390	2,234	34,440	2,560	1.3	−
イギリス	62	2,399	38,540	2,277	36,580	2,246	1.6	−
BRICs								
ブラジル	195	1,830	9,390	2,129	10,920	2,088	3.7	90
ロシア	142	1,404	9,910	2,721	19,190	1,480	5.4	100
インド	1,171	1,567	1,340	4,171	3,560	1,729	8.0	63
中国	1,338	5,700	4,260	10,132	7,570	5,879	10.8	94
タイ	68	287	4,210	562	8,240	319	4.5	94
フィリピン	94	192	2,050	368	3,930	200	4.9	90
カンボジア	14	11	760	29	2,040	11	8.5	78
バングラデシュ	164	105	640	267	1,620	100	5.9	56
ボリビア	10	18	1,790	46	4,560	20	4.1	91
ペルー	29	139	4,710	264	8,940	154	4.9	90
ケニア	41	32	780	66	1,610	31	4.3	87
エチオピア	85	32	380	85	1,010	30	8.8	30
マラウィ	15	5	330	13	850	5	5.2	74

出所：World Bank, *World Development Report 2012*, 2011（世界銀行『世界開発報告 2012』）、を使って筆者作成。

比較的経済規模が大きいです。

この経済規模の統計を使って、日本を含めて経済大国、それに対して経済小国がありえるわけです。どのくらいの数字以上が大きければ経済大国と呼べるのかについて明確な基準があるわけではありません。

よく引用されるのが、G7（Group of seven）です。図表1-9にG7とBRICsと呼ばれる国々のGDPと成長率などを掲載しました。G7は日本を含む主要7カ国を指しますし、主要7カ国財務省・中央銀行総裁会議をも指します。これらの国々が比較的に経済規模が大きいということで、世界経済の運営のために1975年にフランスの提案で始まったのです。カナダはアメリカの要請によって参加し、今日ではスペインの経済規模はカナダを上回っています。

2010年のギリシャ危機の続きで、2011年にG7のイタリアやスペインに危機が伝播したことは、大変深刻な状況を呈していたといえます。

図表1-9では、アメリカ投資銀行ゴールドマン・サックスが2003年に命名したBRICsといわれるG7以外の国を挙げています[10]。すぐわかるように、中国の経済規模がかなり大きいのがわかります。途上国の中で、G7を凌駕、あるいは肩を並べる国が現れたのです。

こうした現実を背景に、G7の会議に中国など一部の途上国が招かれていましたが、2008年の世界金融危機後は矢継ぎ早にG20が形成されました（第7章参照）。

次の一歩②　演習

G20の国々を、地域別に分けてみましょう。

2008年からの世界金融危機に対処するために、G7に新興国を加えたG20の会議が開催されています。G20の国々をまず把握して、所得規模で分けてみましょう。世界銀行の『世界開発報告』の統計集が使えます。

■ステップ

『世界開発報告』（英文オリジナルの和訳版）は大きな書店で購入できますが、図表1-9の出所にある英語のオリジナル報告書をダウンロードしてみましょう。ステップは、第1節（5）2）で説明しました。

図表1-9では最初に人口を挙げました。なぜならば、金額でいくら以上が大国と言いにくいからです。人口では、以前は3,000万人以上が大国とみなされま

した。なぜならば、この程度の人口がいると、大きな市場が国内にあり、日本の工業化が辿ったように、国内市場向けで大量生産を行ってコストを引き下げて、輸出につながるといったパターンが可能となったのです。

今日では、一国レベルで主な産業を育成していくというのは難しくなっています。資本が自由に世界中で投資ができるようになっている結果、多国籍企業が国をまたがって生産工程を分割するようになったのです[11]。すなわち、はじめから世界市場を見ながら工業化が図られるようになり、国内の人口の多寡がそれ程重要ではなくなったのです。この観点から、人口3,000万は小さすぎて、多くの国々が大国でなく小国ということになります。

人口が大きくて国内市場ベースの経済発展が可能な国は、現在の1人当たり所得水準が先進工業国に及ばないものの、世界銀行が注目する以下の国だけでしょう。すなわち、中国、インド、ブラジル、インドネシア[12]です。インドネシアは人口2億人以上の国です。

以上、GNIで説明しましたが、経済規模と言う場合、GDPを通常使いますので、図表1-9にも示してあります。また、その成長率も記入しました（以下の5）参照）。

3）国分類：先進工業国と（発展）途上国

図表1-9に戻って、所得の規模の次に1人当たりの水準でみます。各国のGNIを人口で割って、比較可能なように対USドルの為替レートで除したものが、WDRの表1にあります。先進工業国と途上国の分類を明確に分けるのが、1人当たり所得（GNI）です。所得で見て、経済的に豊かなのか貧しいのか、という基準で見ます。

WDRでは、世界の国を1人当たり所得水準で分類しています。具体的な分類基準は、図表1-8に示してあります。おおよその数字として、1万ドルを超えていると高所得、1,000ドル未満が低所得国、その間が中所得国と考えましょう。中所得国は幅が広いので、上下が4,000ドルで分けられます。中国は人口規模が大きいので1人当たり所得水準は低く出ますが、それでも4,000ドル程度になってきました。中国より人口規模が大きく、経済成長率の高い大国インドは、まだかなり貧しいです。

図表1-9でまず地域別に見てみましょう。南アジアとサハラ以南アフリカの

所得水準が低いのがわかります。南アジアは人口が多いことも影響しているようです。それに対して、ラテンアメリカと中東の所得水準が高いのがわかります。アジア、アフリカ、ラテンアメリカと、多くの国が存在するという意味で三大地域とみた場合、ラテンアメリカの所得水準はかなり高いのです。それに対して、人口の多いアジアと諸環境が厳しいアフリカには低所得国が多いのです。

後で見ますが、中国を含む東アジアも人口が比較的に多いので所得水準が低いですが、経済成長率はかなり高いです。

次に国別にみると、日本のように、かなり豊かな国がある一方、2000年の国連ミレニアム・サミットで国連ミレニアム開発目標（United Nations Millennium Development Goals: UNMDGs）が決められたように、貧困にあえいでいる国が存在します。先進工業国とアフリカを中心とする途上国との所得格差が極めて大きいことがわかります。

先進工業国でも、アメリカや日本のような巨大な経済があるのに対して、北欧諸国のように人口が1,000万人にも満たなくとも、1人当たり所得水準が高い国があります。同じ人口規模の途上国より経済規模はかなり大きいです。

以上では、先進工業国対途上国というふうに分けましたが、途上国の中で規模が大きく、かつ経済成長率が高い国々が、先進工業国からの投融資の対象として台頭してきました。中国を筆頭とするBRICsはその例ですが、これらの国々は新興国ないし新興市場国と言われています。

4）実質GDPの規模

もっと突っ込んで分析すると、これまでは名目GNIや名目GDPの比較ということです。名目GDPとは、「名目上の」GDPということで、「上辺だけの」という意味を持つということです。名目GDPは、各年の生産物の量に同じ年の価格をかけたものです。

しかし、経済学では、価格の変化による生産の増加でなくて、量の増加を重要視しているのです。そこで、名目GDPから価格水準を除いて実質額（量）を計算するのです（経済学の基礎②）。所得も同様で、名目GNIから価格水準を除いて実質GNIが計算できます。両方の数字はすでに図表1-9に示してあります[13]。

この表をみると、価格水準を含む名目上のGNIでは日本は世界第3位ですが、実質GNIでは中国に大きく引き離されています。中国の所得の規模の半分もあ

りません。

　図表1-10は、IMF『世界経済見通し』の付録の1番目にいつも掲載されている表です。『世界経済見通し』は、G7やサミットの会議で世界経済を議論する際に参考にされる最も権威ある経済予測です（年2回発行）。その表は、G7など政府関係者や多国籍企業の経営者など世界の経済リーダーが見る世界経済構造（の表）であるといえます。この表では、上述の実質GDPを使っています。

　図表1-10では、世界経済の大きな構造変化をみることができます。G7が実質GDPの4割を割り、BRICs 4カ国が世界の4分の1程度の経済規模を持つことがわかります。今日の世界金融危機が始まった当初の2008年11月にG20の会議が開催されましたが、これは、G7に加えて、中国やインドなどの新興国を加えたものです（G20については7章で詳述）。

　日本は当初埋没を恐れてG20への移行に反対のようでしたが、G7の他のメンバー、特にフランス、ドイツは早くからG7の拡大を主張していました。そして、米英両国も仏独の立場をとるようになりました。世界経済の構造変化に伴って、G7からG20への枠組み変更は当然なのです。

　実際、『世界経済見通し』の1990年版でも、既に中国の実質GDPは日本を上回っていたのです。名目GDPにおいて、2010年に中国が日本を抜いて世界第2位の経済大国になったと言われますが、現実には、少なくとも10年前から世界は中国を第2位とみていたのです。1990年には日本の名目GDPは中国の7倍ありました。しかし、日本は「失われた90年代」と2007年からの世界金融危機による低成長に直面しました。中国は1991-2010年は、実質GDPで、すなわち量ベースで年平均10.5%の成長を遂げたのです。日本は、この間2%の成長でした。

次の一歩③　演習

　世界の国々の一般的な価格（物価）水準を計算しましょう。
　図表1-9を使って、日本と中国の価格水準を計算してみてください。両国の名目GNIと実質GNIの数字だけを使って両国の価格水準が計算できます。経済全体でみた価格水準の違いを知ることができます。『世界開発報告』を使って、他の国々の物価水準も計算できます。
　（ヒント）上記の4)の注13を参考にしてください。

図表 1-10　専門家が見る世界経済（2010 年）

	国の数	国内総生産（GDP）		財・サービス輸出		人口	
		先進経済内での比率（%）	世界での比率（%）	先進経済内での比率（%）	世界での比率（%）	先進経済内での比率（%）	世界での比率（%）
先進経済	34	100.0	52.1	100.0	63.6	100.0	15.0
米国		37.5	19.5	15.4	9.8	30.4	4.6
ユーロ圏	17	28.0	14.6	41.1	26.1	32.3	4.8
ドイツ		7.6	4.0	12.6	8.0	8.0	1.2
フランス		5.5	2.9	5.6	3.5	6.2	0.9
イタリア		4.6	2.4	4.6	2.9	5.9	0.9
スペイン		3.5	1.8	3.2	2.0	4.5	0.7
日本		11.2	5.8	7.3	4.6	12.5	1.9
イギリス		5.6	2.9	5.6	3.5	6.1	0.9
カナダ		3.4	1.8	3.9	2.5	3.3	0.5
その他の先進経済	13	14.3	7.5	26.8	17.1	15.4	2.3
メモ：							
主要先進経済（G7）	7	75.4	39.3	54.9	34.9	72.5	10.9
アジア新興工業経済（NIEs）	4	7.5	3.9	15.4	9.8	8.3	1.2
		新興市場経済・途上国内（%）	世界での比率（%）	新興市場経済・途上国内（%）	世界での比率（%）	新興市場経済・途上国内（%）	世界での比率（%）
その他の新興市場経済と（発展）途上国	150	100.0	47.9	100.0	36.4	100.0	85.0
サハラ以南アフリカ	44	5.1	2.4	5.4	2.0	13.8	11.7
ナイジェリアと南ア以外	42	2.6	1.2	2.8	1.0	10.2	8.7
中・東欧	14	7.2	3.5	9.4	3.4	3.0	2.6
独立共同体	13	8.9	4.3	9.9	3.6	4.9	4.2
ロシア		6.3	3.0	6.5	2.4	2.5	2.1
アジア（日本と NIEs を除く）	27	50.3	24.1	43.8	15.9	61.4	52.2
中国		28.4	13.6	25.7	9.3	23.2	19.7
インド		11.4	5.5	5.2	1.9	20.6	17.5
中国とインドを除くアジア	25	10.5	5.1	12.9	4.7	17.6	15.0
中東・北アフリカ	20	10.5	5.0	17.0	6.2	7.1	6.0
ラテンアメリカ・カリブ	32	18.0	8.6	14.6	5.3	9.8	8.3
ブラジル		6.1	2.9	3.4	1.2	3.3	2.8
メキシコ		4.4	2.1	4.6	1.7	1.9	1.6
メモ：							
BRICs（ブラジル、ロシア、インド、中国）	4	52.2	25.0	40.8	14.8	49.6	42.1
重債務貧困国（HIPC）	39	2.4	1.2	1.9	0.7	10.7	9.1

出所：International Monetary Fund（IMF）, *World Economic Outlook, September 2011* 、を利用して筆者作成。

5) 国分類：高成長国と低成長国

　以上、名目と実質で生産（GDP）と所得（GNI）の規模を見ました。次に、成長率ないし増加率を説明します。これまではGNIを使って議論してきましたが、既に述べたように国の生産と言う場合GDPの方が適切です。実質GDPの伸びを、いわゆる経済成長率といいます。価格の変化は除いた量の伸びということです。図表1-9にその成長率も記入しました。

　これにより、当該国が高成長国なのかそうでないのか、がわかります。以前は、10％をはるかに超えるような成長が可能でしたが、今日そのような国は少なくなりました。経済は成熟すると成長率は低くなります。労働が減り、資本（機械）の生産も壁に当たり、技術の進歩もあまり進まず、ということになります。以上は生産面での説明でしたが、消費面では人々が十分に消費財や耐久財を持っていますので、大きな消費は望めないのです。

　図表1-9で抜粋したWDRの表1では世界の多くの国の統計が掲載されています。それを一瞥しての提案ですが、5％を超えると高成長国といえるでしょう。中国の成長率が1990年代から年率平均で10％程度であったということは驚異的なことです。

　図表1-9で地域別に見てみましょう。まず中国を含む東アジアは人口が多いので所得水準が低いですが、経済成長率はかなり高いです。東アジアについては、新興工業経済（Newly Industrializing Economies: NIEs）やその他の東南アジア諸国（例えば、タイ）の経済成長率も高いです。インドを含む南アジアも同様です。

　それに対して、サハラ以南アフリカやラテンアメリカの成長率は低いです。対外債務不履行の危機に見舞われた1980年代に両地域は「失われた10年」と言われました。債務減免などで経済力のあるラテンアメリカ諸国は90年代後半からは経済成長率が高くなりました。アフリカ諸国は、21世紀になって債務帳消しが行われて初めて経済が回復したのでした。

6) 所得分布と貧困

　所得について、最後に所得分布を見ます。よく言われる用語は、所得分配です。図表1-8にあるように、所得階層別と地域別に分析できます。後者は地域別所得（日本であれば県民所得）や地域別GDPを使いますが、各国の統計に入らな

ければ入手困難ですので、ここでは所得階層別のデータを使って国別比較を行います。

また、所得分配の問題は貧困の問題ですので、3）で述べたように、国連ミレニアム開発目標の関連で、貧困指標も、図表1-11に示しました。

まず図表1-11で所得の分布ないし配分を見てみます[14]。多くの国でデータがありませんが、世界銀行のWDI（世界経済社会統計）をホームページで見て数字を拾いました。

図表1-11をベースに、地域別に見てみましょう。ラテンアメリカ全体では所得レベルはかなり高いのですが、この地域の最大の問題の一つが国内の所得格差

図表1-11　所得分布

	ジニ係数 (0～100)	所得・支出の最下層10%の全体に占める比率 (%)	所得・支出の最上層10%の全体に占める比率 (%)	調査年	絶対貧困層対全人口比率 (%)	調査年
日本	24.9	4.8	21.7	1993		
アメリカ	40.8	1.9	29.9	2000		
ユーロ圏						
ドイツ	28.3	3.2	22.1	2000		
フランス	32.7	2.8	25.1	1995		
イギリス	36.0	2.1	28.5	1999		
BRICs						
ブラジル	53.9	1.2	42.5	2009	4.3	2008
ロシア	42.3	2.6	33.5	2008	2.0未満	2005
インド	36.8	3.6	31.1	2005	49.4	1994
中国	41.5	2.4	31.4	2005	28.4	2002
タイ	53.6	1.6	42.6	2009	2.0未満	2004
フィリピン	44.0	2.4	33.9	2006	40.2	2004
カンボジア	44.4	3.0	37.3	2007	40.2	2004
バングラデシュ	31.0	4.3	26.6	2005	57.8	2000
ボリビア	57.3	1.0	45.4	2007	19.6	2005
ペルー	48.0	1.4	35.9	2009	7.9	2006
ケニア	47.7	1.8	37.8	2005	19.6	1997
エチオピア	29.8	4.1	25.6	2005	55.6	2000
マラウィ	39.0	2.9	31.7	2004	83.1	1998

注：絶対貧困層は、1日1.25USドル未満で生活する階層。
出所：World Bank, World Development Indicators 2011, 2011, World Bank, *World Development Report 2012*, 2011（世界銀行『世界開発報告2012』）、を利用して筆者作成。

です。ブラジルは世界でも最も格差が大きい国の一つです。また、アフリカのように貧しい国でも、一般に国内での所得格差が大きいです。

> **次の一歩④ 演習**
>
> 最貧困者が一体いくらで生活しているのか計算しましょう。
>
> 図表1-11の所得分布（配分）の統計と、図表1-9の人口とGNIの数字を使って、所得階層の最下層10%と最上層10%、それぞれの平均所得を計算してください。2つの表で調査年が違いますが、図表1-9の年に同じ所得配分であったと仮定します。
>
> 貧しい人々がどんなに低い所得かわかるはずです。もっと実感を持つためには、図表2-4の為替レートで円に直して見てください。1月、また1日当たりの所得も計算してみましょう。

> **次の一歩⑤ 演習**
>
> BOP（貧困者）ビジネスの対象人口を計算しましょう。
>
> 図表1-11の所得配分の元の統計は、最下層だけでなく、人口全体のそれぞれの所得階層の10%や20%の所得配分のデータがあります。BOPとはBottom of Pyramidのことで、貧困者対象のビジネスを指します。インテル、ダノン、シティバンクなど多国籍企業が、どんどん進出しています。
>
> ■ステップ
>
> （5）で説明した経済社会統計として網羅的な世界銀行発行のWorld Development Indicators（WDI）を使います。ステップは、（5）2）で説明しました。ドキュメントのPEOPLEの章のIncome distributionのところに所得分配の国一覧表があります。

図表1-11では、貧困に関わるデータも掲載しました。所得配分の問題は、なかんずく貧困の問題だと考えます。UNMDGsは、1996年に先進工業国が構成する国際機関、経済協力開発機構（OECD）が、途上国の開発と自らの援助の柱として「新開発戦略」を打ち出したことがきっかけです。それを背景として、キリスト教徒にとって重要な2000年を節目にUNMDGsがまとめられたのです（序章参照）。

UNMDGsには8つの目標がありますが、人類共通の目標として定められたものです。最初の重要な目標が、2015年までに1990年の世界の絶対貧困層を半減させるというものです。

結局、3）で既にふれましたが、世界における貧困問題が大きな問題となったのです。貧困対策の重要性から多くの貧困指標が扱われるようになりました。最も重要な指標の一つは絶対貧困層を表すものであり、以前は1日1ドル未満、現在では1.25ドル未満で生活する階層です。世界銀行の『世界開発報告』の統計付録の表2に一覧表があり、図表1-11に示しました。

国別でみると、インドが4億人、中国が2億人の規模で、この2カ国で世界の絶対貧困層の半分を占めます。他では、その他の南アジアとアフリカが多いです。

中国については、序章で示しましたが、貧困者の数はかなり減ってきており、今後もその傾向が続きます。何億もの貧困者を救った中国の経験は、注目を浴びています。

経済指標以外に多くの社会指標があり、貧困の問題として認識されています。代表的なものは、平均余命、識字率、乳児死亡率、衛生的な水へのアクセスなどです。WDRの表1には平均余命と識字率の統計も掲載されています。

最後に、地域別の配分のデータですが、一般に所得ではなくて、地域別の生産の数字を使います。国によっては、国全体のGDPに加えて、地域別（regional）GDPを公表しています。ただし、日本では県民所得が総務省統計局のホームページにあります[15]。

また、所得の分布ではありませんが、生産の分布として、生産（GDP）の産業別の配分ないし内訳は重要です。アジアについては、日本を含めて、アジア開発銀行のホームページからデータをダウンロードできます。すでに説明したKey Indicators for Asia and the Pacificです。

7）国際経済関係の基本的見方

1）で所得を基本として世界経済への見方を説明しました。そして、2）～6）で所得のいろいろな面で世界の国々を分類して、世界経済の構成や問題を分析しました。ここでは、本書の2章以降の中心課題でもある国際取引関係に関して、世界経済の見方や分類を説明します。なお、2章以降で貿易や海外直接投資などそれぞれに分析しますので、ここでは概略の説明となります。世界経済を全体的にサーベイすることがここでの課題です。

グローバル化が進んで資本が自由に国の間で往来できるようになった世界において、重要なストック指標は、対外資産の純額です。対外資産について債権か

ら債務を引いたものです。債権が債務より大きい場合を純債権国（純額でみた）と見るのです。資産が債務より小さければ、債務国です。第1節（3）の図表1-3でデータを示して説明しました。

対外資産の構成要素として、外貨準備高、直接投資等に加えて、証券投資があります。今日では世界規模での証券投資により、証券投資の資産残高が大きくなっています。

対外資産のポジションは、各国が発行する債券の格付け（レーティング）に影響します。米国系の評価会社が有名です。特に、各国政府が発行する債券のレーティングは、国を代表する信用力とみることができます。

ここでは、債務だけに絞った国分類を追加的に説明します。途上国の多くが債務国です。1つの重要な分類基準を図表1-12に示しました。ここで挙げた基準は以前世界銀行がそのレポート、Global Development Finance（GDF）で発表していたものです。最近の版では公表していませんが、それは今の水準はもっと数字が低くなったことを意味するでしょう。途上国の多くは1980年代から90年代にかけて深刻な債務返済困難に陥りましたが、それがかなり解決されているのです。よって、軽債務国の基準が今日の厳しいスタンダードとみてはどうでしょうか。

図表1-12 対外債務分類基準

	重債務国	一般（中）債務国	軽債務国
	対輸出比率が220%超か、対GNI比率が80%超	対輸出比率が220-132%か、対GNI比率が48-80%	対輸出比率が132%未満、かつ対GNI比率が48%未満
低所得国 1人当たり国民総所得（GNI）が735USドル以下（2001年）	重債務・ 低所得国	一般（中）債務・ 低所得国	軽債務・ 低所得国
中所得国 1人当たり国民総所得（GNI）が735USドル以上、9,075USドル以下（2001年）	重債務・ 中所得国	一般（中）債務・ 中所得国	軽債務・ 中所得国

注：債務残高の現在価値の輸出ないしGNIに対する比率。
出所：World Bank, *Global Development Finance (GDF) 2004*, Vol.1, 2004（ホームページ）を利用して筆者作成。2000-2002年の債務データを使った国分類に使っている。

なお、図表1-7で示しましたが、EUの基準は、公的債務のGDPに占める比率が60%であり、図表1-12の民間債務を含めた基準と照らし合わせると、重債務国の基準をEUが採用しているとみることができます。

なお、GDFには国別データがあり、債務の輸出に対する比率など主要指標に加えて、債務の今後の支払予定まであります。専門家にとって必須の文献です。

次に、貿易構造を取り上げます。経済の基本として、当該国がどれだけ輸出で外貨を稼いで、必要な資機材や消費財を輸入できるかが重要です。別の言い方をすると、外貨を稼ぐ有力な産業を当該国が持っているかということです。

第3章第5節で貿易構造に関する過去の5分類を説明しますが、多品目の輸出構造を持つ国と製造業品の輸出品が多い国の競争力が強いでしょう。

(2) 文献

ここでは、国際通貨基金（IMF）のWorld Economic Outlook（WEO『世界経済見通し』）を紹介します。日本語版はありませんが、世界経済に関わる最も権威ある報告書です。G7やサミットでも使われますし、日本の各紙で紹介されます。春と秋に公表されます。

また、インターネットで報告書全体をダウンロードできますし、記者会見のビデオも視聴できます。WEOは、IMFが世界銀行と一緒に開催する春季総会（spring meeting）と、秋の年次総会（annual meeting）の前に公表されます。ステップは以下のとおりです。

報告書
imf → index → World Economic Outlook（WEO）

ビデオ
　imf → index → Annual Meetings → spring meeting ないし annual meeting → schedule of events

この週間予定の初めにWEOの記者会見があります。ここからもWEOそのものにアクセスできます。

第1章　現代の国際経済――全体像をバランスよくつかむ――　57

次の一歩⑥　ビデオ視聴

　世界経済の現状をリアルタイムで見てみましょう。英語の質問に答えてみましょう。2011年9月の年次総会前のWEOの記者会見を見てみましょう。Transcriptがあり、話されている英語をすべて活字で読めます。過去の年次総会と春季総会のビデオも視聴できます。

　プレゼンをするIMFの調査局長はアメリカの大学の教授ですがフランス人ですので、英語がわかりやすいです。冒頭のプレゼンで彼が述べる世界の経済成長率を聞き取ってみましょう。英語ができる方は、プレゼンテーションの後の記者との丁々発止のやり取りを見ましょう。世界経済がリアルタイムにわかります。

　さらに、かれの前の調査局長にはハーバード大学教授やインド人教授がおり、スピーディーな英語にも接することができます。

■ステップ

　記者会見は、以下のとおりです。
　　Press Briefing: World Economic Outlook（WEO）, September 20, 2011
　ホームページへのアクセスは以下の通りです。
　　imf.org → site index → Annual Meetings → 2011 Annual Meeting → Schedule (of Events)
　　http://www.imf.org/external/mmedia/view.aspx?vid=1170545074001
　世界の経済成長率に関わる以下の表の空欄を埋めてみましょう。5分30秒から成長率が読み上げられます。

ECONOMIC GROWTH	2011	2012
World	(　　)%	(　　)%
Advanced countries	(　　)%	(　　)%
Emerging countries	(　　)%	(　　)%

　Transcriptで正解かどうか確かめてください。

第3節　一国経済のサーベイ

本節では、一国経済を総合的に見る方法を説明します。

（1）分析の枠組み
1）指標の全体

　一国経済の見方あるいは分析の枠組みは、基本的に第2節で述べた世界経済の見方を踏襲します。第1節の図表1-1の経済の現象や要因をベースに、第2節の図表1-8の国分類のための基礎指標を使うことにより、それぞれの国の重要な特徴がわかり、また他の国と比較できます。世界経済や東南アジア経済という地域経済を見る場合も、原則的に同じ見方です。

　具体的には、世界経済の見方と同じく所得のいろいろな指標により分析します。また、第2節（1）の7）で示した国際経済取引について、各国の特徴を理解します。

　それでは、これから詳しく国別で分析する方法を以下に示します。次章で国際収支や貿易など国際経済取引のそれぞれを見る前に、国全体の枠組みを理解することが必要です。図表1-13に全体的な枠組みを示しました。

次の一歩⑦　演習

　一国経済を EXCEL に構築しましょう。
　関心の高い皆さんは、図表1-13を使って、実際に一国経済を EXCEL ファイル内に「構築」してみるとよいでしょう。一国経済を見る場合に必要な統計を集計表の形にして作成して、EXCEL 画面に一国経済をビルトインするのです。以下の説明を参考にしてください。

第1章 現代の国際経済―全体像をバランスよくつかむ― 59

図表1-13 国基礎情報シート

出所

表1 世界銀行『世界開発報告』（WDR）．IMF, *International Financial Statistics (IFS)*. IMF, *World Economic Outlook*. 格付会社（ムーディーズ、S&P、R&I）. World Bank, CPIA. 表2 WDR. World Bank, *World Development Indicators (WDI)*. 世界銀行『世界開発金融』(Global Development Finance). World Economic Forum, *Global Competitiveness Report*. Institute for Management Development, *World Competitiveness Yearbook*. 格付会社 表3 WDI. Sil International, *Ethnologue*. 表4 Routledge/Europa Publications, *Europa World Year Book*. Economist Intelligence Unit, *Country Profil / Report*. 表5 『理科年表』, UN Office of the High Representative for LDCs. Library of Congress, *Country Studies*. 矢野恒太記念会『世界国勢図会』 表6A ADB, *Key indicators*. IMF, *IFS*. 表6Bと下段 *IFS*. 日本貿易振興機構（ジェトロ）ホームページ． 表7A *IFS*. 表7Bと下段 ADB, *Key indicators*. *IFS*. ジェトロ『世界貿易投資報告』． 表8 *IFS*, *Government Finance Statistics (GFS)*. IMF, *Country Report*. 表9 *IFS*.

まず基礎表として、一国経済を理解する集計表では、次の指標が重要です。
フロー
　国民所得
　財政
　国際収支
　金融
ストック
　国富
　　資本ストック
　金融資産
　対外資産
　　外貨準備高

　フロートとストックに分けてあり、フローで4つの基礎表を作成します。国際収支表はフローであり、国際経済取引に関わる対外資産残高と外貨準備高はストックです。外貨準備高は対外資産残高に含まれる1項目です。

　以下に、他の教科書に準じて、まずフローを中心に説明します。その後で、本書の特徴であるストックも取り上げます。

2）国民所得

　まず国民所得は経済全体を表すもので、いろいろな指標を第2節（1）で説明しました。ここでは、利用可能な統計をどのように組織だって使うのか、どの数値をEXCELに入力するのか、ということを説明します。

　国民所得はマクロ経済学で真っ先に扱われる指標ですが、ここではその基礎を実践に即して要領よく説明します。重要な概念が、国民所得の三面等価です。国民所得は生産面、支出面、分配面の3つのアプローチで見ることができるということです。

　生産面は農業、工業などの合計、支出面は消費や投資の国内需要に輸出といった外国需要を足したものです。

　3番目の分配面については、労働や企業利潤などの所得を合計しますので、所得そのものと見ることができます。

　そこで、EXCEL上に国民所得について3つの表が作成されるということにな

ります。生産面では、農業、工業、金融業などの産業構造がわかります。支出面の消費や投資などの動向に関する情報は頻繁に発表されて、景気動向が把握されます。例えば、消費者サーベイや企業の投資サーベイです。

分配面では、労働者、資本家、地主の所得の取り分がわかります。ただし、このデータはそれ程容易に入手できませんし、途上国の多くではデータすらありません。

したがって、国民所得については3つの表がありえますが、比較的消費サーベイや企業投資サーベイなど情報が得やすく、経済分析や予測に適している支出面の表は作りましょう。これについては、IMFのInternational Financial Statistics（IFS）（国際金融統計）で世界中の国の統計を得ることができます。IFSは普通の図書館ではなく、大学などの図書館にあります。年鑑（yearbook）と月鑑があり、後者には2～3か月前の統計があります。

IFSは金融と経済の情報が国別に掲載されています。国内取引に加えて国際取引の統計が網羅的にあります

また、アジア地域については、GDPの生産別内訳のデータも使うことが可能です。生産構造がどうなっているかということは重要な情報です。既に説明しましたが、アジア開発銀行（ADB）のホームページで国別の統計（Key Indicators）をダウンロードできますが、その中にデータがあります。

次の一歩⑧　演習

国内総生産の支出構成を把握しましょう。投資率を計算してみましょう。

IMFのIFS（国際金融統計）を使って、図表1-13の表6Bの国内総生産（国民所得）の表を作成してみましょう。IFSの国別統計の最後のページにnational accountsの統計があります。90番台の数字です。

まず国内総生産（GDP）が99bの数字です。その上の項目がY＝C＋I＋G＋X－Mの支出項目に対応します。IFSの統計は順序が異なっています。この式の場合、Gが公共消費であり、Cは民間消費のみとなります。Iは民間と公共の両方の投資を含みます。

IFSの統計の90番台の一番上の項目が、Household expenditureなどと書かれていることがありますが、民間消費です。Iに対応するのが、gross fixed capital formationないしfixed investment（設備投資）と、changes in inventoriesないしstockbuilding（在庫投資）です。

設備投資をGDPで割ると投資率が計算できます。投資率が高い国は、経済成長率が高いです。

また、支出面については、追加的に投資と貯蓄の表を作成できます。経済成長はある程度簡単なロジックで言えば、投資によって実現されます。投資が増えれば経済成長率は高まる可能性があります。そして、投資をするためには資金が必要であり、そのために貯蓄があります。その構成として、以下の表を作成できます。

投資と貯蓄の表
- A. 国内投資
    - 民間
    - 公的機関
- B. 貯蓄
    - B.1 国内貯蓄
        - 民間
        - 公的機関
    - B.2 外国（海外）貯蓄
        - 民間
        - 公的機関（経済協力や援助を含む）

特に、貯蓄の内訳が重要です。ある国の国内で行われる投資は国内貯蓄だけで十分なのか、海外貯蓄がどれだけ必要なのかということです。海外貯蓄は企業の投融資、政府の経済協力です。この海外貯蓄は2章で議論しますが、資本収支に現れます（計上されます）。

日本の長期の経済発展の原因の一つは高貯蓄であったといわれます。また、海外貯蓄は上限もあり、いつも安定的に供給（投資）されるかわからないこともあり、国内貯蓄が継続的に上昇しないと経済成長や経済発展は実現しないという見方は有力です。

また、国内貯蓄と投資を主体別に分けることは重要です。すなわち、民間投資なのか政府投資なのかです。中国では、後者の比重がかなり高いです。

図表1-13の国民所得の表の下に、投資と貯蓄の表を作成することができますが、最低貯蓄率は計算したいところです。国内貯蓄はGDPから消費を差し引いて計算し、それをGDPで割るのです。

3）財政

　財政をオーソドックスにとらえる見方は、すでに経済学の基本⑤で説明しました。政府は多くの国で最大の経済主体であり、またその政策も相俟って経済に大きな影響を与えます。

　財政に関する考え方の基本は、上記の国民所得の支出面です。すなわち、財政支出は、国民所得の海外（対外）部門（輸出、輸入）を除く国内需要の消費と投資の部分に含まれます。財政支出は、消費支出と投資支出に分かれて、直接的には国内経済あるいは景気に影響を与えます。

　財政赤字が国際収支赤字の主因であるというのは重要な点です。アメリカがまさしくこれに当たります。これについては第2章で詳しく説明します。

4）国際収支

　国際収支は第2章で詳述しますが、ここでは骨子を説明します。上記の国民所得の支出面で見た場合、海外部門たる財とサービスの輸出と輸入があります。その輸出と輸入は国際収支の経常勘定の主要項目です。経常勘定は経常的な経済活動を記帳したものであり、貿易の他に外国への投資や融資が生み出す利潤の本国送金などを含みます。

　国際収支は経常勘定と資本勘定の2つに分けられますが、資本勘定は国際金融に対応するもので、国内で不足している投資金が入ってきます。この海外貯蓄と国内貯蓄が一緒になって、国内投資となるのです（（2）で説明）。上で述べた海外貯蓄ないし外国貯蓄が投資として、国際収支表の資本勘定に現れるのです。

　国際収支赤字といった場合、多くの場合、貿易収支ないしサービスと所得の収支も含めた経常収支を見ます。当該国に外貨獲得能力がどれだけあるかということです。

　しかし、国際資本が自由に国間を移動するようになってからは、資本収支における証券投資の短期的な動きが国際収支危機を惹起するようになりました。

　国際収支の関連で追加的に重要な表は、輸出構造を表す表です。既に述べたように、輸出競争力のある産業ないし商品があるのかが重要です。

　さらに、途上国の場合、債務の水準と内訳が重要です。重債務国なのかどうかは、その国の資金調達能力に関わるし、経済全体にも影響します。

　また、当然のことながら、国際収支表には為替レートを示します。

5) 金　融

最後の金融表は、財政の全体、すなわち国内金融と、国際収支の下半分、すなわち資本勘定を含みます。経済における比重でみると、民間金融が大きいです。すなわち銀行間、銀行とその他の金融機関の間、そしてすべての金融機関とその顧客（企業や個人）との間の金融取引です。

財政は公的金融ですが、国際収支は公的金融と民間金融の両者を含みます。前者は経済協力です。後者は金融機関や企業の投融資です。

以上は、国際金融の金額、つまり量の説明です。基礎的な国内の指標として貨幣供給量は重要です。貨幣供給の調節のみで経済運営をするべきであるという立場をとるマネタリストは、貨幣供給量の伸びと名目 GDP の伸びをリンクさせるべきであると主張しています。したがって、これらの変化率を計算するとよいでしょう。

価格指標として金利と為替レートが重要です。為替レートは4）の国際収支表に加えるとして、金融表では図表1-13 に示したように、いろいろな金利指標を加えたいです。国際金融の詳細は、5章で説明します。

以上が、一国経済を把握するための4つの基礎表です。1番目の国民所得は3つの表がありえます。追加的に重要な表は、国民所得表に追加して投資・貯蓄表、国際収支表に追加して輸出構造、債務内訳です。

6) ストック指標

それでは、ストックの指標について説明します。既に示したように、資産と負債の合計として国富があります。次に、機械や設備などの合計としての資本ストックがあります。工場で言えば、何台衣類を作る機械があるかということです。しかし、資本ストックの統計は作成が難しく、入手は困難です。そこで、フローとしての投資のデータはよく使われます。投資は、上記1）の国民所得統計に含まれます。

対外資産残高について、図表1-3 で既に基本は説明しました。詳細は第2章第6節で説明します。

以上、一国経済を考える際に重要な表一式を図表1-13 に示しました。これまで、一国経済の見方ないし分析枠組みを概略説明しました。特に、マクロ経済学

などの対象である国民所得や財政については、基本を説明しました。

（2）事例：日本を中心として

（1）の方法論で、日本の数値などをあてはめて事例分析を行います。そして、適宜他の先進工業国や途上国に言及します。

1）本書の接近方法による全体的結果

図表1-13に日本の数字を総括的にまとめることができます。一国経済を全体的にとらえる表であり、EXCELに構築できます。ここでは、日本のデータを使ってその特徴を理解しますが、世界サーベイなどで既に作成した図表も参照しつつ、他国との比較も行います。

図表1-13は、上記の4つの表を中心に作成されていますが、先に総括表を示しました。まず1人当たり所得水準でみて、世界の中でどの水準にあるかということです。日本は高所得国です。

そして対外債権に関して債権国かどうかで見ています。また、序章で示したランキング、加えて本書の国際金融の章で扱う国債のレーティングを示せます。日本、あるいはここにデータを入れる当該国が、どのくらい競争力を持っているかどうかがわかる表となっています。競争力は国の信用でもあります。

以下に、図表1-13の4つの表ごとに日本の特徴を述べます。

2）国民所得

経済規模を表す名目GDPに関して、日本は1968年にドイツを抜いて世界第2位となりましたが、2010年に中国に抜かれて第3位となりました。2010年時点で、英国の2倍あります。国民所得ですが、GNIについて、2010年に同じく中国に抜かれて世界第3位になっています（図表1-9参照）。

2010年の実質GDPについては、中国の2分の1もありません（既に示したIMFの表、図表1-10参照）。10年前の同じ報告書で既に中国は日本を上回っていました。実質GDPは量的に見て当該経済の大きさを見ています。日本は中国と比較してモノの価格が高いから名目GDPはかなり高くなっているだけです。また、海外投資家からしても、同じ1億ドルの投資で、日本より中国で多くの量を購入できるのです。具体的には、より多くの建物、機械、原料、労働者を入手できるのです。

つまり、2010年に第3位になったと言われますが、世界の投融資家はかなり前に中国がアメリカに次いで重要と見ていたのです。

経済成長率については、日本を含む先進工業国の成長率はかなり低いですが、中国の経済成長率の高さは驚異的です。1991～2010年の年平均成長率10.5%です。日本経済は1990年代からの低成長を引きずっていますが、欧米諸国と同じく成熟経済であり、今後も5%に至る高い成長は見込めないでしょう。

1人当たり所得（GNI）ないしGDPでみると、日本の水準は高いです。欧州の小国で日本よりかなり高い国がいくつかあります。重要なことは、日本を人口が数百万人の北欧諸国などと安易に比べないことです。人口規模が5,000万人を超える国の中では、日本はアメリカに次いでドイツ、フランスの水準と同レベルです。

所得の最後として、分配を見ます。図表1-11に古いデータがありますが、日本は先進工業国の中で、所得格差が小さい国として知られています。「1億総中流」と言われたのは、確かなことなのです。

3）財　政

指標としては、財政収支の対GDP比率が重要です。日本の財政状況は非常に悪いです。2008年からの世界金融危機において、先進工業国は財政赤字拡大にもかかわらず景気浮揚のための大幅な財政支出拡大を行いました。日本も同様ですが、他の先進工業国と異なるのは、1990年代の低成長、「失われた10年」から十分に経済が回復しない状況で世界金融危機を迎えたことです。世界金融危機前に、G7で最も財政状況は悪かったのです。

財政問題の深刻さは幅広く議論されており、主な要因として、経済の成熟化による低成長、人口の高齢化、企業の海外進出による国内経済の空洞化などが挙げられます。しかし、重要なことは、今日の財政の悪化の最も重要な原因は長引く低成長にある、ということです。経済成長率が低いために税収入が増えないのが根本的な問題です。そうすると、景気が回復したところでかなりの赤字は解消されるでしょう。

財政収支の国際経済、特に国際収支との関連は重要です。しかし、日本の場合は特殊です。すなわち、財政はかなりの赤字ですが、貿易収支は黒字基調です。日本では、企業など民間部門が強い競争力を持っているということです。

4) 国際収支

国際収支については、第2章で詳述しますが、基本だけ述べると、貿易黒字は続いています。しかし、最近の重要な特徴は、日本は、輸出で外貨を稼ぐよりも、海外への直接投資（工場建設）や証券投資（債券、株式）が生み出す利潤の方が多いという世界有数の投資国となっています。

また、金融市場を対外的に開放していますので、証券投資の動き、たとえば外国人による東京株式市場での売買が、株価、為替レートの変化を通じて、企業業績や輸出などに強い影響を与えるようになりました。

5) 金融

金融面では、既に述べましたように、国内金融の要の政府の財政状況は悪いです。国際金融については、上記のように競争力があります。よく言われるように、日本経済の民間の力はかなり強いのです。

加えて、日本は世界有数の経済協力実施国です。詳細は8章で論じますが、経済協力の中心である政府開発援助（ODA）では2000年にかけての10年間世界一の援助国でありました。一時は第2位を大きく引き離す援助大国でした。

しかし、1980年代末のバブル崩壊後の「失われた90年代」が21世紀にずれ込む中で、財政が悪化して、ODAはずっと低迷し、2010年には第5位となっています。

以上がフロー面の日本経済の現状ですが、ストック面で見てみましょう。

6) ストック指標

国富と資本ストックについては、世界の国を比較した表はありません。日本であれば、総理府の経済社会総合研修所の統計を見るとよいです。金融資産については、第5章で論じます。

日本は対外資産が対外債務を上回る債権国です。その中身は直接投資と証券投資などの残高であり、詳細は第2章第6節でみますが、日本が世界有数の投資国であるということです。また、資産が債務を上回るゆえに、日本経済の競争力は強いとみなされています。

2008年からの世界金融危機において、金融大国であるイギリスとアメリカがその震源地となったわけで、その後の過程で、ドル、ポンド、ユーロが売られて、円が買われました。2011年には80円を割る円高が生じました。日本経済そ

のものは、1990年代の「失われた10年」から立ち直ったところで世界金融危機に遭遇して、低成長が続いているにもかかわらず、このような状況です。これは、日本のストック面で見た競争力が高く評価されていることによるでしょう。

途上国については、日本のかつてがそうであったように、多くは自国産業に十分な輸出競争力がなく、国内の発展のために海外からお金を借りざるをえないのです。しかるに、みずからを発展途上国と位置付ける中国は、既に債権国となっています。外貨準備では2006年に日本を抜いて世界最大となっています。2010年には日本の3倍となっています（図表1-3参照）。

（3）文　献

日本を含めて基礎情報である統計の入手方法については、日本語および外国語の文献の紹介と入手方法を第1節（5）で説明しました。ここでは、記述文のある文献を総合的に説明します

まず日本を含めて、日本の国際化の状況を知るにはいろいろな文献がありますが、元の情報源は政府です。

① 日本語文献

対外関係を主管する外務省で基本情報が集められます。国別の情報は「各国・地域情勢」で基本情報を得ます。先進工業国と途上国の両方の情報が、ホームページで得られます。

次に、外務省のホームページを組織だって利用して、途上国の状況を把握しましょう。演習としても作業を行うとよいでしょう。まず外務省のホームページのトップページで「ODA」を選びます。ODAは政府開発援助のことで、Official Development Assistanceの略語です。

日本政府が政府ベースの援助に力を入れているために、かなりの情報があります。ODAの画面に入り、「広報・資料」の中に「報告書・資料」があります。近年の版では『国際協力白書』、古い版では『政府開発援助白書』があります。日本政府には経済面以外を含む国際協力を総括する事務局ないし省は長く存在しなかったです。外務省自身は、10以上の省庁が関係する政府開発援助の主務機関であり、省としては『政府開発援助白書』を発行しています。『国際協力白書』も副題で「政府開発援助」と書かれています。

『国際協力白書』ないし『政府開発援助白書』は２巻からなります。上巻が総論、下巻が国別です。近年では、『国別データブック』として独立の名前が出ています。この文献をダウンロードします。

そうすると、地域別に国の情報が満載です。まず当該国の基本情報、基本構造、最近の経済状況、日本の援助の状況などが要領よく書かれています。

さらに、国別のページの中にいくつかの表の一つとして、「わが国との関係」というのがあります。当該国と日本との間に関して、人の交流（在留邦人数）、進出企業数、輸出入の数字があります。その表を使って、日本との経済関係をまとめることができます。

なお、本書の序章で示した日本人の海外における在留邦人数については、外務省のホームページに一覧表があります。「渡航関連情報」をクリックします。

次の一歩⑨　演習

日本における外国人の在住者数の一覧表を作成してみましょう。

日本における外国人の在住者数は、外務省の「渡航関連情報」でわかります。「査証発給統計」として一覧表となっていますので、なかなか興味深いです。どういう目的で日本に滞在しているのかわかるのです。たとえば、中国の場合、旅行者が最も多いですが、就学目的も比較的に多いです。フィリピンについては、日本人男性との婚姻関係にあるフィリピン女性が多いという特徴があります。

外務省ホームページの「査証発給統計」のデータを、EXCELファイルでダウンロードしてみましょう。

次の一歩⑩　経済ジャーナル

『日本経済新聞』でトレンド（為替レートや株価）をしっかり把握しましょう。

『日本経済新聞』で以下をチェックしましょう。

・日曜版の「今週の予定」　例、2011年12月11日の7面
・日曜版の「日曜に考える　市場アウトルック」　例、2011年12月11日の13面
　株式、為替、株式投信（投資ファンド）、世界の株価のトレンドと予想が読めます。金利の情報もあります。普通預金金利0.02％、ゆうちょ銀行の定額6か月は0.035％。
・月曜版の「景気指標」　例、2011年12月5日の21面
　振替などで月曜日が休日の場合、火曜版に掲載されます。日本国内の詳しい統計が網羅されています。また、米国や欧州の経済成長率などの統計もあります。

② 外国語文献

途上国について読みやすい情報源は、世界銀行のホームページにあります。ステップは以下のとおりです。

> Countries → 国を選ぶ → 国画面の左上の Overview → Brief

この Country Brief は1〜2ページながら、当該国の状況をよくまとめてあります。当該国の基礎的な状況や問題をうまく書いてあります。ただし、国担当者により内容が異なっており、最近の動向だけ書いてあるものがあります。

マクロ経済のトレンドについては、既出の World Economic Outlook（世界経済見通し）の国別のページを参照するとよいです。こちらは、先進工業国について図表を使った詳しい分析もあります。

注
1) 銀行での預金金利が年率5％として、物価が7％と予想されるとしたら、預けるよりモノを買った方が望ましい選択です。よって、銀行は7％より高い金利を設定する必要があります。もしインフレ率が2％であれば、金利は4％程度に設定できます。
2) 1バーレルは石油を入れる樽の容積のことで、約159リットルです。皆さんが購入する水の2リットルのペットボトルの約80本分ということになります。国際市場の価格として、ドバイ（アラブ首長国連邦）、ロンドン、ニューヨークの3つの価格があります。
3) トイレット・ペーパーの買い占めが起こり、スーパーなどでなくなってしまいました。2011年3月の東日本大震災以後の水の不足と同じです。
4) 図表1-1では、経済に影響を与えるものとして、政策と非経済要因も挙げてあります。政策は（4）で、非経済要因は（6）で説明します。
5) 経済成長率を分解すると、以下のようになります。　$\Delta Y/Y = (\Delta Y/I) \times (I/Y)$

　YはGDP、Iは投資とすると、左辺の$\Delta Y/Y$は経済成長率を示し、それは右辺の投資効率（$\Delta Y/I$）と投資率（I/Y）に分解されます。投資効率は1単位の投資がもたらす生産の増加を表します。経済成長率を高めるためには、投資効率か投資率、あるいは両方を上昇させることが必要です。

　この式は、長期の政策目標のうち、「効率的資源配分」が（$\Delta Y/I$）に、「持続的成長」が（I/Y）に対応します。
6) 通常の貨幣供給量の増減は、公開市場における債券の購入や売却により行われます。中央銀行が債券を市中銀行から購入することは、貨幣を市中銀行に供給することになります。こ

れを公開市場オペレーションと言います。

7) 預金準備率操作とは、中央銀行が市中銀行（例えば、みずほ銀行）に義務付ける中央銀行への預金準備を増やしたり減らしたりして、貨幣供給量を増減させることです。通常の貨幣供給量の増減は公開市場オペレーションによります。

8) 例えば、日本時間の2011年8月19日深夜にニューヨーク（NY）市場で、史上最高値の75.95円に達し、その直後に円売りドル買いの大規模な介入が行われました。

9) アフリカ、中南部のマラウィ（Malawi）共和国は、青年海外協力隊の累積数が一番多い国です。2010年度までの累計で1,510人の男女が駐在してきました。筆者は国連派遣のマクロ経済専門家として、4年間同国政府の経済企画部に勤務しました。国連専門家10人のチームの一員として、マクロ経済予測や国民所得推計の業務を担当しました。

10) ブラジル、ロシア、インド、中国。2011年5月以降、BRICsは南アフリカ共和国（South Africa）を加えたBRICSと呼称します。筆者は2011年9月に北京に行きましたが、これらの4カ国に南アフリカ共和国を加えた5カ国の統計書が出版されていました。事実、これら5カ国は定期的に会合を持つようになりました。

11) 電化製品がよい例です。

12) ロシアは途上国としての扱いはしません。経済自由化も十分に進んでいないと言われます。

13) 図表1-9では、購買力平価でみた実質GNIが計算されています。各国の名目GNIを、世界の国を横断面でみた各国の価格水準で割ったものです。各国のGNIがどれだけの購買力を持つかという指標です。分かりやすい例を挙げます。仮に日本のGNIが1,000円、中国が100円として、トマトだけを購入します。トマトの価格が日本で100円、中国で5円としますと、日本での量は10個ですが、中国では20個となります。

　一般化すると、（名目金額）÷（物価水準）＝（実質金額）となります。

14) 一国内の所得格差をあらわすものとしてジニ係数があります。所得階層ごとに国全体に占める所得割合をプロットしたローレンツ曲線を描きます。この係数は、完全に平等に分配している場合と比較して、それから外れた部分、つまり不平等の部分の割合を計算したものです。0（％）から100（％）までの値をとります。0が完全平等、100が完全不平等の場合です。40（％）を超えると所得格差が深刻であると言われます。多くの説明で正方形の図を使っていますので、実際に見てみると理解はより容易です。

15) 『日本の統計』がすべてEXCELファイルでダウンロードできます。国民経済計算の章をクリックしてください。東京都の次に1人当たり所得が高いのは大阪府ではなくて、愛知県であることがわかります。

第2章

国際収支と為替レート
―国際経済取引を総括的に知る―

多くの国際経済論や国際経済学のテキストは、貿易論から始まります。本書では、国際経済を総合的にとらえる観点から、貿易を含む国際経済取引全体を示すものとして国際収支をまず説明することにしました。

本章では、国際経済取引を記帳する国際収支を詳しく説明します。また、後半の第7節では、国際経済取引全体で決まる為替レートを扱います。

第1節 国際収支の基礎事項

（1）国際収支の経済における位置づけ
1）国際収支全体の位置づけ

国際収支表は、国と国の間の経済取引を記載した統計表です。世界経済はもちろんのこと、よりわかりやすい例として、一国経済を理解する場合に必須の統計表です。

既に第1章第3節（1）で説明しましたが、一国経済を理解するために基本的に重要な表は、国民所得、財政、国際収支、金融の4つです。図表1-13に示されており、いずれもフローを中心としたものです。

具体的には、日本の場合、国際収支統計は月ごと、四半期ごと、年ごとに、それぞれ速報値と確定値（実績）が発表されます。

これから国際収支の主な構成要素を見ていきますが、ここで要点のみ説明しますと、国際収支（balance of payments）は経常勘定（current account）と資本勘定（capital and financial account）の2つに分かれています。まず国際収支表は2つの構成要素からなることを理解しましょう。それでは、以下で詳しく説

明していきます。

2) 経常勘定の位置づけ

　経常勘定の中心は輸出と輸入であり、「経常的な経済活動」を指します。そして、それは国内の「経常的な経済活動」である消費や投資と同じ活動です。

　一国経済で考えた場合、消費と投資の部分は国内需要と呼ばれる部分です。新聞などでは「内需」という用語も使います。それに対して、輸出は外国需要ないし「外需」に対応するものです。つまり、貿易相手国の消費と投資、すなわち需要に対応するものです[1]。

　当該国と貿易相手国の消費と投資には海外の生産物に対する需要が含まれます。そこで、経済学の基本②で示したように、国内の生産と支出が等しくなるために、国内需要のうち外国の生産物に対する支出を差し引きます。すなわち、需要から輸入を差し引くのです。

　「経常的な経済活動」で重要なことは、国際収支の主要項目である輸出と輸入が国内需要である消費と投資に連動している「経常的な」活動ということです。どのように連動しているかというと、国内の景気が良いと消費と投資が増えるので、輸入が増えます。また国内で売れるので、輸出がそれほど増えません。よって、「輸出―輸入」は赤字になる可能性が高いです。

　反対に景気が悪いと、輸入が減り、国内で売れないので輸出が増えるということになります。よって、「輸出―輸入」は黒字になる可能性が高いです。あるいは、「輸出―輸入」は貿易収支といいますが、それが赤字であれば、赤字の幅が小さくなります。

　一方、当該国の輸出と輸入は、同様に貿易相手国の「経常的な経済活動」に影響を受けます。相手国の景気がよければ、その国への輸出は増えるでしょうし、景気が悪ければ輸出は減ります。また、相手国の輸出は、当該国の国内需要に影響を受けます。

3) 資本勘定の位置づけ

　資本勘定では、資本の流入と流出を計上します。当該国への海外からの資本の流入と、当該国から海外への資本の流出です。

　上記で述べた国内外の経常活動の結果、経常勘定の収支として赤字や黒字が計上されます。赤字の場合、それを埋めるべく（ファイナンスするべく）、資本勘

定において海外から多くの資本が入ってくるのです。黒字国の場合、海外への投資として資本が流出します。

また、上記2）で述べた「経常的な経済活動」との関連は重要です。当該国の経常的な活動である、国内需要向けの生産や外国需要（輸出）向けの生産などのために必要な投資のうち、国内貯蓄を補うものとして海外（外国）からの資本の流入（フロー）があります。国内の資金（貯蓄）で足りない部分が、海外からの投資や援助という形で入ってくるのです。ここで挙げた投資や援助は資本フローです。

一方、資金フローは流入だけでなく、流出もあります。経済力のある先進工業国や新興市場経済は、海外への投融資を行っているのです。

具体的に説明しましょう。経常勘定において、輸出が70で、輸入が100であったとしましょう。輸入100に充てる輸出は70しかありません。すなわち、30足りません。この場合、「輸出―輸入」はマイナス30の赤字です。

30足りませんが、輸入は100実行されているので、足りない部分のお金がどこかから来たのです。それが、資本勘定における海外からの資本流入です。

当該国の「経常的な経済活動」を支えるために、海外からの資本が必要とされているということです。

反対のケースは日本です。日本のように輸出の方が輸入より大きい貿易黒字国は、資本勘定において、輸出と輸入の超過分が海外へ資本流出していきます。別の言い方をすると、海外への投資が行われるのです。

資本勘定の統計数字は、一国を例として考えて以下の式で表わされます。

　　資本の純流入＝国内資産に関わる流入（プラスの数字）＋
　　　　　　　　　国内資産に関わる流出（マイナスの数字）

　　資本の純流出＝海外資産に関わる流出（マイナスの数字）＋
　　　　　　　　　海外資産に関わる流入（プラスの数字）[2]

つまり、純流入は流入と流出の差額ということです。国内資産に関わる流出とは、例えば国内資産の清算額の国外への送金に対応します。数字としては、純流入はプラスが多いですが、マイナスもありうるということです。途上国の場合

は、プラスの数字が通常であり、つまり国内の資産への投資がより大きいです。

純流出についても、流出と流入の差額ということです。流入とは、例えば海外資産の清算額の本国送金に対応します。数字としては、純流出がマイナスもあればプラスもあるということです。日本の場合は、マイナスの数字が通常であり、つまり海外の資産への投資がより大きいです。これが、先進工業国に多いパターンです。

4) ストック指標

最後に、以上ではフローとしての国際収支を扱いましたが、その累積値としてのストックを考慮にいれる必要があります。これは対外資産に関わるものであり、既に第1章第1節（3）で述べましたように、資産が負債（借入）を上回る場合、当該国は債権国とみなされます。国際的な取引上、投資国ということです。それに対して、途上国の多くは債務国です。お金を借りながら、経済発展を進めているのです。

なお、経常勘定と資本勘定の差し引きを埋める外貨準備の役割については、第4節（1）で説明します。

（2）国際収支の特徴

国際収支の特徴としては、まず第1に、「国と国の間」の取引と言われますが、厳密には「居住者と非居住者の間」の取引です。日本を例に考えると、日本の居住者とは、日本で継続的に居住して経済活動に従事している者です。非居住者とは、日本以外の国で、例えばアメリカで継続的に移住して経済活動に従事している者です。また、日本に居る大使館員や日本に短期の観光で来ている者も、日本の非居住者とみなします。

具体的な例として、フィリピンは海外からの労働者送金が多い国ですが、派遣先で最も多いアメリカで長期にわたってメードとして働いている女性はアメリカ経済の居住者とみなします[3]。フィリピンにとっては非居住者です。彼女が本国に送金する金額は、雇用者報酬としてフィリピンの国際収支の所得勘定（収支）に計上（カウント）されます。アメリカの居住者であるフィリピン人、つまりフィリピンにとっての非居住者と、フィリピンの居住者である彼女の家族との取引ということです。

これは、また生産要素としての労働への報酬ということです。第3節（1）3）で述べますが、通常労働者の送金というと出稼ぎ労働者からの送金が頭に浮かびます。しかし、それは短期の労働ということで、経常移転勘定という別の勘定に計上されます。この短期の出稼ぎ労働者は、上記で述べた短期の観光客と同じ非居住者と理解できます。

当然のことながら、日本企業の在アメリカ法人はアメリカで継続的に経済活動を行っていますので、その法人（非居住者）と日本本社との取引は日本の国際収支に計上されます。

なお、これも後で扱いますが、日本など多くの先進工業国にとっては所得勘定の投資収益の受け取りが大きいです。こちらは、もう1つの生産要素である資本の収益ということです。株式投資の利益などが代表的な例です。

国際収支の第2の特徴は、それが簿記会計により計上・集計されているということです。以下の2つの表は、国際収支上、そして基礎となる会計上重要な用語です。

国際収支統計の経常勘定

経常勘定	会計用語	国際取引上の意味
CREDIT	貸方	受取
DEBIT	借方	支払

国際収支統計の資本勘定

資本勘定	会計用語	国際取引上の意味
ASSETS	資産	資本の流出（outflow）
LIABILITIES	負債	資本の流入（inflow）

経常勘定については、日本に入ってくるお金が受け取り、出ていくお金が支払いです。資本勘定について補足説明を行うと、資産とは海外資産であり、それは資金の流出を意味しますので、国際収支統計ではマイナスの数字となります。負債の方は、日本の例では、借入金を意味しますが、非居住者（外国人）にとっては、日本の資産ということです。

簿記形式で記帳するという意味は、経常勘定の貸方に輸出が計上されますが、それで得た輸出代金は通常輸出先の銀行への納金となります。そこで、輸出先の銀行で代金を現預金として受け取るということで資本勘定の負債として計上されます。

第2節　趨勢と現況

図表2-1に国際収支に関わる主な統計を示しました。国間で比較できるように作成されたIMFの統計です。金を除く外貨準備の輸入カバー率を示しました。外貨準備は公的機関（日本の場合、日本銀行）が保有する外貨の総額です。ス

図表2-1　主要国の国際収支

	2000	2005	2006	2007	2008	2009	2010
外貨準備（輸入カバー率、週）							
日本	48.6	84.3	78.9	79.9	68.8	96.6	
アメリカ	2.3	1.6	1.5	1.5	1.6	3.9	
ユーロ圏（16カ国）	13.3	6.1	5.9	5.5	5.0	8.4	
ドイツ	6.0	3.0	2.4	2.2	1.9	3.3	
フランス	6.2	3.0	4.1	3.8	2.5	4.4	
イギリス	6.0	4.1	3.9	4.1	3.6	6.0	
BRICs							
ブラジル	42.2	35.7	46.2	73.7	55.0	92.4	
ロシア	25.7	66.3	84.8	98.7	66.7	102.7	
インド	38.3	48.0	49.7	60.7	40.1	55.2	
中国（本土）	38.9	64.7	70.2	83.2	89.6	125.1	
タイ	26.9	22.3	26.4	31.5	31.6	52.3	
フィリピン	18.4	17.6	19.3	27.2	28.5	44.1	
カンボジア	18.3	12.6	12.7	17.7	18.3	27.5	
バングラデシュ	9.2	11.2	13.2	15.6	13.2	25.8	
ケニア	15.0	15.2	17.2	19.4	13.5	19.6	
エチオピア	12.6	13.1	9.4	12.6	6.0	12.7	
マラウィ	23.7	7.1	5.8	8.2	7.4	4.4	
外貨準備高（10億SDR）							
日本	273	585	586	604	656	653	690
アメリカ	53	47	46	47	52	86	88
中国本土	130	576	711	969	1266	1542	1862
メモ							
SDR／USドル	0.785	0.677	0.680	0.653	0.633	0.649	0.655

注：SDRは、Special Drawing Rightsである。IMFの特別引出権で、主要通貨と連動して変動する。

出所：外貨準備の輸入カバー率は、IMF, *International Financial Statistics Yearbook 2010*.
　　　外貨準備高は、IMF, *International Financial Statistics September 2011*.

トック指標です。

輸入カバー率は、外貨準備を1週間当たりの平均輸入額で割ったものです。仮に5.7という数字が計算されると、それは5.7週間分の輸入をカバーする外貨準備があるということを意味しています。1月当たりの輸入額で割ることも多いです。3.5とあれば、3.5カ月分の輸入をカバーする外貨準備があるということです。表をみると、中国や日本など東アジアの国のカバー率が抜きん出て大きいのがわかります。

他によく使われる指標が、国際収支の中の経常収支のGDPに占める比率です。経常収支の中心は貿易収支であり、赤字や黒字が経済全体の中でどれだけ大きいかということが重要です。主要国については、アメリカは恒常的に赤字です。他方、中国、日本、ドイツは黒字が大きいです。

最後に、最近の世界経済の現状として象徴的なことを述べると、フローとしての輸出について、中国は2009年にドイツを抜いて世界一になりました。また、2006年には外貨準備が日本を上回る世界一となりました。さらに、2010年には中国のGDPも日本を抜くこととなりました。

第3節 捉え方の基本

世界経済、国際経済、一国経済における国際収支の位置づけは、第1節で説明しました。本節では、国際収支の全体像とその構成要素を、実際の日本の統計を使って詳しく説明します。また、本書では、国際収支というフローだけでなく、ストックとしての対外純資産を重視していますが、それについては第6節で説明します。

事例としては、日本経済が中心ですが、日本は世界の国の中で数少ない黒字国です。赤字国の方により問題があるので、日本に加え適宜説明します。

(1) 分析枠組み
 1) 国際収支の構成

図表2-2が日本の国際収支の総括表です。財務省から入手しました[4]。この表は日本語と英語が併記されており、以下で説明していきます。

ここでは、国際収支を構成するそれぞれの項目の詳細には入らずに、国際収支表の全体像を理解することにします。まず国際収支表は、既に少し説明しましたが、大きく言うと2つに分かれます。すなわち、経常勘定（current account）と資本勘定（capital and financial account）の2つに分かれるのです。勘定とは個人の銀行の口座（account）と本質的には同じで、国全体の国際取引を記帳したものです。

経常勘定は貿易など経常的な経済活動に関わる取引を対象とします。経常勘定に含まれる経済取引の合計が経常収支（current account balance）であり、プラスの数字は黒字（surplus）、マイナスの数字は赤字（deficit）を表します。日本や中国などは黒字国、アメリカや途上国の多くは赤字国です。

経常勘定の構成ですが、財貿易勘定、サービス貿易勘定、所得勘定、経常余剰勘定の4つに分かれます。第1節の最後で説明しましたが、それぞれの勘定に受け取りと支払いがあります。そして、上記の経常収支と同じく、それぞれ収支が

図表2-2　日本の国際収支（財務省）

（単位：億円）

項　　目	平成22年度 2010F. Y.	前年度 2009F. Y.
貿易・サービス収支	52,391	47,813
貿易収支	65,070	65,998
輸　出	644,467	555,669
輸　入	579,397	489,671
サービス収支	－12,679	－18,185
所得収支	118,386	120,759
経常移転収支	－11,567	－10,755
経常収支	159,210	157,817
投資収支	－95,546	－118,227
直接投資	－52,527	－52,995
証券投資	－70,621	－137,832
金融派生商品	6,704	8,040
その他投資	20,897	64,560
その他資本収支	－4,731	－4,886
資　本　収　支	－100,277	－123,112
外貨準備増（－）減	－52,035	－23,992
誤差脱漏	－6,897	－10,713

注：速報値。
出所：財務省ホームページ（2011年12月2日閲覧）。

あります。財に関わる貿易勘定の収支を貿易収支とよく言います。

財貿易勘定は財、つまり最終生産物の取引に関するものであり、単に貿易勘定といいます。最終生産物はサービスも含みますが、サービス貿易勘定はサービス勘定ということが多いです。財、すなわちモノの貿易とサービスの貿易を区別するためです。上記の4つの勘定のそれぞれの内容については、下記3）を参照してください。

資本収支の主な構成要素は、投資勘定（financial account）と資本勘定（capital account）です[5]。

資本勘定の中心は投資勘定（financial account）です。それは、直接投資、証券投資、途上国への援助などを含む資本の動きを把握したものです。

資本勘定に含まれる取引の合計が、資本収支（capital and financial account balance）です。プラスの数字は黒字、マイナスの数字は赤字を表します。

経常勘定と資本勘定の経済全体のおける基本的な位置づけや意味については、第1節で既に説明しました。

2）収支（バランス）

上記で経常収支と資本収支について説明しました。図表2-2では、資本収支の下に、外貨準備増減と誤差脱漏があります。外貨準備は少し説明しましたが、公的な機関が保有する外貨の総額です。これはストックです。

そして、外貨準備増減はストックである総額の増減という変動額です。外貨準備増減自身はフローです。主として為替介入時の外貨の売買です。

誤差脱漏は、ここではとりあえず、統計的な間違いや不足分を示す数字であると説明しておきます。基本的な考え方を理解するために、誤差脱漏は理論的にはゼロであるとして以下説明していきます。これから、経常収支と資本収支と、外貨準備増減の関係を説明します。

まず国際収支の構造の基本として、以下の関係を理解する必要があります。

$$経常収支 + 資本収支 = 総合収支（overall\ balance）$$

そこで、図表2-3を見てください。この表はIMFのIFS（国際金融統計）からのものであり、国際的に広く使われているものです。図表2-2と項目の順序が

第 2 章 国際収支と為替レート—国際経済取引を総括的に知る— *81*

図表 2-3 日本の国際収支（IMF）

	2009		2010	
	IMF, IFS 10 億 US ドル	年平均為替相場 (93.57 円／$) で算出、億円	IMF, IFS 10 億 US ドル	年平均為替相場 (87.78 円／$) で算出、億円
経常収支	142	133,047	196	171,829
輸出	545	510,218	730	640,864
輸入	−502	−469,394	−639	−561,002
貿易収支	44	40,825	91	79,853
サービス受取	128	120,088	141	124,174
サービス支払	149	139,157	−158	−138,315
財・サービス収支	23	21,755	75	65,712
所得受取	175	163,953	174	152,456
所得支払	−44	−41,059	−40	−35,454
所得収支	155	144,650	208	182,714
経常移転受取	10	8,908	10	8,857
経常移転支払	22	20,501	−22	−19,733
経常移転収支（未記載）				
資本収支	−5	−4,669	−5	−4,354
投資収支	−130	−121,781	−130	−114,527
対外直接投資	−75	−69,822	−57	−50,228
対内直接投資	12	11,069	−1	−1,194
証券投資（資産）	−160	−149,946	−263	−230,545
株式	−30	−27,781	−21	−18,838
債券	−131	−122,165	−241	−211,708
証券投資（負債）	−56	−52,642	112	97,998
株式	12	11,631	40	35,402
債券	−69	−64,273	71	62,596
金融デリバティブ収支	11	9,872	12	10,481
デリバティブ（資産）	334	312,383	403	354,157
デリバティブ（負債）	−323	−302,512	−392	−343,667
その他投資（資産）	203	189,713	−130	−114,237
その他投資（負債）	−64	−60,025	197	173,190
誤差脱漏	20	18,592	−16	−14,449
総合収支	27	25,189	44	38,492
外貨準備増減など	−27	−25,189	−44	−38,492
外貨準備増減	−27	−25,189	−44	−38,492
IMF 資金	−	−	−	−
特別融資	−	−	−	−

出所：IMF, *International Financial Statistics* (*IFS*) March and September 2011.

少し異なり、数字に違いがありますが、同じく日本の国際収支統計です。同年の為替レートの平均値で円ベースの金額を示しましたが、図表2-2とおおむね同じ水準です。

大きな違いは、図表2-3に総合収支があることです。国際収支の構造としては、こちらの方が理解しやすいです。

そして、図表2-3で総合収支の一行下に「外貨準備増減など」があります。「外貨準備増減など」は、外貨準備増減（changes in foreign reserves）に加えて他の項目を含み、それは第4節（1）で説明します。ここでは、「外貨準備増減など」の主項目は外貨準備増減であるとしてその他の項目は無視して、図表2-3に即して以下の関係があることを理解しましょう。

$$総合収支 = -（外貨準備増減）$$

図表2-3の数字で見るように、プラス、マイナスの符号が違いますが、金額は同じです。そして、上の式の意味は、総合収支は全体的な収支をあらわすものであり、それは「外貨準備増減」を加えることによってファイナンスされるということです。

図表2-2を見ると、マイナスが外貨準備増であると書かれています。プラスが外貨準備減です。日本の場合総合収支がプラス、すなわち黒字であるということは、その分だけ日本銀行の外貨準備（高）がマイナスと理解しましょう。

赤字の国の方がより理解しやすいです。すなわち、総合収支が赤字であるということは、外貨準備減（より分かりやすい言葉で言えば外貨準備の取り崩し）で埋められているのです。

最後に、誤差脱漏（errors and omissions）を加えると、次の式であらわされます。

$$経常収支 + 資本収支 + 誤差脱漏 = 総合収支 = -（外貨準備増減）$$

図表2-3の2010年の数値を当てはめたのが以下です。

$$(+196) + \{(-5) + (-130)\} + (-16) = +44 = -(-44)$$

小数点以下の数値の関係で、上式の左辺の合計は45です。$\{(-5) + (-130)\}$

の部分は、資本収支と投資収支の合計です。併せて資本収支といいます。

ここで、上の式に合わせて、図表2-2の日本の財務省発行のデータの数値の順番を変えて確かめるとよいでしょう。表の一番下の誤差脱漏を資本収支の後に移動させて、総合収支を計算するのです。

誤差脱漏は読んだとおりで、統計的な問題を指します。しかし、重要なことはその計算の仕方であり、国際収支の数値の計上の根幹にかかわります。つまり、政府を含みますが民間活動が中心の経常収支と資本収支の合計が、中央銀行など公的機関が保有する外貨の増減と等しくならなければならないのです。

そうすると、誤差脱漏は最後に決まるのです。どういうことかといいますと、経常収支と資本収支の多くの項目の集計した数字と、総合収支や外貨準備増減の値の差額ということです。式であらわすと、

$$総合収支 - (経常収支 + 資本収支) = 誤差脱漏$$

外貨準備増減を代入すると、

$$-(外貨準備増減) - (経常収支 + 資本収支) = 誤差脱漏$$

図表2-3の数値を代入すると、以下のように求められます。

$$(+44) - \{(+196) + (-5) + (-130)\} = -16$$

上の式と同じく、小数点以下の数値の関係で、左辺の合計は-17です。

3）主要項目

これまで図表2-2と図表2-3を使って説明してきました。以下に、日本政府財務省発行の国際収支表（図表2-2）に沿って主な項目の説明を行いますが、用語の詳しい説明は日本銀行のホームページにあります。また、日本の数値の説明は、財務省発表の総括表に添付される「概要」にあります。下で説明する各項目の詳しい金額も同様です[6]。

以下に、経常勘定と資本勘定の主要項目を中心に説明します。

① 経常勘定：経常的な経済活動に関わる取引
　財貿易勘定（収支）
　輸出と輸入の金額は、財（生産物）そのものの対価です。税関を通る時に生産物の金額に加えて、輸送などのサービスの金額が加わっており、それと区別するためです。後者は、下記のサービス勘定（収支）に含まれます。

　輸入は、2つの価格があります。FOB 表示の輸入額と CIF 表示の輸入額です。FOB は free on board, CIF は cost, insurarance, freight に対応します。前者が「本船渡し」の輸入金額といいます。on board は「船に乗せて」という意味で、例えば日本向けの貨物をロサンゼルス港に接岸している本船に小型船から乗せたときの輸入価格です。

　CIF の方は、「運賃・保険料込み」の輸入金額です。上の例で言えば、ロサンゼルス港から横浜港までの運賃と保険料が加えられているのです。

　別の見方では、FOB はアメリカの税関を出た時の金額で、CIF は日本の税関に着いた時の金額となります。輸入金額には、この2つの金額があることを覚えておくとよいでしょう。運賃・保険料が含まれるかどうかということです。

　国際収支では、財貿易勘定に FOB の金額を計上して、運賃と保険料は次のサービス勘定に記帳します。運賃サービス、保険サービスの対価ということです。

　FOB と比較して CIF がどれだけ大きいかというデータは、IMF の IFS（年鑑）にあります[7]。

　サービス（貿易）勘定（収支）　主な項目は、上記の輸入の際に発生する輸送サービスと保険サービスです。他の主な項目としては、海外旅行、特許料支払いなどがあります。旅行については、外国人が日本での観光に当たり支払う金額が受け取り、日本人が海外旅行で支払う金額は国際収支上支払いに当たります。旅行サービスについては、日本は支払金額の方がはるかに大きいです。

　所得勘定（収支）　ここでいう所得は生産要素の所得ということです。主な生産要素として労働と資本について説明します。労働については、第1節で居住者と非居住者の違いについて、フィリピン人メードのことを説明しまし

た。これは労働者に関するものです。

　当然のことながら、資本についても同じことが言えます。既に挙げたように、アメリカの日本企業の法人は、日本から見て非居住者とみなすので、この法人から日本への資金流入、いわゆる利潤や配当の「本国送金」は、資本という生産要素が生み出した所得、利益ということです。株式投資の利益が代表的な例です。

　日本など多くの先進工業国にとっては所得勘定の投資収益の受け取りが大きいです。日本の場合、図表2-2を見ると、貿易収支を上回る水準にあります。

経常移転勘定（収支）　第1節でアメリカに住みついたフィリピン人メードについて説明しましたが、通常労働者の送金というと出稼ぎ労働者からの送金が頭に浮かびます。日本の場合、多くのフィリピン人女性が出稼ぎでフィリピン・パブなどで働いていました。彼女らには数カ月のビザしか与えられないのでまさしく出稼ぎであり、日本の居住者ではありません。フィリピンの居住者である彼女たちが、数か月日本に出稼ぎして帰るということで、国際収支上は所得勘定でなく、経常移転勘定に計上されます。彼女たちは日本で得る収入を自ら持ち帰るということです。対価となる財やサービスとの交換はありませんので、自ら稼ぎ、自らに「移転する」収入ということです。

　途上国にとって重要な援助の消費部分はこちらに計上されます。例えば、政府開発援助（ODA）による食糧援助です。それに対して、道路建設など投資部分は投資勘定の「その他投資」に含まれます。

次の一歩①　演習

フィリピン人の出稼ぎ労働者の多い国のリストを作りましょう。
　フィリピン人で海外で働く人々の詳しい統計は、同国の中央銀行のホームページで入手できます。どの国で多く働いているか表を作りましょう。

■ステップ
日本銀行→「日本銀行について」→「リンク集：海外の中央銀行・通貨当局」→フィリピンを選ぶ（Bangko Sentral ng Pilipinas）→ Statistics → Monetary, External and Financial Statistics → Key Statistical Indicators → Overseas Filipinos' Remittances
　上記の Key Statistical Indicators では、国際収支表も掲載されています。

② 資本勘定：資本の取引（ファイナンス）

　投資勘定と資本勘定に分かれます。資本勘定は、日本にある大使館員（非居住者）と日本の居住者との間の取引などであり、金額が小さいです。資本勘定の中心は投資勘定ですので以下に説明します。なお、直接投資と証券投資は、それぞれを本書の第4章と第5章で詳しく説明しますので、ここでは要点のみとします。

　直接投資（第4章で詳述）　　出資の割合が原則として10％以上の場合を直接投資関係にあるとしています。株式の10％以上の取得の場合直接投資、10％未満の場合証券投資に分類します[8]。

　証券投資（第5章で詳述）　　証券投資は株式投資と債券投資に分かれます。債券は、基本的に借用証書です。国債は政府が発行するものであり、国が企業や民間から借金しているようなものです。上記のように、株式投資は直接投資に含まれるものもあります。こちらは、短期の利益目的が多いです[9]。

　金融派生商品（第5章で詳述）　　デリバティブという用語でも使われます。基本的意味は、原資産から派生してできた金融商品です。オプション取引、先物および先渡取引、ワラント、通貨スワップの元本交換差額です。

　その他投資勘定（収支）　　「その他資本」ではないので、注意してください。主体として、中央銀行、政府、民間（主に銀行）に分かれます。民間銀行の融資や政府の経済協力が含まれます。後者については、経済協力に含まれる政府開発援助（ODA）とその他政府資金（Other Offcial Flow: OOF）の投資部分のみです。例えば、灌漑施設建設です。食糧援助など消費に関わる部分は、経常勘定の経常移転に含まれます。

（2）国際収支の基礎理論

1）不均衡の基本構造

　国際収支の不均衡を国際収支表に照らして説明すると、全体的には総合収支でわかります。総合収支はすべての収支の合計ですから、総合収支の赤字、黒字をみます。そして、次に国際収支表のどの項目を見るかが重要です。候補は、貿易収支、経常収支、資本収支（投資収支が中心）です。多くの場合、経常収支に着目して、対GDP比率が重要な指標として扱われます。なぜならば、貿易収支は

経常収支の主な項目であるからです。

　資本収支については、経常収支の結果、つまり経常的な経済活動が行われるにあたって、それをファイナンスするのが資本収支であると考えましょう。資本収支は受動的です。総合収支は、既に述べましたように経常収支と資本収支の合計であり、不均衡の問題の本質は経常収支にあるといえます。

　ただし、国際金融資本が自由に国を超えて動くようになると、資本収支の中の投資収支にある証券投資や金融派生商品（デリバティブ）が瞬時に大規模に移動することによって当該経済に大きな影響を与えることになります。したがって、近年では資本収支、なかんずく投資収支の不均衡が重要な注目点となっています。

　しかし、当該経済の構造的な問題あるいは本質的な問題を反映するものとして経常収支があり、それが資本収支の証券投資などの動きに影響を与える面があります。よって、以下では経常収支を中心に分析していきます。そして、資本収支を説明した後に、最終的な収支をバランスさせるものとして、最後に外貨準備を説明します。

　先に、不均衡とは何か考えます。2つあって、黒字と赤字があります。多くの国は赤字であり、その結果外貨不足や通貨安が起こるので、赤字の方が問題です。先進工業国と、新興市場国・地域や途上国・地域の中で東アジア地域の少数の国だけが黒字です。今日、アメリカの大きな貿易赤字に対して、中国、日本の大きな黒字があります。黒字国は黒字を減らすのが不均衡の是正ということになります。

　国際収支はゼロサム（合計するとゼロ）ですから、中国、日本、ドイツなど少数の国が大きな黒字を占める結果、多くの国が赤字を計上しているのです。

　2008年からの世界金融危機の根本的な原因の一つとして、アメリカの貿易赤字と中国の貿易黒字が挙げられています。アメリカの赤字はドル安をおこし、中国の黒字はアメリカの赤字の原因として批判されました。

　以上、経常収支を中心に見てきましたが、それを補完するものとして資本勘定があることは述べました。そして、それでバランスしない場合、外貨準備を当てることになります。外貨準備は、当該国の公的機関、多くの国の場合中央銀行が保有する外貨の総額です。

経常収支をファイナンスする資本収支の結果として総合収支があり、それに対応するものとして外貨準備増減があります。外貨準備はストックたる金融資産であり、その増減はフローです。

したがって、外貨準備そのものというストック、つまり対外資産の水準がその国の不均衡の程度を反映していると言えます。経常赤字が続く国は、当然のことながら、外貨準備の水準は低いでしょう。

外貨準備の水準に関する指標として、外貨準備の輸入カバー率をみます。既に第2節で説明しました。表2-1で外貨準備の輸入カバー率をみましたが、日本や中国が高い水準にいたっているのがわかります。

2) 国際収支不均衡の原因

1）で述べたように、不均衡として黒字国と赤字国がありますが、以下では日本の黒字の例を中心に述べて、赤字国についても適宜説明します。日本の黒字是正に対する政策は、第4節（2）でまとめて説明します。

① 基本的考え方

1）で述べましたように、不均衡の原因への基本的な接近方法として、国際収支表の2つの勘定、すなわち経常勘定と資本勘定のどちらに問題があったのかということになります。経常勘定の問題とは、基本的に貿易収支（輸出マイナス輸入）の悪化です。以下に2つの勘定に分けて説明します。

② 経常勘定の要因

貿易収支不均衡の要因としては、以下の項目が重要です。

需要面

短期的、一過性の要因：景気のずれ、成長率の差

中長期的、構造的な要因：過少貯蓄（赤字国）、過剰貯蓄（黒字国）

供給面

価格競争力：生産コスト、為替レート

非価格競争力：品質、性能、納期、アフターサービス

以下に、上のリストにそって説明していきます。理解を容易にするために、二国、例えば日本とアメリカで考えます。

需要面の要因：短期的、一過性の要因（景気のずれ、成長率の差）　　まず両国の景気のずれ、成長率の差が貿易収支不均衡の原因です。第1節（1）で

既に国内の経済活動である消費や投資との関連を説明しました。ここでは、マクロ経済学の初めに出てくる以下の式で説明します（この式については、経済学の基本②で説明しました）。

国内総生産(Y, GDP) = 消費(C) + 投資(I) + 輸出(X) − 輸入(M)

上の式について、日本を主体にして考えると、Xは日本の輸出ですが、それはアメリカの輸入でもあります。同様に、Mは日本の輸入ですが、同時にアメリカの輸出です。また、一般に、輸入（M）は当該国のGDPに大きく依存するといわれます。具体的には、経済成長率が高ければ、輸入の増加率も高いのです。

輸入（M）に絞って話すと、日本が不景気であれば日本の輸入（M）、すなわちアメリカの輸出は少なくなります。アメリカの景気が相対的によければ、アメリカの輸入は大きい、つまり日本の輸出（X）は多いです。

その結果、日本の輸出は大きく、輸入は少ないということになります。その反対に、アメリカの輸入は大きく、輸出は小さいということになります。日本の貿易黒字とアメリカの貿易赤字という結果となります。

また、輸出（X）についても国内経済が影響します。日本国内が不景気であれば、国内需要である消費（C）と投資（I）が伸びず、モノが売れないので、輸出ドライブがかかって輸出が大きくなります。結局、Mだけ考えた時より、X−Mの黒字額がより大きくなるのです。

一方、アメリカでは比較的景気がよく国内で売れるので、輸出ドライブは起こりません。したがって、Mだけ考えた場合より、X−Mの赤字額はより大きくなるのです。

以上では、景気、不景気で説明しましたが、具体的な数字として、両国の経済成長率の差が注目されて、それが貿易収支の不均衡をもたらすと言われます。すなわち、経済成長率が相対的に低い日本は貿易黒字、高いアメリカは赤字です。

そして、新聞などで輸出志向から内需主導への移行がよく取り上げられますが、CとIの部分が「内需」、すなわち国内需要に対応します。それに対し

て、Xは「外需」と呼ばれます。外国需要のことです。

　一般に、これらのGDPの支出項目のうち、消費（C）、とくに個人消費がかなり大きく、Iは個人消費に大きく影響されます。日本の景気がよい、あるいは経済成長率が高いということは、内需が大きいということです。

　よって、内需主導型経済へという場合、国内消費としてのCを指しているのです。アメリカの消費に依存して輸出を増やすのでなく、自国の消費を増やせということです。

　最後に強調したいことは、「相対的にみて」ということです。日本の経済成長率が上昇しても、アメリカも同様に上昇すれば相対的には変化がないということになります。

　そして、上の②のリストで示しましたが、この要因は短期的な要因であります。日米両国で景気の循環が違うことに起因するものとみなすので、比較的短期の現象であります。さらに、次の過剰貯蓄との関連で述べると、この要因は一過性の要因であります。つまり、日本の景気が今悪くても、景気循環によるものであれば、しばらくすれば適切なマクロ経済政策が採られて景気がよくなり解決されるものである、ということです。

　需要面の要因：中長期的、構造的な要因（過少貯蓄（赤字国）、過剰貯蓄（黒字国））　日米の貿易摩擦解決のために、日本で景気刺激策がとられましたが、抜本的な打開にいたりませんでした。そこで、アメリカが問題として挙げたのは日本の過剰貯蓄です。先述の式その他で以下に説明します（経済学の基本②）。まず上の式に加えて、もう1つの式が以下です。

$$国内総生産(Y, GDP) = 消費(C) + 貯蓄(S)$$

　消費と貯蓄ということになれば、その合計として所得が使われます。ここでは、計算の簡便化のために、国民所得と大して違わないものとしてGDPを使っています。GDPから消費を差し引くと貯蓄が計算できます。

　過剰貯蓄とは、上の式で貯蓄（S）が比較的に大きく、消費（C）が小さいことです。それゆれに国内需要が小さくなり、輸出依存の経済になっている、ということです。

p.89 と p.90 の式を整理すると、以下の式が得られます。

$$貯蓄(S) - 投資(I) = 輸出(X) - 輸入(M)$$

　黒字国の場合、貯蓄が投資に比して過大で、左辺がプラスになります。右辺もプラス、すなわち貿易黒字になるのです。

　この意味ですが、貯蓄（S）が大きいのは、消費（C）が小さいせいです。投資（I）が小さいのは、消費（C）が小さいので投資が比較的に少ない水準となるということです。

　赤字国の場合、式の両側がマイナスです。貯蓄（S）が小さいのは、消費（C）が比較的に大きいせいです。投資（I）が大きいのは、Cが大きいので投資が比較的に大きな水準となるということです。たとえばアメリカがあてはまります。

　多くの教科書で挙げられていますが、上の式を以下のようにいいます。

$$貯蓄・投資ギャップ＝リソース・ギャップ（resource\ gap）$$

　以上、過剰貯蓄を中心に説明しましたが、日米貿易摩擦の反対の面は、アメリカの過少貯蓄ということです。

　一方、上記で述べましたが、過剰貯蓄は過少消費を意味します。日本では相対的にみて消費が少ないのです。そのため国内需要が少なく、アメリカからの輸入が増えないのです。アメリカの場合は、過剰消費ということになります（過少貯蓄の逆）。

　そして、上記の景気のずれによる要因との比較で重要な点は、こちらの原因は構造的であり、改善に中長期を要する原因であるということです。上記の短期の原因の場合、財政政策や金融政策、いわゆるマクロ経済管理政策が採られますが、中長期の原因の場合、構造政策をすぐ実施できませんし、効果がでるのに時間がかかるのです。つまり、消費を増やし、貯蓄をへらすことは経済構造を変えることであり、いわゆる構造改革が必要となるのです。構造改革を実施するためには、関連産業・業界の調整が必要となり、中長期的な取り組みということになるのです。

　そして、アメリカの過剰消費は現在の金融危機の原因と言われています。

特に、財政赤字が根本的な原因と言われています。その対策として、第3回G20サミット会合（2009年）で、マクロ経済政策に対する各国間での監視をすることが提案されることとなったのです。

　供給面の要因　次に供給面について解説すると、価格面では生産コストが基本です。日本の場合、1970年代の2回の石油価格の大幅引き上げ（石油ショック）にもかかわらず、生産コストの削減に成功しました。

　そして、供給面の価格については、為替レート（相場）が生産コストを外貨建てで変化させるので重要です。円高が日本の輸出を減らすということがよく報道されます。為替レートは第7節で説明します。

　非価格要因も重要です。性能は、自動車であれば燃費効率や環境仕様を含みます。アメリカ市場における日本車の成功の要因としては、納期の正確さや修理などのアフターサービス体制のよさも挙げられています。

③　資本勘定

　経常収支が赤字の場合、それを埋めるのが資本勘定の項目です。中長期的には、外国直接投資や「その他投資」に含まれる公的金融が重要です。前者は、当該国の経済状況に依存します。後者には、先進工業国からの経済協力が含まれます。もちろん、「その他投資」には、民間金融機関などによる長期の融資も含まれます。

　より短期的なファイナンス項目として、短期のつなぎ融資に加えて、証券投資やデリバティブ（金融派生商品）があります。当該国経済の経済全般の状況や金利などが影響します。近年では証券投資など短期資本がかく乱要因であるとみられます。

　資本勘定で経常収支の赤字を埋められない場合、総合収支が赤字になります。そのファイナンスについては、次節で説明します。

　最後に、上記の経常勘定の要因との対比で言うと、経常勘定の問題が「能力の問題」であり、資本勘定の問題が「流動性（liquidity）の問題」である、ということです。前者が外貨を稼ぐ能力（capacity）がないという問題であり、後者が一時的に資金がなくなったという流動性の問題です。前者が時間のかかる中長期の問題であり、後者が短期的な問題であるとも言えます[10]。

第4節 政　　策

　本節では、国際収支表に照らして、国際収支の赤字や黒字という不均衡を是正する手段について説明します。主な内容は財政政策や金融政策、いわゆるマクロ経済政策です。政策の全体像を図表1-5で参照してください。ここでは、政策の内容と効果の基本を説明することにします。

（1）　国際収支のファイナンス手段

　上で述べた黒字国と赤字国では政策が対照的に違いますが、理解がより容易な例として、赤字国を中心にみます。
　① 経常勘定でのファイナンス
　　まず不均衡の原因を除く政策手段として考えるのは、国際収支表の2つの勘定、すなわち経常勘定と資本勘定のどちらに問題があったのかということになります。政策が異なるからです。
　　経常勘定の問題とは、基本的に貿易収支（輸出マイナス輸入）の悪化であるということです。手段ないし政策としては、貿易赤字が大きくなると、財政・金融政策は景気抑制政策となります。人為的に国内需要を抑制して、輸入を減少させ、輸出ドライブをおこさせるのです。
　　変動相場制度の国では為替レートを人為的に切り下げたりできないので、基本的には財政・金融というマクロ経済政策が中心となります。しかし、貿易収支が赤字であるので、為替レートは切り下げの方向に進みます。
　　一方、中長期的な課題として、輸出競争力をつけるといった国際競争力を高めるための構造改革が必要となります。競争力を強化する構造改革は第7章で説明しますが、経済自由化とも同義で、政府による市場に対する規制の緩和ないし撤廃による競争の導入です。
　　まとめると、重要なことは財政・金融政策といったマクロ経済政策と構造改革政策が同時に採られる必要があるのです。このことは、第1章第1節（4）の最後に強調した図表1-6で示しました。

② 資本勘定でのファイナンス

　資本勘定は経常勘定をファイナンスしますが、民間資本と公的資本に分けて考える必要があります。民間資本の重要な構成要素は、直接投資と証券投資です。両方とも利益追求が目的であり、当該国の国内の経済活動に影響を受けます。すなわち、当該国の経済状況がよければ、中長期的な直接投資（工場建設など）が増えますし、株価が上昇するので株式投資（証券投資）が行われるのです。

　これらの投資が十分に行われない場合、当該国は公的資本を必要とするようになります。貧困国や低所得国の場合です。民間の投融資が見込めないので、公的な支援が求められます。③でみますが、政府開発援助や「その他政府資金」による公的融資と債務救済です。

　資本勘定に問題があるときの基本的な政策は、マクロ経済の安定と競争力の向上です。直接投資はもとより、証券投資としての株式投資や債券投資は投資先国の経済の安定と強さを重視するでしょう。特にマクロ経済の安定という場合、インフレ率の抑制は最大の課題です。低インフレは低金利を導き、投資が活発になります。また経済活動が安定的に行われて、株価の急激な変化が起こらず、投機を起こさないで済みます。さらに、国内価格の安定は為替レートの安定につながり、同様に投機の芽をつむことになります。

　一方、自国の経済を他国や世界市場との関連でどのように運営するかは重要であり、上記の低金利は当該国からの資金の国外流出を起こすことになります。国際経済環境を見ながらの適切な政策運営が必要なのです。

③　外貨準備などでのファイナンス

　経常収支と資本収支を合わせて赤字があれば、外貨準備増減などで埋めなければなりません。国際収支の全体的な収支はゼロサムですから、黒字の国があれば、赤字の国が存在することになります。ゼロが望ましいので、それからプラス、マイナスと外れると、ファイナンスの問題となります。

　ファイナンスという場合、赤字をどのように埋めるのかがより重要です。中国など東アジアの少数の国に多い黒字国の場合、黒字の縮小が問題となります。

　まず一般的に接近方法を述べると、国際収支の総合収支の不均衡は、国際

収支表では「外貨準備増減など」で調整されますが、具体的には、①外貨準備増減（中央銀行による調整）、②IMF融資（資金）、③特別融資によって帳尻が合わされます（図表2-3参照）。

　以下、説明すると、①のみが当該国の公的機関、多くの場合中央銀行が対処するものです。それに対して、国際通貨基金（IMF）については、世界の加盟国の国際収支赤字に対して融資を行うのが主な任務です。世界の中央銀行のような存在です。

　②のIMF融資はファイナンス項目ですが、それと平行（協調）して日本の公的機関（国際協力銀行など）の協調融資があります。これは、資本勘定の「その他投資」に含まれます。貧困国については、政府開発援助（ODA）が供与されます。IMFの融資を触媒にして、多くの関係国・国際機関による融資が実現するのです。この枠組みは経済危機打開のために重要です。最近の例として、2010年のギリシャ危機に対して、IMF融資合意を踏まえて、EUも多額の融資を行いました。

　③のファイナンス手段としての特別融資は、対外債務支払いの救済です。資本勘定の方で本来支払われるべき債務支払いが計上されて、支払い免除、猶予、減額の金額が特別融資に現れるのです。

（2）事例：黒字国・日本を中心として

　世界には国際収支が赤字の国もあれば黒字の国もあります。ところが、国際収支の貿易収支を中心に、日本や中国など東アジアの国々は黒字の国が多いです。欧州で代表的な黒字国はドイツです。世界全体では国際収支はゼロになるはずですので、少数の国が黒字を計上しているということは、世界で多くの国が赤字であるということになります。そこで、大きな貿易赤字を抱えるアメリカと日本や中国との間で、貿易不均衡の問題で厳しい対立がありました。

　第3節（2）で需要と供給の2つに分類して要因の説明をしましたので、それに即して日米のこれまでの問題を分析します。1980年代に激しかった日米貿易摩擦の原因としてまず取り上げられたのが、両国の景気のずれ、成長率の差です。アメリカからすると、日本の成長率が比較的低いために、アメリカからの輸出が伸びず、日本からのアメリカへの輸出が増えたというものです。

こうした状況に対処する政策は、日本で景気刺激策をとるということでありました。つまり、マクロ経済政策によって日本の景気を良くし、成長率を上げることが行われたのです。具体的には、財政支出を増やし、金利を下げ、貨幣供給量を増やすといった政策が採られました。

また為替相場政策については、円高誘導が行われました。例としては、1985年のプラザ合意による円高容認です。つまり、円高による輸出減少と輸入増加が期待されました。その後急激な円高が続き、1995年4月には、1ドル70円台に到達しました。

ところが、日本でこのように景気刺激策がとられましたが、日本の黒字は減りませんでした。そこで、アメリカが問題として挙げたのは日本の過剰貯蓄です。

具体的には、1989年、1993年の日米の経済構造改革の協議の中で、アメリカ側は日本の過剰貯蓄、裏返して言えば過少消費が日本の貿易黒字の最大の原因であると指摘しました。それが、日本の国内需要（いわゆる内需）を過小にして、輸入減少、輸出ドライブ（海外の景気がよりいいため）をもたらすとみたのです。

この説明を要約的に言えば、貯蓄（S）が過剰に大きいので消費（C）が小さく、それゆえに国内需要が小さくて、輸出依存の経済になっている、ということです。

上記では、1980年代の日本の黒字と90年代にかけた政策について論じましたが、その後の黒字も過剰貯蓄論で説明できます。

最後に、第3節（2）の2）の理論で説明しましたが、アメリカの経常赤字について説明します。日本の場合の反対で、アメリカの赤字の原因は過少消費、その裏返しとしての過剰消費であります。

同国の過剰消費の問題は、長期にわたる構造的な問題として取り上げられてきました。過剰消費がドル安を招いて、世界の経済・金融を不安定にすると非難されてきました。2007年からのサブ・プライム問題に始まる世界金融危機の基礎的な要因もアメリカの過剰消費であると言われます。

そうすると、過剰消費がなぜ起こるのかということです。アメリカは貿易赤字の原因として、以前は日本を、その後は中国を非難しました。しかし、貿易赤字の基本的要因はアメリカ国内の要因であるというのが多くの識者の意見です。ア

メリカの財政赤字が主な要因です。

　要点を説明しますと、財政赤字が大きいということは財政支出が過大であるということです。過大な財政支出が波及効果（乗数効果）でアメリカの国内需要を過大にして輸入を過大にするのです。また、国内需要が大きいので国内景気がよく、国内で売れるので輸出もあまり増えないのです。

　もっとも、アメリカの過剰消費は民間による部分もあります。金融手段の発達によって、借り入れで住宅や耐久消費財（自動車やPC）が購入されています。しかし、民間の場合債務超過で最後は破産することになりますし、その回避から過剰消費が自律的に是正される可能性が高いです。それに対して、政府の赤字は人為的な面が大きく、自律的な解決が見込めないということで、財政赤字が強く非難されるのです。

　「財政赤字→国際収支赤字」は、アメリカだけの問題でなく、一般論としてどの国の国際収支の赤字についても同様であるという認識が大勢です。よって、2008年からの世界金融危機打開のために赤字覚悟で各国が財政支出を大幅に増やしましたが、将来の回復に向けてどのように財政赤字を縮小するかということが重要です。財政の規律がどの国でも重要な課題となっています。

第5節　歴史的推移

国際収支には以下のような発展段階があります。

	段階1	段階2	段階3
貿易収支	赤字	黒字	赤字
所得収支	赤字	赤字	黒字
投資収支	黒字	赤字	赤字

　発展段階が低い段階では、貿易による外貨獲得能力が低く、海外からの資本を受け入れています。それが、貿易上の国際競争力が高まり、貿易黒字に転じます。その次の段階では貿易の競争力が弱まりますが、投資国として資本が流出して、所得収支が黒字となるのです。

　日本経済は、2005年所得収支の黒字が貿易収支を上回ることとなりました。

これをイギリス型、先進国型の国際収支構造といいます。つまり、しばらく前の日本は日本国内で日本人が工場で汗をかいて生産したものを輸出して成功したのです。今は、投資家としてアメリカや新興市場国で投資をして、現地の方に汗をかいて働いてもらい、その上がり（利益）で稼ぐ構造となったのです。もっとも、日本の貿易収支は黒字のままです。

第6節　ストックとしての対外純資産

対外純資産については、既に図表1-3で示しました。対外資産の数字として、先進工業国を中心にIFS（国際金融統計）に統計があります。全体的な金額に加えて、その内訳の理解が必要であることは既に述べました。ここでは、個々の国について詳しく説明します。

まず再度総体的に見ると、アメリカは債務国であり、日本と中国は債権国であります。日本などは債権の方が債務より大きいのです。アメリカの対外債権はかなり大きいということは、第1章第1節（3）で述べました。

加えて、日本は世界最大級の債権国であるということができます。対外的にこのように日本経済が強いので、多くの外国資本が日本に投資を行いますし、われわれは世界中から多くのものを輸入することができるのです。また、世界金融危機においてドルやユーロが売られて円が買われたのも、こうした理由によるものです。

以下に、対外資産の構成を見ます。政府と民間が保有する対外資産は、直接的に生産活動に関わる直接投資と間接的に関わる証券投資の2つにわかれます。前者については、民間の海外直接投資が中心です。後者については、公的機関、民間双方の証券投資です。証券投資は株式と債券に分かれます。「その他投資」には銀行の融資や政府の経済協力が入ります。

外貨準備は、公的機関、多くの場合中央銀行が保有する外貨保有高です。国が金融危機時のために「準備」している資産です。外貨の現金よりアメリカの連邦債（日本の国債に当たる）などの証券などの保有が多いです。アメリカの連邦債の第1の保有国が、2011年8月現在で、第1位が中国、第2位が日本です。

フローのGDPで日本を2010年に抜いた中国ですが、その構成要素でみると、

中国は途上国型であります。また、中国の対外総資産の大部分は、世界一の外貨準備によります。ただし、同国が、外資による国内経済や株式市場の不安定を回避すべく、証券投資を制限している点は考慮する必要があります。また、香港の資産も加えて考える必要があります。

第7節　為替レート（相場）

（1）基礎事項

　本項では、日本やアメリカのように、為替レート（相場）が市場で自由に変動するとして説明します。政府の介入による固定相場制度などについては、第7節（3）の政策の項で説明します。

1）用　語

　まず現実の経済の動きに即して、為替相場の基本用語を理解しましょう。最初に、新聞などでは「円相場」と日本語を使っていますが、「為替レート」（exchange rate）という言葉もよく使われます。為替とは、金融の基本用語で、外国為替を指しており、ここでは単純に外貨の売買の取極め書であると理解しましょう。

　テレビのニュースや新聞において、為替相場は以下のように報道されます。

　　東京外国為替市場では、4月18日17時時点の対（アメリカ）ドル円相場は、118円65銭から118円67銭で取引されています[11]。

　同じ内容が、『日本経済新聞』の第1面の右下に掲載されますが、以下のように書かれています。

　　77円93銭－77円94銭　（2011年12月15日分。16日に掲載）
　　　（買値）　　（売値）

　上記の説明ですが、まずこのレートは、銀行間で取引するときのレートです[12]。また、初めの数値が買値、後ろの数値が売値として掲載されるのです。そして、その差がドルを売買する銀行の利益ないし手数料に向ける差額ということです。同じ箇所に、円・ユーロの為替相場や日米の株価もあります。

さらに、17時時点の相場を挙げましたが、市場は24時間取引が行われており、24時間の間、対ドルの円相場は変動し続けます。17時が日本の終業時間であるために、そのレートを目安にしているのです[13]。他の日刊紙でも経済面にレートが載ります。

最後に、上記の1USドルがいくらという値のつけ方を、邦貨建てといいます。1円＝0.01ドルというのが、外貨建てです。後者はあまり使われません。

2）為替相場（レート）の変化

邦貨建て相場（レート）を中心に議論するとして、新聞などで記載される基本的な表現を理解しましょう。以下に一例として、新聞での記述を示しました。

「US $1＝78円→80円」の場合

　　円安ドル高
　　ドル高円安
　　円（の価値）が下落した
　　円（の価値）が弱くなった
　　ドル（の価値）が上昇した
　　ドル（の価値）が強くなった。

上に表現を6つ挙げましたが、すべて同じ意味です。円高ドル安の場合はすべて逆となります。

1USドル紙幣の価値が、円でどのように変わるかで、安い、下がる、あるいは弱い、と表現できるのです。具体的には、同じ1ドル紙幣に対して、78円で買えたものが、80円になりましたので、相対的に「円が弱くなった」あるいは「円の価値が下落した」のです。もちろん、「安くなった」のです。

次の一歩②　演習

円高ドル安について理解しましょう。
円高ドル安の場合は本文の例とすべて逆となります。数値例を挙げて、上の表現を書いてみましょう。

3）為替レート変化の原因（基本のみ）

ここでは、為替レートが、例えば1ドル70円から80円に、あるいは115円から120円に変化するとした場合、その原因を説明します。円安ドル高の直接の

原因だけを説明します。為替レートの決定ないし変化の要因は、国際経済論ないし国際経済学の重要なテーマであり、第7節（2）で詳述します。以下が直截的な関係です。

　　円売りドル買い＝円供給増加、ドル需要増加　→　円安ドル高（ドル高円安）
　　数値例「US $1＝70円 → 80円」

すなわち、円を売るということは市場に円を供給していることであり、売ってドルを買えば、ドルの需要が増加している、ということになります。ここで、経済学の基本として、売られる（供給される）ものは安くなり、買われる（需要される）ものは高くなると考えましょう。

　演習として、円高ドル安がなぜ起こるか、数値例を使いながら説明してください。「US $1＝100円 → 90円」の例でどうなりますか。

　ミクロ経済学で学びますが、ある商品を取引する市場で、その生産物に対する供給が増えれば（需要が変化ないとして）、生産物の価格は下がります。一方、

図表2-4　為替レート（暦年平均）

西暦	1990	1991	1992	1993	1994	1995	1996	1997	1998	1999	2000
円／US$	144.79	134.71	126.65	111.20	102.21	94.06	108.78	120.99	130.91	113.91	107.77
円／ユーロ	…	…	…	…	…	…	…	…	…	121.35	99.29
円／元	30.27	25.30	22.97	19.30	11.86	11.26	13.08	14.60	15.81	13.76	13.02
円／SDR	106.72	98.46	89.93	79.64	71.39	62.01	74.93	87.93	96.50	83.31	81.72
ユーロ／US$	…	…	…	…	…	…	…	…	…	0.939	1.085
元／US$	4.78	5.32	5.51	5.76	8.62	8.35	8.31	8.29	8.28	8.28	8.28
US$／SDR	1.36	1.37	1.41	1.40	1.43	1.52	1.45	1.38	1.36	1.37	1.32
平成	2	3	4	5	6	7	8	9	10	11	12

西暦	2001	2002	2003	2004	2005	2006	2007	2008	2009	2010	2011
円／US$	121.53	125.39	115.93	108.19	110.22	116.30	117.75	103.36	93.57	87.78	77.22
円／ユーロ	108.75	118.01	130.84	134.34	137.07	145.90	161.17	151.40	130.34	116.48	110.79
円／元	14.68	15.15	14.01	13.07	13.45	14.59	15.48	14.87	13.70	12.97	12.05
円／SDR	95.46	96.84	82.88	73.00	74.61	79.04	76.93	65.41	60.68	57.53	47.96
ユーロ／US$	1.118	1.063	0.886	0.805	0.804	0.797	0.731	0.683	0.718	0.754	0.697
元／US$	8.28	8.28	8.28	8.28	8.19	7.97	7.61	6.95	6.83	6.77	6.41
US$／SDR	1.27	1.29	1.40	1.48	1.48	1.47	1.53	1.58	1.54	1.53	1.61
平成	13	14	15	16	17	18	19	20	21	22	23年8月

出所：2008年まで、IMFホームページ、International Financial Statistics (IFS) Online (2009年6月2日閲覧)、それ以降 IFS Oct. 2011、を利用して筆者算出。

需要が増えれば（供給が変化ないとして）、生産物の価格は上がります。

ここでは、1USドルという紙幣を生産物とみなして売買されていると考えればよいです。外国為替市場で、円を売ってドルを買うということは、円の供給が増えて、ドルの需要が増加することを意味します。よって、円の価値（価格）が下がり、ドルの価値（価格）が上がるのです。

そして、なぜ円やドルに対する需要と供給が起こるのかが、為替レートの決定ないし変動の要因ということになります。第7節（2）で詳述しますが、主なものは金利、国内総生産（GDP）、輸出入、価格水準（ないしインフレ率）です。

最後に、過去20年程度の為替レートの趨勢を図表2-4に示しました。

（2）捉え方の基本
1）為替レート変動の経済への影響

新聞などでよく報道されますが、為替レートが円高に振れて、日本の輸出企業の採算が悪化し、また国内生産をやめて海外での生産に切り替えるなどのニュースがあります。

ここでは、為替レート変動の経済への影響、効果を分析します。国際的な取引の決済の多くはドル建てであり、また国際収支表もドル建てで議論しますので、レート変動の効果をドル建てで考えます。

為替レートに関わる外貨の需要と供給は、国際収支表の経常勘定と資本勘定の両方の受け取り、支払いですが、ここでは理解しやすい輸出と輸入への効果を分析します。そして、為替レートの投融資（株式・債券）への効果は同じ効果になりますので、最後に総合化を行います。また、輸出入と投融資への効果を見ることによって、外貨に対する需要線と供給線を考えます。通常の生産物の需要線と供給線と同じです。価格が為替相場ということです。

さて、ここで以下に述べる基本的なロジックを説明します。それは、為替レート変化による価格変化が数量の変化をもたらすというものです。経済学の基本にそって、需要線と供給線によって価格と数量が決まるのです。

また、以下の分析では、為替レートの影響は数量への効果の前に、企業の売上高や利益（キャッシュ・フロー）に対して影響を与えますので、これを最後に見ることにします。

① 輸出と輸入への効果

為替レート変化の輸出入への影響としては、通常円安は輸出増・輸入減、円高は輸出減・輸入増につながるといわれます。

以下に、日本とアメリカの二カ国を考えて、基本的な仮定として、両国で生産物（商品）の価格が短期的に変化なしとします。為替レートの変化の前と後で国内価格が変化しないということです。この仮定を変えた場合は、③に示します。図表2-5に簡単な数値例を示しました。

繰り返しますが、円安は輸出増・輸入減などという場合、ドル建ての輸出額と輸入額で話をしているということをまず理解する必要があります。金額は価格（ドル建ての単価）と数量の積です。価格の変化により数量が変化して、金額が決まります。

図表2-5の分析結果を説明しますと、円安により輸出品のドル価格が下落して、輸出数量が増加して、価格と数量の積としての金額が増加するのです。

輸入に対する効果は、よりわかりやすいです。円安により輸入品の円価格が上昇するので、輸入数量は減少します。日本の輸入品、つまりアメリカの輸出品のドル価格は不変と仮定していますので、輸入数量の減少は必ずドル建ての輸入額を減少させます。

図表2-5 輸出入への影響

A. 為替相場（レート）切下げの輸出への影響（ドル・ベース）

	単位	切下げ前	切下げ後	変化率（%）
為替レート	円／USドル	100	120	20.0
国内価格	単価（円）	1,000	1,000	0.0
輸出価格	単価（ドル）	10.0	8.3	−16.7
輸出量	個数	100	130	30.0
輸出額	金額（ドル）	1,000	1,083	8.3

B. 為替相場（レート）切下げの輸入への影響（ドル・ベース）

	単位	切下げ前	切下げ後	変化率（%）
為替レート	円／USドル	100	120	20.0
国内価格	単価（ドル）	100	100	0.0
輸入価格	単価（円）	10,000	12,000	20.0
輸入量	個数	100	70	−30.0
輸入額	金額（ドル）	10,000	7,000	−30.0

出所：筆者作成。

上記は、円安の効果ですが、円高の効果は逆です。円高により輸出品のドル価格が上昇して、輸出数量が減少して、価格と数量の積としての金額が減少するのです。円高により日本の輸出企業が悪影響を受けるのはこのことです。アメリカ市場で、アメリカ企業、韓国など他の国の企業に対して価格競争力を失うのです。

　また、円高は輸入価格の下落をもたらし、輸入数量が増えます。そして、ドル価格が変化していないので必ず輸入額（ドル建て）は増加します。

　最後に、輸出と輸入への効果を合算して考えます。すなわち、「輸出―輸入」、純輸出で考えます。これは、貿易収支です。結果は、円安ドル高は、日本の黒字をより増やします。円高ドル安は、日本の黒字を減らします。

　貿易収支が赤字の国では、通貨安は赤字を減らします。輸出が増えて、輸入が減るからです。また、通貨高は赤字を大きくするでしょう。したがって、これらの国では、通貨の切り下げが行われたり、期待されたりするのです。

次の一歩③　演習

日本を襲う円高の輸出と輸入への影響を、本文の説明に即して具体的な数値例で説明してください。

図表2-5は円安の効果です。円高の効果を、同様に数値例を使って作成してください。

---

② 　輸出への効果の別のケース

　為替レート変化の輸出への影響としては、通常円安は輸出増加、円高は輸出減少につながるといわれます。この場合の方が多いですが、円安が輸出減少、円高が輸出増加につながることもあります。

　図表2-5に戻りますと、円安はドル建ての輸出価格を減少させますが、その減少を上回る量の増加がないと、金額は増加しません。営業マンが、売り込む商品の価格引き下げを客に要求されれば、量の増加がなければ、かれの営業実績、この場合販売額（価格 x 量）は減少してしまうのです。

　具体的には、図表2-5で輸出量の増加が110だったら、どうでしょうか。輸出額はむしろ減少します。一方、円高はドル建ての輸出価格を増加させるの

で、その分輸出量が減少しない限り、輸出金額は増加します。

　いずれにせよ、為替相場変動による輸出への影響には2つのケースがあるのです。いずれも、ドル建てでみてということです。

　これは輸出される商品ないし財の属性の違いによります。すなわち、日本（先進工業国）の製造業品の場合、円安によるドル価格の下落は、それ以上の輸出量の増加を生じさせて輸出額（ドル建て）が上昇する可能性が高いです。1単位当たりの価格の下落を補う量の増加があるからです。このような商品ないし財を、価格弾力性（price elasticity）が大きい財といいます。価格の変動に対して、大きく、弾力的に数量が変動するのです。

　これに対して、農業主体の低所得国の農産物輸出品の場合、通貨安によるドル価格の下落が起こっても、それを補うだけの量の増加が起こらない可能性があります。この場合、輸出額（ドル建て）が減少するのです。たとえば、砂糖の価格（ドル建て）が下がっても、先進工業国の消費者は、健康志向もあり、需要（輸入）量を増やすとは限らないし、増えても少しでしょう。コメの場合も同じで、われわれは何回もコメを食べられませんから、物理的に需要量を大きく増やすことはしません。このような財を価格弾力性が小さい財と言います。非弾力的な財とも言います。

　輸入については、ドル建てでみる限り、繰り返しになりますが、起こりうる場合は1つです。図表2-5でみるように、輸出品のドル価格は一定ですから、円安の場合日本の需要者が直面する円価格（ドル価格でない）の上昇は輸入量の減少を引き起こし、必ず輸入額（ドル建て）は減少します。

③　生産物（商品）価格変化の効果

　これまで為替レートとドル需給量の基本的な関係を分析してきました。次に、冒頭で設定した生産物（商品）価格一定でなく、価格が変化したときの貿易への影響、効果だけを説明します。

　表2-5で商品価格が1,200になると、輸出品のドル価格が不変になることがわかります。価格が上昇するということは経済全体でみればインフレが生じたことであり、インフレになるとその国の為替レートの切り下げの効果が減ぜられるのです。表2-5でみた為替レート切り下げによる価格競争力の上昇が打ち消されるのです。

そうすると、価格上昇による価格競争力の低下を補うには、価格上昇を上回る為替レートの切り下げを行わざるをえないということになります。しかし、為替レートの切り下げは輸入物価の上昇をもたらし、さらに国内価格の上昇をもたらす可能性が高いです。そこで、さらに為替レートを切り下げますが、同様にインフレをさらに惹起することになります。「為替レート切り下げ→インフレ→為替レート切り下げ→インフレ→…」の悪循環です。

次の2）③で説明しますが、インフレになると為替レートが弱くなります。よって、多くの国でインフレ抑制を重要な政策目標としているのです。国内価格の安定は、対外的な価格である為替レートの安定につながるのです。

④ 貿易と投融資の両方の効果の総合化

為替レートの投融資（株式・債券）への効果は、需要線が右下がり、供給線が右上がりとなります。論理は同じです（下の2）の⑤で例を挙げています）。図は後述の図表2-6を参考にしてください。

貿易と投融資に対する為替レート変動の効果を総合化すると、輸出ではドル供給線は通常右上がりです。また右下がりもありえますが、投融資の金額が貿易よりもはるかに大きく、総合的にはドル供給曲線は右上がりとなります。

ドル需要線については、輸入、投融資ともに効果が同じで、右下がりとなります。

結局、需要線が右下がり、供給線が右上がりとなります。そして、次の2）の理論的説明で示しますが、経済全体のドル供給曲線とドル需要曲線によって、均衡の為替レートと外貨の需給量が決定されます。

⑤ 売上高や利益（キャッシュ・フロー）への効果

上記までの分析では、為替レート変化による輸出入品や証券の価格変化が数量の変化をもたらすというものです。ところが、為替レートの変化は、直接的に企業のキャッシュ・フローに影響を与えます。これは、短期の効果でもあります。また、ドル・ベースでなく円で見た効果ということになります。

輸出については、円高になるということは、日本の輸出企業の円貨での受け取り減少を意味します。販売収入が減少するということです。輸出企業は日本国内で円で必要な労働力や資機材を確保しているわけであり、円受取額の減少はそうした生産活動に影響を与えるでしょう。新聞で輸出企業の損益分岐点

が1ドル、85円であるといったことに対応します。反対に、円安は輸出企業の受け取りを増やします。

輸入については、それへの影響を円貨で論じていますので、上記の数量の変化の議論と同じであります。すなわち、円高では輸入品の円価格が減少するので、仕入れ価格の減少により利益は増加するでしょう。円安の場合、仕入れ価格の上昇により、利益を減らすでしょう。

2）基礎理論

前項では、為替相場（レート）が変動すると、輸出入や投融資にどのような影響を及ぼすかを述べました。本項では、変動する為替相場を決定する要因を説明します。まず市場における価格決定の理論を解説して、需要と供給を変動させます。そして、為替レートを変化させる要因について説明します。

① 市場の需給による均衡価格

経済学の基本的な分析用具である需要線と供給線を使って、為替レートの決定を説明します。ミクロ経済学の価格と量との関係と同じように、図表2-6を書きます。縦軸を邦貨建て為替レートとすると、上に行くほど、通貨安、円の場合円安となります（例えば、1ドルが100円から120円へ変動）。逆が円高です。

横軸はミクロ経済学では数量ですが、ここでは金額です。ドル紙幣の枚数ということであり、量と同じことです

そこで、以下で需要者と供給者という言葉を使って説明できますが、理解を容易にするために需要者として輸入業者、供給者として輸出業者を考えます。上述のように、投融資の場合も同じ論理で考えられます。

まず輸出についてですが、輸出業者は輸出によってドルを受け取り、それを円に換金するわけで、ドルの供給者です。したがって、ドル供給曲線は、多くの場合右上がりとなります。すなわち、図表2-6で縦軸が邦貨建て為替レートですので、上に行くほど、通貨安、円の場合円安となります。そうすると、外貨の供給は増加します。すなわち、1）で分析したように、輸出業者が輸出の増大によりドルを得て、ドルを供給して円を購入しようとします。逆に、図表2-6で為替レートが下に行きますと、円高ですから外貨の供給は減少します。輸出の減少によりドルの獲得が減るのです。

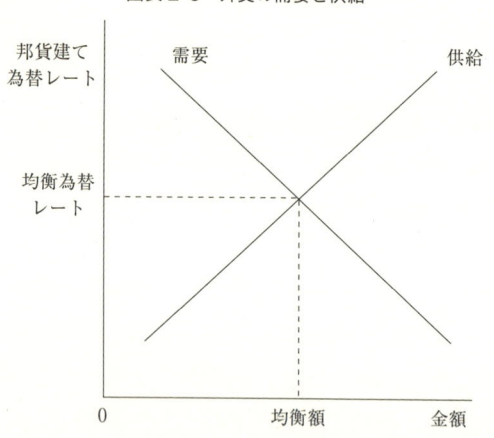

図表 2-6 外貨の需要と供給

(縦軸: 邦貨建て為替レート、横軸: 金額。需要曲線は右下がり、供給曲線は右上がりで交点が均衡為替レート・均衡額)

　ただし、上記の論理では、為替レートの変動が輸出の数量面での活動に直結するとしてきましたが、実際には輸出業者は輸出代金として手持ちのドルを大量に持っているのです。一方、輸入業者は円資金を持ちながら為替レートが有利になるのを待っているのです。

　したがって、輸出と輸入の数量面での変化にかかわらず、輸出業者は円高になれば手持ちのドルの供給を手控えるでしょうし、円安になれば急いでドルを売るでしょう。輸入業者は逆の行動をとります。こうした行動が、実は日々の為替レートの変動にも影響するのです。

　しかしながら、以上は先進工業国のケースですが、上述のように、途上国の場合、輸出業者に対応するドルの供給線は右下がりもありえます。すなわち、為替レートが切り下がっても輸出量がそれ以上増えないで、輸出額（ドルの供給額）が減少するのです。

　次に、輸入については、輸入業者は輸入のためにドルを購入しますので、ドルの需要者です。したがって、ドル需要線は、必ず右下がりとなります。すなわち、図で上に行くほど、通貨安、円の場合円安となります。そうしますと、１）で分析しましたように、輸入商品の円価格上昇を通じて輸入量は減少します。ドル価格は短期的に変化しませんので、ドルで見た輸入額、すなわちドルへの需要額が減少します。逆に、為替相場が上がれば（図で下方に行くと）円

高ですから、輸入量は増加して、輸入額が増加します。この場合、ドルへの需要額が増加します。

結局、ドル需要線は右下がり、ドル供給線は多くの場合右上がりになると説明しました。これは、ミクロ経済学のはじめに示される財の価格と量の関係とまったく同じです。そこでも、需要曲線は右下がり、供給曲線が右上がりです。生産物（財）の代わりに、1ドル紙幣が財に対応するものと考えて、その量（枚数）を考えればよいのです。

そうしますと、ミクロ経済学の需給量と価格の関係と同じ理論展開ができます。すなわち、需要線と供給線の交わるところで、為替レートとドルの需給量が決まるのです。すなわち、均衡的に決まることになります。

価格（為替レート）が均衡レートから外れていると、ミクロ経済学と同様に、価格が変化して需給量を調整して均衡レートに向かうのです。

現実の経済の中で為替レートが大きく変動することに多くの関係者（輸出入業者、金融機関、中央銀行、相手国の関係者）がやきもきするのですが、この均衡為替レートをこれら関係者が常に念頭において、為替レートの将来の変動あるいは相場の行方を予測するのです。

これまでの議論では、為替レートの変化に対応して輸出と輸入の量が変動して、ドルの需要と供給が決まり、均衡為替相場が決まるということです。為替相場の決定要因として輸出と輸入を扱っているのですが、輸出が供給、輸入が需要として分析してきました。需要と供給を行う経済主体は投融資家など他にありますが、論理は以上と同じです。

次の②との関係で1点注意しますと、ここでの為替レート決定の議論は「為替レート（価格）→ ドルの需給量」の関係であって、「ドル需給量 → 為替レート（価格）」ではないということです。

よく言われることに、「輸出が増えたから円高になりました」というのがあります。これはまさしく日本経済の長期の発展パターンでした。この議論は、為替レート変動の決定要因として輸出、すなわち量が挙げられているということを理解していただきたいです。これまでの議論は、為替レート変動、つまり価格の変動が原因（決定要因）となってどのような影響を輸出入の量へ及ぼすかということでした。そして、需給量の変化によって均衡レートが決まりま

す。

「輸出が増えたから円高になりました」は、図表2-6でドル供給線がシフトすることによって説明されます。下の④を参照してください。

② 為替レート決定の要因

上の①では為替レートが市場の需要と供給によってどのように決まるかということを説明しました。それでは、為替ないし外貨に対する需要と供給はどのように決まるのでしょうか。需要と供給を動かす要因が分かって初めて為替レートを変動させる要因がわかります。ここで基本論理を示しますと、需要線と供給線がシフトする（構造的に変化する）ことによって、為替レートが変動するのです。これが、以下で説明します短中期の為替レートの決定の論理であります。

相場の決定理論に関してテキストによって記述が違うことがありますが、多くのテキストの統一見解の一つとして以下に3つの説を説明します。その中に、上記で説明した輸出と輸入も含まれます。

まず為替レートの変動期間ごとに要因が異なると考えられます。長期、中期、短期に分かれます。お金の世界では、1年を超える金融商品は長期のものとみなし、1年までが短期です。ここでは3分類にしていますので、短期を1年まで、中期を1年以上3～5年、長期を3～5年以上、たとえば10年の期間とします。期間ごとに以下の所説があります。

　　長期　　購買力平価説
　　中期　　フロー・アプローチ
　　短期　　アセット（ストック）・アプローチ

中期と短期についてフロートとストックがあり、経済学の基本④で示した重要な例です。以下に、上記の3つそれぞれを論述します。

③ 購買力平価説

購買力平価説とは、物価が為替レートを決めるというものです。以下に、日本とアメリカの二国で考えますと、当該国（日本）の物価と貿易相手国（米国）の物価との間の相対的な変化で、為替レート（邦貨建てであれば、US $1=¥120）が決まるというものです。

この結論に至る過程を、以下に説明します。購買力平価は、英語では

purchasing power parity（PPP）です。この平価そのものが二国の物価の相対価格で表される為替レートです。その意味は、同じ商品の1単位を購入できる貨幣の相対価格（二国間）が為替レートであるということです。わかりにくいですから、理解し易いように、これから簡単な式で説明します。購買力平価の式は下記で表されます。

　　購買力平価（邦貨建て為替レート）＝（アメリカの貨幣の購買力）／
　　　　　　　　　　　　　　　　　　（日本の貨幣の購買力）

つまり、アメリカの貨幣、1ドルの購買力が、日本の貨幣、1円の購買力と比較してどうなるのか、ということです。

そこで、アメリカの1ドルで買える財の1個（の量）が、日本で120円とします。そうしますと、1円当たりの購買力は　1/120です。つまり、120円で1個買えるとして、1円当たりの買える量は、その1個の120分の1（個）です。

これらの数値を上の式に代入すると、

　　購買力平価＝(1/1)/(1/120)＝120（/ドル、あるいは1ドル当たり）

分母の1/120を120倍しますと、1個となります。120円で1個買えるということです。同じ1個について、アメリカでは1ドル、日本では120円ということです。このことは、以下の式でも表されます。

　為替相場（レート）＝（日本の財1単位の価格、120円）／（同じ財1単位の
　　　　　　　　　　　アメリカにおける価格、1USドル）

1ドル＝120円ということで、それは同じ財の量が日本では120円、アメリカでは1ドルであるということです。

上記をまとめると、以下の式であらわされます。

　　均衡為替レート（邦貨建て）＝（アメリカの貨幣の購買力）／
　　　　　　　　　　　　　　　（日本の貨幣の購買力）
　　　　　　　　　　　　　　＝（日本の物価水準）／
　　　　　　　　　　　　　　　（アメリカの物価水準）

先の説明では1財だけで説明しましたが、実際に多くの財が生産されていますので、国の全体的な価格として物価水準を使います。異なる財の価格を全部足して平均にしても意味がありませんので、物価水準として物価指数を使います。物価指数は両国とも同じ年を100としてどれだけ価格が上昇（あるいは下落）しているかを示すもので、日本の物価水準をアメリカの物価水準で割るということは、両国の相対的な価格の水準を比較するのと同じことです。この指数の件は、次の貿易の章の交易条件のところで、具体的な数字が出てきます（図表3-5参照）。

購買力平価説では、5～10年の全体的な為替レートの変動は両国の物価指数の変化でみることができるというものです。したがって、実際の応用として以下の式を使います。

　　為替レート（邦貨建て）の理論値＝基準相場（均衡為替レート）×
　　　　　　　　　　　　　　　　　((日本の物価指数)／
　　　　　　　　　　　　　　　　　(アメリカの物価指数))

基準相場は、為替の需要と供給が均衡している年のレートを基準とするものです。そして、当該年の両国の価格の変化をかけて理論値を計算します。そして、実際のレートと理論値の乖離を見るのです。

最後に、物価と為替相場との関係で、政策的な意味を要約的に述べます。すなわち、

　　インフレ（物価（価格）上昇）→ 為替相場（レート）切り下げ
　　価格安定 → 為替相場（レート）安定、強い通貨維持

ということになります。最近、平時において、イギリスを代表とする多くの先進工業国と途上国がインフレ・ターゲティング政策を採用しており、イギリスの場合おおむね2%が目標値です。この政策は、国内経済の安定に寄与し、同時に為替レートの安定にも貢献するとの考えです。

④　中期：フロー・アプローチ

中期、1年から3～5年までの期間の為替レートの変化の要因は、フロー・アプローチによって求められてきました。フローは既に経済学の基本④で説明したように、一定期間の経済数量です。例えば、GDP、国際収支、貿易、投

資などです。

　従来、国際的な資本取引が規制されていた時代には、国際収支上の貿易が為替レートに大きく影響すると考えられました。その後資本取引自由化がかなり進み、しかも資本取引額が貿易額の数百倍に達するようになり、次で説明するストック（アセット）・アプローチがより重要になりました。このフロー・アプローチは、ストック・アプローチに対応する接近方法です。

　具体的な要因は、輸出・輸入、GDP、直接投資です。

　なぜこれらの要因が中期と考えられるかといいますと、輸出入、投資などの業務には一定期間が必要となることによります。具体的には、輸出が実現する前に輸入先の選定や価格・数量交渉など手間や手続きがかかります。現実輸出品が送られてドルを受け取るのには、数か月か1年かかるでしょう。また、工場建設という直接投資には、多くの期間が当然必要となります。

　GDPについては、景気変動が為替レートに影響を与えるということですが、景気変動は数か月以上の変動です

　以下に要因ごとで説明していきます。

　輸出　既に市場の需給で均衡為替レートが決まることを説明しました。そして、「為替レート変化 → 輸出変化」と「輸出変化 → 為替レート」が違うということを説明しました。

　ここで、日本とアメリカの二国で考えて、輸出に対応するドル供給線と輸入に対応する需要線をシフト（変化）させる要因を追加的に詳しく説明します。

　まず、輸出が増えると、輸出はドル売り円買いですから、ドルの供給と円の需要を増やします。図表2-6で、供給線が下方にシフトするのです。需要線との新しい交点は、円高ドル安となります。

　輸出増加の原因は、品質、技術、環境基準の向上などです。例えば、日本車の品質の向上がアメリカにおける需要増大につながります。これらの要因は、長期的な日本製品のアメリカへの輸出増加と円高を説明することになります。

　他の要因として、相手国の需要、すなわち輸入増加で、当該国の輸出は増加します。輸入は多くの場合GDPの関数（GDPが原因）ですので、相手国、たとえばアメリカのGDPの増大はアメリカの輸入増加を通じて、日本の輸出量を増加させる可能性が高いです。GDPは要因として後で再度説明します。

輸入　　輸入が増えると、輸入は円売りドル買いですから、円の供給とドルの需要を増やします。図表2-6を使うと、需要線を上にシフトさせるのです。円安ドル高となります。

　輸入増加の原因は、嗜好の変化が１つの要因としてあります。より重要な要因は、上記の輸出にも影響を与えたGDPです。ここでは、自国のGDPの増加です。たとえば、日本のGDPが伸びれば、輸入が増えます。

　まとめると、輸出も輸入も、それぞれドルの供給曲線と需要曲線を構造的に変化させます。輸出入ともに相手国と自国のGDPの変化が大きな要因です。四半期の動き以上の期間の為替レートの変化を説明できます。

　GDP　　GDPについては、上記で輸出と輸入に関して説明しました。日本とアメリカの二国で考えますと、以下のようになります。

　　　アメリカのGDP増加 → 日本の輸出増加 → ドル売り円買い → 円高ドル安

輸出代金（ドル）の売りが増えて、円需要が高まります。

　　　日本のGDP増加 → 日本の輸入増加（アメリカの輸出増加）→ 円売りドル買い →
　　　円安ドル高

円を売ってドル需要が高まります。

　上記は輸出入を通しての効果ですが、GDPの増加は直接投資を通じて反対の結果もありえます。

　　　日本のGDP増加 → 日本への直接投資増加 → ドル売り円買い → 円高ドル安

日本の生産や所得の増加を好感して、海外からの直接投資が増加します。ドル売り円買いが起きますので、円高ドル安となります。ただし、上記の輸入の効果よりもより長期の効果でしょう。輸入より工場建設の方は時間がかかります。

　直接投資　　直接投資については、すぐ上で円高ドル安をもたらすことを説明しました。近年の要因として、以下の関係があります。

　　　日本企業の合併・買収（merger and acquisition: M & A）増加 →
　　　ドル売り円買い → 円高ドル安

外国企業の日本企業の合併・買収は直接投資です。ドル売り円買いが起こりますので、円高ドル安になります。もちろん、M & Aのみがかなり大きいのではありません。

最後に、GDP統計は日本の場合、四半期（3か月）ごとに発表されます。上記の日本のGDPの増加は、日本の株式相場の上昇を通じて円高ドル安につながります。海外直接投資と同じ効果です。しかし、下記⑥で説明しますが、株式相場については超短期の効果が重要です。

⑤　短期：アセット（ストック）・アプローチ

既に述べましたように、中期のフロー・アプローチに対して、短期のストック・アプローチないしアセット・アプローチがあります。アセットはAssetsであり、金融資産を指します。このアプローチは短期的な為替レートの変動を説明するものであり、資本取引の自由化によって為替相場への影響が格段に大きくなっています。したがって、多くの識者によって分析されてきました。

まず需要線については、為替レートが円安になれば、ドル資産の需要は減少します。なぜならば、1ドルの資産を購入するのに前より多くの円を払わなければならないからです。円高になれば、ドル資産の購入は増えます。したがって、需要線は右下がりです。

供給線については、為替レートが円安になりますと、ドル資産の供給は増加します。なぜならば、1ドルの資産を売りますと、前より多くの円を受け取れるからです。円高になれば、ドル資産の供給は減ります。したがって、供給線は右上がりです。図表2-6を参照してください。

そして、需要線と供給線の交点で、需要と供給が等しくなり、為替レートが均衡します。ここまでは輸出入と同じです。そして、アセット・アプローチでは、需要と供給を動かし、為替レートを変動させる要因として金利を挙げています。

ここで、ドル資産の供給は一定という仮定を設けます。ドル証券などを証券会社が販売する場合、販売のための準備や販促活動があり、為替レートが動いたからといってすぐ供給（証券の販売額）が変化するものではありません。図表2-6に関していうと、供給線は右上がりでなく、垂直の線となります。

そこで、需要曲線を変化（シフト）させるのが、金利です。金利の効果については、自分の資産の中で、例えばお金を貸すとした場合、金利が高い国で貸した方がよいということになります。

金利の変化について、日本とアメリカの二国で考えますと、以下の関係が

あります。

　　　日本（自国）の金利上昇 → ドル資産への需要減少、円資産への需要増加 →
　　　ドル売り円買いが増加 → 円高ドル安

　もちろん、アメリカ（海外）との相対的な金利の水準が重要です。再度単純化して、アメリカ（海外）の金利一定で、日本（自国）の金利低下の場合は以下のようになります。

　　　日本（自国）の金利低下 → ドル資産への需要増加、円資産への需要減少 →
　　　円売りドル買いが増加 → 円安ドル高

　上で述べましたように、日本とアメリカの金利の相対的な関係に着目しますと、日本の金利が下がったとしても、アメリカでも同じだけ金利が下がれば、上のような効果は起こりません。

　そして、当然のことながら、アメリカの中央銀行に当たる連邦準備制度（Federal Reserve System: FRS、通称FED）が金利を変化させると、以下のようになります。

　　　アメリカの金利上昇 → ドル資産への需要増加、円資産への需要減少 →
　　　円売りドル買いが増加 → 円安ドル高

　つまり、上記の日本の金利低下と同じ効果となります。アメリカの金利低下は、日本の金利上昇と同じ効果になります。

　重要なことは、二国の中央銀行による金利の変化が、多額の資金の移動を二国間で誘発して、為替レートに大きな影響を与えるのです。

次の一歩④　演習

　日米での金利の変化の為替相場への影響をしっかり理解しましょう。
　日本（自国）とアメリカ（海外）との関係で、金利が変化した際に相手国の金利は一定として、以下の問いに答えてください。
　アメリカの金利が低下すると、為替レートはどのように変化するでしょうか。

---

⑥　超短期の要因

　最後に、1日レベルの為替レート変動、すなわち超短期の場合はどうなるのかということです。日々のレート変更に影響を及ぼすものとして、株式相場が

あります。日本とアメリカの二国で考えて、以下の関係がありえます。

　　日本（自国）の株式相場上昇 → アメリカ（海外）からの投資増加 →
　　ドル売り円買い → 円高ドル安

株式相場がなぜ変動するか理論的な分析は難しいです。日々の株式相場の変化は日々の金利の変化に影響を受けますし、いろいろな指標の変化や関係者の期待度などに影響を受けます。

　全体的な相場の大幅な変更は、GDPその他の経済・金融要因全般に影響を受けます。2007年からの世界金融危機の前までは、東京株式市場の売買額の過半を外国人が占めていました。外国人投資家のかなりの部分は、短期の利益目的あるいは投機目的であると考えられ、僅かな金利の変化、月ごとに発表される景気指標、四半期ごとに発表されるGDP統計などを材料に、株式相場を大きく左右しました。それにより、円相場も影響を受けたのです

⑦　ファンダメンタルズ（経済の基礎的条件）

　これまで、短期、中期、長期にわけてそれぞれの要因を分析してきました。ところが、これらの要因を総括的に含むものとしてファンダメンタルズ（経済の基礎的条件、FUNDAMENTALS）が為替レートに影響するという考え方があります。『日経新聞』などでも頻繁に取り上げられます。

　ファンダメンタルズに含まれるものは、上記のほとんどすべての要因です。すなわち、物価上昇率（インフレ率）、経済成長率、国際収支、金利です。要点は、当該経済のマクロ経済面での「安定度」の程度が為替レートに影響を与えるということです。どの国も「マクロ経済の安定」(macro-economic stability) を最優先政策目標にしています。特に、イギリスなどはインフレ・ターゲティング政策をとり、経済の安定化のために低インフレを最重要目標としています。

　関連する要因として、失業率があります。失業率は経済成長率のコインの裏側を意味します。経済成長率が上がれば失業率は減少します。アメリカの失業率は毎月初めに発表されますが、それが上昇すればアメリカの景気が悪いと判断され、ドル売りが起こってドルが弱くなる可能性が高いです。

　財政収支については、国際収支のところで財政赤字と国際収支赤字との関係を述べました。簡単には以下の通りです。

財政赤字 → 国際収支赤字 → 為替相場の切り下げ

　以上は平時の関係です。2008年以降の世界金融危機下の財政赤字と為替レートの関係の基本は同じですが、以下にみるように特殊な状況における投機的な活動もあると考えられます。

　2008年9月15日のリーマン・ブラザーズ破たん以降の世界金融・経済危機において、財政問題が大きく取り上げられています。世界規模の景気後退を打開すべく多くの国で財政赤字が拡大することがわかりながら、大幅な財政支出拡大を行いました。結果として、日本、イギリス、アメリカなど主要国が大きな財政赤字に陥りました。

　そして、2010年のギリシャの財政赤字による債務不履行の可能性大によるユーロ通貨危機、2011年8月5日のスタンダード・アンド・プアーズ社（S＆P）によるアメリカ始まって以来の国債レーティングのトリプルAからの引き下げにより、未曾有のユーロ売り、ドル売り、円高が起こりました。同様にスイス・フランも史上最高値を記録しました。

　円は1ドル80円台が定着して、1995年4月以来の80円割れの水準も生じました。2010年は、年間を通じて、1ドルが90円未満になった年でもありました。そして、2011年8月19日にニューヨーク市場で、75.95円の水準に達しました。2011年全体では、80円台を割る水準になりました（2011年12月31日の『日経新聞』による）。

（3）政　策

　為替レート（相場）の水準を見る場合、当然のことながら、その水準が毎日変動するものなのか（変動相場制度）、固定されているものなのか、という制度を理解する必要があります。本項では、為替レートの政策と制度を分析していきます。

1）為替レート（相場）制度とその変遷

　本節のこれまでの為替レートの議論では、暗黙裡に為替相場が自由に変動するとして説明してきました。これは、為替相場が市場の需要と供給で決まる変動相場制度におけるものであり、日本やアメリカなど先進工業国に多い制度です。これに対して、中国など為替市場に政府が介入して為替相場を決める国がありま

第 2 章　国際収支と為替レート―国際経済取引を総括的に知る―

図表 2-7　為替相場制度

為替相場制度 （国数）	金融政策の枠組み			
	為替レート安定	貨幣供給量	インフレ・ターゲティング	その他
単一通貨（10 国・地域）	エクアドル　など			
カレンシー・ボード （13 国・地域）	ブルガリア 香港　　　など			
その他（68 国・地域）	アルゼンチン バングラデシュ サウジアラビア ロシア ベトナム　など			
ペッグ（3 国）	スロバキア　など			
クローリング・ペッグ （8 国）	中国 イラン イラク エチオピア　など			
クローリング・バンド （2 国）	コスタリカ など			
管理フロート （44 国・地域）	カンボジア シンガポール 　　　　　　など	ケニア タンザニア 　　　　　など	コロンビア ガーナ ペルー ルーマニア タイ　　など	インド マレーシア パキスタン 　　　　　など
完全フロート （40 国・地域）			ユーロ圏 ブラジル チリ イスラエル 韓国 メキシコ フィリピン ポーランド 南アフリカ トルコ イギリス　など	日本 スイス アメリカ 　　　　など

出所：IMF, De Facto Classification of Exchange Rate Regimes and Monetary Policy Frameworks Data as of April 31, 2008
http://www.imf.org/external/np/mfd/er/2008/eng/0408.htm　（2010 年 12 月 11 日閲覧）

す。

　世界の為替相場制度については、国際通貨基金（IMF）が分類を発表しています。それによると、同制度は大きく3つに分けられます。すなわち、為替相場が市場における民間経済主体の需要と供給で決まる変動相場制度、政府が介入して為替相場を固定する固定相場制度、両制度の折衷型です。

　折衷型は、為替相場の上限と下限を設けて、その間では変動を認めるというものであり、ユーロ圏に移行した欧州諸国が以前採用した制度でもあります。

　IMFの分類はさらに詳しいものであり、図表2-7の通りです。

　図表2-7の左側の為替相場（レート）制度を説明しますと、初めの4つが固定相場制度と言われます。最後の2つ、管理フロートと完全フロートが変動相場制度です。残りの2つ、クローリング・ペッグとクローリング・バンドが中間の折衷型です。

　過去の政策の変化をみると、1971年にアメリカのニクソン大統領がそれまでの金とドルの間の交換をベースとした固定相場制度放棄を発表したことによって、1973年から主要先進工業国は変動相場制度に移行しました。日本は、戦後からの1ドル＝360円の固定相場を放棄して変動相場制度に移行し、1995年4月には79円まで円高が進みました。図表2-4を参照してください。

　1ドルが年間で平均90円を割り込んだのは2010年が初めてです。2011年の70円台の急激な円高は1995年以来ですが、2011年全体では80円を割る水準になっています。

　また、80年代からの英米主導の急激な構造改革・経済自由化においては、固定相場制度から変動相場制度への移行が中心の政策であったといえます。途上国に対しては、1970年代末から80年代初めに経済危機に陥った際に、IMFと世界銀行主導で強制的に変動相場制度への移行が多くの国々で進められました。

　しかし、1997-98年のアジア通貨・経済危機がその政策に大きな影響を与えたと考えられます。当時、タイは、1997年6月まで通貨バスケットによる固定相場制度（主要相手国の複数の通貨とリンク）をとっていましたが、1997年7月に変動相場制度に移行しました。瞬く間にバーツは暴落し、アジア通貨・経済危機の発端となりました。1994年のメキシコ、2001年末のアルゼンチンも同様でした。

為替相場制度の変動制への移行と同時に進める国際取引の自由化、特に証券投資の自由化は、動きの激しい短期金融資本（例えば、ヘッジ・ファンド）の当該国経済の通貨への影響を大きくし、不安定にしたのでした。
　そこで、IMF は、完全変動相場制だけではなく、経済安定化のために固定相場制度も認めるという「2極の見方」をとるようになりました。この2制度の中間の制度は不安定であるという考えです[14]。
　ただし、重要な論点は、変動レートの価値を維持する金融政策・財政政策の適切な実施と、環境の変化に応じた相場水準の変更（特に、切り下げ）が必要であるということです。すなわち、一国政府が採用する政策は主に3つであり、金融政策と財政政策、そして為替相場政策なのです。
　このような固定相場制度も認めるとの政策の背景として、変動相場制度の導入は米英がリードしましたが、人為的介入を是とする欧州諸国の意向があったと考えられます。特に、ユーロを導入したユーロ圏諸国を中心にユーロ安定政策が採られました。
　一方、アメリカのブッシュ政権は、市場重視の政策を貫き、その影響で欧米諸国も長く為替相場への介入を行っていません。
　また、途上国を中心に固定相場制度を採用する国も多いです。そして、固定相場制度を採用する国で、国際収支赤字是正のために相場の切り下げ政策がよく採られます。
　これまで一国で考えてきましたが、為替レートは当該国と貿易相手国との間の相対価格ですので、当該国の為替レート切り下げは当該国の価格競争力を高めますが、それは貿易相手国の競争力の低下と、コインの裏表の関係にあります。したがって、相手国が対抗措置として為替レートを切り下げると、当該国の為替レートの切り下げの効果はなくなるのです。そこで、当該国がさらに為替レートを切り下げ、相手国が報復の場合を含めて同様に為替レート切り下げを行うということが起きます。為替レート切り下げ競争が起こるのです
　したがって、為替レート切り下げは「近隣窮乏化」政策であると言われます。1929年のアメリカ株価暴落に端を発する世界恐慌時に、各国が為替レート切り下げ競争に走りました。今回の世界金融危機では、この痛い教訓を十分に反映した政策提言が行われました。

為替相場（レート）制度の国分類の情報は、IMF のホームページで図表 2-7 の出所にある「Classification of Exchange Rate Regimes」を入力するとよいです。画面左上の Home Page を選んでください。

2）国比較

図表 2-7 によると、固定相場制などの国が比較的に多いですが、大洋州やカリブ海地域などの小国が多く含まれています[15]。しかし、1980年からの構造改革によって進められた趨勢は、変動相場制度です。図表 2-7 でいうと、完全フロートと管理フロートの制度です。市場原理重視の理論に照らせば、完全変動相場制度（完全フロート制度）が理想です。したがって、IMF 主導の構造調整を進めた多くの国で、固定相場制度から変動相場制度への移行が進んだのです。完全フロートや管理フロートの国が増えてきているのです。

図表 2-7 で新興市場国とその他の主要国に着目すると、変動相場制度のグループには、ラテンアメリカのブラジル、チリ、メキシコなど主要国が入ります。さらに、アジアの新興国では、韓国とフィリピンが完全フロート制をとっており、管理フロートはインド、タイで採用されています。

中国の元の為替相場制度について述べますと、2005年7月まではドルとの固定相場制でした。1994年に元が切り下げられており、その後の膨大な貿易黒字、外貨準備の急増にかかわらず、ドル・ペッグは頑なに守られてきたのです。

しかし、2005年7月からある程度の変動を認めるようになり、2008年には20％切り上げが起こりました。今日では、クローリング・ペッグの分類に入っています。これは、上限と下限の範囲内での変動を認めるというものであり、ユーロに導くために欧州諸国が過去に採用した政策です。変動相場制度と固定相場制度の折衷型です。

2007年からの世界金融危機において、アメリカの貿易赤字と中国の貿易黒字が金融危機の原因とする意見も有力であり、中国の為替レート制度に対する批判はアメリカを筆頭に行われてきました。2005年7月に制度変更がありましたが、その後の展開を含めて以下のようになりました。

世界金融危機に対処すべく G20 サミット会合が開催されていますが、そこで名指しはしていませんが、今回の危機の原因となったアメリカの貿易赤字と中国の貿易黒字を含む各国の経済状況の監視が決められました。また、並行して開催

されるG7では、金融危機前と同様に、アメリカを中心に中国の為替レートの硬直性に批判がなされてきました。

最後に、図表2-7には各国の金融政策の枠組みも記載されています。変動相場制度を採用している国の多くはインフレ・ターゲティング政策をとっています。

第8節　国際経済取引の国比較

前節までに国際収支とその取引全般が影響を与える為替レートについて論じました。ここでは、再度国際収支に戻り、そこに記帳されている国際経済取引の取り決めについて説明します。貿易や投資などについて個々に次の章から説明しますが、ここでは取引全体を鳥瞰（サーベイ）しようということです。

各国の海外取り決め全体を記した情報は、IMFの年鑑、Annual Report on Exchange Arrangements and Exchange Restrictions（海外取引の取極めと制限措置）でわかります。このドキュメントは英語版しかありません。国別で、為替、財・サービス貿易（関税率を含む）、所得取引（利潤の海外送金）、資本取引（直接投資、デリバティブなど融資）などの制度がわかります。

同年鑑の巻頭（あるいは巻末）には、世界の国一覧表があります。経常取引から資本取引全般までに関して、国際取引制度の国比較ができます。この表からわかることは、規制の程度が少ない筆頭が香港や台湾です。そして、チリ、ペルー、ルーマニアが続きます。さらに、シンガポールの自由度が高いです。規制が最も多いのが、中国、ベトナム、インド、パキスタンです。

注
1) 経済学の基本②の繰り返しになりますが、以下の式で考えましょう。国内総生産＝消費＋投資＋輸出－輸入。$Y = C + I + X - Y$です。
2) ネット（net）とグロス（gross）の対語の英語も記憶しましょう。純流入は net capital inflow、純流出は net capital outflow です。そして、式の右側の流入と流出は総流入と総流出です。差し引く前の値ということで（netを計算する前の値という）、これらは、gross capital inflow と gross capital outflow です。
3) オバマ大統領がフィリピンのアロヨ大統領をアメリカで迎えたときに、「日々われわれの国に貢献しているフィリピン人」に言及しました。

4) 日本で国際収支表を発行するのは、財務省です。日本銀行のホームページからも同じ情報にたどり着きます。他の国の場合、財務担当省ではなく、日本銀行のような中央銀行が発行している場合が多いです。
 （ステップ：財務省の国際収支統計）www.mof.go.jp → 統計 → 国際収支統計
 図表2-2は速報値であり、上のステップではなくて、財務省のホームページに入ってすぐ「検索」で「国際収支速報値」と入力してみてください（2011年12月12日現在）。
 イギリスの国際収支統計はPink Bookといわれます。イギリス銀行（Bank of England）のホームページから入手できます。世界の中央銀行のサイトは、日本銀行のホームページのリンクにあります。
5) その他資本収支を、その他投資収支と混同しないでください。資本という言葉と投資という言葉を使っています。
6) こちらもダウンロードできます。講義では、図表2-2の総括表と概要の両方を配布して、説明しています。総括表がA4、1枚、概要がA4、2枚です。
7) 内陸国の場合、FOR（free on rail）といいます。筆者が国連専門家として4年間駐在したマラウィの場合、隣国モザンビークにおける社会主義政権と反対勢力との間の内戦で、1980年代の初めから伝統的な輸送路を使えなくなり、運賃と保険料が実に輸入CIFの4割に達しました。
8) 日銀ホームページの「国際収支統計」の解説によります。
9) 証券貸借取引は、証券を持っていない状況で、借りて投資をすることです。借り手に対して貸し手がいます。
10) アジア経済危機時の1998年に筆者がフィリピンを訪問した際に、中国人銀行家が「危機の原因はcapacityがないことでなくて、liquidityが突然なくなったことによる」と指摘しました。
11) 外国為替市場は、外貨の取引を行う市場です。為替については、第5章第3節で後述します。このNHKの定時のニュースの最後に、円相場に加えて、日経平均株価も必ず報道されます。後者は景気を表すものであり、日本経済の動向を示す最も重要な指標ということです。
12) これらの相場は、直物相場（レート）と言われます。直物は「じきもの」と読みます。契約後2営業日以内に資金（ドルないし円）の受け渡しが行なわれる取引です。例えば、火曜日に契約を結んだとして、水曜日と木曜日の2日の間に資金が実際に振り込まれるのです。
 同じく、第5章第3節で説明しますが、銀行間レートに対して、対顧客レートを銀行は顧客に対して設定します。銀行にとっての顧客は、企業、海外旅行に出かけるわれわれ、「個人」です。よって、観光旅行のために銀行で両替する際のレートは、銀行間レートと異なります。
13) 以前は、○月○日17時終値（おわりね）と言っていましたが、実際には『日経新聞』の第1面には17時といったことは書かれていません。
14) IMF運営のナンバー2にあたる筆頭副専務理事であり、高名な経済学者であるフィッシャー教授は、2001年の小論で、中間の相場制度から弾力的伸縮相場制度か固定相場制度を

採用する傾向が続くとし、またこれから国際金融市場を自由化する国々は固定相場制度を選択する可能性が大きいと述べています。教授の小論は以下のとおり。Fischer, S., "Exchange Rate Regimes: Is the Bipolar View Correct?," *Finance and Development*, June 2001. IMF のホームページでダウンロードできます。

15) フランスが国際経済取引を保障する旧植民地の CFA フラン圏 14 カ国も含まれています。

第3章

国際貿易

　本章では、独立国家が樹立された第2次世界大戦後から今日までの期間を主な対象として、国際貿易を論じます。国際貿易については、市場と政府との関わり合いが重要であり、独立国家の政府が国際貿易市場に対してどのような政策を実行して、国際貿易がどのように発展したのかを理解できるようにします。
　なお、為替レートの貿易への影響は、前章第7節（2）で分析しました。

第1節　基礎事項

　国際貿易は、international trade と英語で書きます。trade という言葉は、交易あるいは貿易と訳されます。国内の取引であれば交易と言い、海外との取引であれば貿易と言います。国内での取引を貿易とは言いませんから、貿易という言葉自体が国際貿易を意味します。
　人類の長い歴史の中で、交易や貿易は世界の多くの地域で行われてきました。trade は「足を踏む」が原義です。陸路を長い間かけて商品が取り引きされたというわけです。
　貿易の対象は、経済学の基本①と関係しますが、最終生産物です。最終生産物は財とサービスに分かれます。通常、単に輸出あるいは輸入と言う場合、財、つまり商品ないしモノの輸出入を意味します。しかし、輸送や保険などのサービスも貿易の対象となります。
　政府の政策についてですが、第2次世界大戦後の世界では、貿易は当然、当該国と外国の間の取引であり、当該政府と外国との間の取り決めが貿易を左右しました。経済全体でみて、どのようにして輸出で外貨を稼いで、必要な輸入品を

購入するか、という観点から、政府は国際貿易に介入してきました。それは、貿易財のみならず、国内の生産物の多くにも関係するものでした。また、自国の企業や産業、さらに労働雇用を守るために、国際的な取引に対して介入してきました。つまり、純然たる民間の企業や消費者が海外と取引することに対して、政府は経済全体の観点から、また産業や企業、そして雇用の観点から、多くの政策介入を実施してきたのです。

以下では、貿易財の市場を中心に説明します。

第2節 趨勢と現況

(1) 世界の貿易

世界の貿易の近年の趨勢を図表3-1に示しました。この表からまずわかることは、欧州連合（European Union: EU）の貿易が大きいということです。高い所得水準にある国同士の貿易が活発なのです。また、EUとしての地域統合の成果もあるでしょう。西欧諸国と、新興市場地域としての東欧との間の貿易も伸びていると推察されます。

EUに次いで、アジアの比重も比較的大きいです。2010年については、中国の輸出が10%強と大きく、長期間首位であったドイツを引き離しています。また、世界人口1%強のアジアNIEs（韓国、台湾、香港、シンガポールの4カ国）が10%弱を占めています。中国が台頭する前は、これら4カ国が10%以上を占めていました。アジアNIEsは、東南アジアにおいて、貿易のみならず投資でも重要です。

3番目に貿易の比重が大きいのは、北米地域です。北米自由貿易地域（North American Free Trade Agreement: NAFTA）域内およびEUとの間の貿易が大きいと言われます。

東アジアは輸入の規模も大きいです。東南アジアでは、シンガポールの輸出入額が大きいです。経由貿易が盛んであるからです。

図表 3-1　世界の貿易

(単位：100万ドル、%)

	輸出 (2006) 金額	輸出 (2006) 構成比	輸出 (2010) 構成比	輸入 (2006) 金額	輸入 (2006) 構成比	輸入 (2010) 構成比
北米自由貿易地域（NAFTA）	1,675,209	14.1	13.1	2,459,938	20.1	16.8
アメリカ	1,036,635	8.7	8.5	1,853,938	15.1	12.4
カナダ	388,113	3.3	2.6	349,795	2.9	2.5
メキシコ	250,461	2.1	2.0	256,205	2.1	1.9
欧州連合（EU）27			34.3			34.3
EU25	4,536,175	38.2		4,624,074	37.8	
EU15	4,156,494	35.0	30.4	4,187,369	34.2	30.1
ドイツ	1,113,036	9.4	8.4	909,523	7.4	6.9
フランス	489,853	4.1	3.5	534,845	4.4	3.9
イギリス	447,619	3.8	2.8	566,031	4.6	3.8
日本	647,290	5.5	5.1	579,294	4.7	4.5
東アジア	2,581,248	21.7	24.8	2,295,051	18.8	22.3
中国	969,073	8.2	10.5	791,614	6.5	9.0
韓国	325,465	2.7	3.1	309,383	2.5	2.7
台湾	213,004	1.8	1.7	202,038	1.7	1.6
香港	322,664	2.7	2.7	335,753	2.7	2.9
ASEAN	751,043	6.3	6.8	656,264	5.4	6.0
タイ	130,621	1.1	1.3	128,652	1.1	1.2
マレーシア	160,845	1.4	1.3	131,223	1.1	1.1
インドネシア	100,799	0.8	1.0	61,065	0.5	0.9
フィリピン	47,037	0.4	0.3	51,533	0.4	0.4
シンガポール	271,916	2.3	2.3	238,900	2.0	2.0
ベトナム	39,826	0.3	0.5	44,891	0.4	0.5
インド	121,259	1.0	1.5	172,876	1.4	2.1
オーストラリア	123,372	1.0	1.4	132,753	1.1	1.3
ブラジル	137,470	1.2	1.3	91,396	0.7	1.2
ロシア	226,524	1.9	2.3	128,151	1.0	1.4
トルコ	85,502	0.7	0.8	138,295	1.1	1.2
南アフリカ共和国	57,897	0.5	0.5	68,157	0.6	0.5
世界	11,874,183	100.0	100.0	12,239,837	100.0	100.0
先進国	6,668,707	56.2	60.4	7,362,212	60.1	62.1
途上国	5,205,476	43.8	39.6	4,877,625	39.9	37.9
BRICs	1,454,326	12.2	15.6	1,184,036	9.7	13.7

注：北米以外の地域の数値は推計。東アジアは中国、韓国、台湾、香港、ASEAN10カ国・地域の合計。ASEANの数値は6カ国の合計。

出所：日本貿易振興機構（ジェトロ）『世界貿易投資報告』2007年版、2007年9月。
　　　日本貿易振興機構（ジェトロ）『世界貿易投資報告』2011年版、2012年。
　　　http://www.jetro.go.jp/world/gtir/2011/pdf/2011-1.pdf　　　（2011年12月5日閲覧）

> **次の一歩①　情報収集**
>
> 世界の貿易の詳しい構造を知りましょう。
> 世界と日本の国際貿易の近年の構造を把握するには、日本貿易振興機構、ジェトロ (JETRO) の『世界貿易投資報告』を使うとよいです。ホームページからダウンロードできます。
>
> ■ステップ
> 『世界貿易投資報告』へのアクセス
> 　　ジェトロ→トップページの検索で「世界貿易投資報告」と入力
> 　　http://www.jetro.go.jp/world/gtir/　　　　（2011年12月5日閲覧）
> 過去3年分の報告書がすべてダウンロードできます。なお、書店などで購入もできます。
> ジェトロのホームページは企業向けに作られており、大変充実しています。国間の総合的比較や工場労働者の賃金など投資コストの都市間比較などの情報が得られます。

（2）日本の貿易

第2節（1）と同じジェトロの情報を使って作成したのが、図表3-2です。長い間、アメリカが最大の輸出先でしたが、今日では東アジアが最大の市場と

図表3-2　日本の貿易

(単位：100万ドル、％)

	輸出 (2009) 金額	構成比	輸出 (2010) 金額	構成比	輸入 (2009) 金額	構成比	輸入 (2010) 金額	構成比
アメリカ	93,653	16.1	118,190	15.4	59,044	10.7	67,171	9.7
EU27	72,374	12.5	86,735	11.3	59,130	10.7	66,187	8.6
東アジア	305,621	52.6	417,953	54.5	241,916	43.8	306,468	40.0
中国	109,630	18.9	149,086	19.4	122,545	22.2	152,801	19.9
ASEAN	80,449	13.9	112,461	14.7	77,936	14.1	23,293	3.0
韓国	47,248	8.1	62,054	8.1	21,997	4.0	28,542	3.7
台湾	36,426	6.3	52,207	6.8	18,339	3.3	22,992	3.0
香港	31,868	5.5	42,145	5.5	1,099	0.2	1,515	0.2
中東	21,650	3.7	25,182	3.3	92,850	16.8	118,009	15.4
中南米	33,116	5.7	43,966	5.7	20,160	3.7	28,359	3.7
その他	54,373	9.4	74,999	9.8	79,152	14.3	156,394	22.6
世界	580,787	100.0	767,025	100.0	552,252	100.0	691,447	100.0

注：東アジアは中国、韓国、台湾、香港、ASEANの合計。
出所：日本貿易振興機構（ジェトロ）『世界貿易投資報告』2011年版、2012年、を使って筆者作成。
　　　http://www.jetro.go.jp/world/gtir/2011/pdf/2011-1.pdf　　　（2011年12月5日閲覧）

なっています。その中でも中国の比重が大きいです。中国との間では、輸出より輸入が多いです。

また、東南アジアも重要な輸出先であり、その中でも ASEAN5 と言われる経済規模の大きい5カ国が重要です。マレーシア、タイ、インドネシア、ベトナム、そしてフィリピンです。加えて、中継貿易の基地であるシンガポールが重要です。ASEAN との貿易額は EU27 を上回っています。

輸入については、中東からの原油の輸入が多いです。

第3節　捉え方の基本

(1) 分析枠組み

ここでは、貿易の発生要因を総合的に分析します。貿易は輸出と輸入からなります。輸出は輸出相手国の需要、そして輸入は当該国、つまり輸入国の需要となります。本書の「経済学の基本①」で述べた需要と供給の両面からみると、貿易の発生要因が以下のようになります。

　　需要面
　　　　人口
　　　　所得と生産（規模、1人当たり水準）
　　供給面
　　　　生産費用（コスト）：労働、資本（蓄積可能）、土地、天然資源
　　　　生産要素、特に労働の質
　　　　技術

以下に、それぞれを説明します。

　需要面　人口規模が大きい中国などは需要が大きいと考えられます。しかし、より重要な点は所得や生産の規模です。そして、1人当たり水準です。西欧諸国には、北欧諸国など人口が1,000万に満たない国がいくつかありますが、1人当たり所得水準は世界有数の高さで、それらの国の間で貿易が盛んです。第2節で見ましたように、EU 諸国間で最も貿易が行われているのです。高いレベルの所得水準の国の間で、密接に貿易が行われるのです。

供給面　生産費用については、生産要素として挙げた労働の賃金などのコスト面で優位にある場合に、輸出が起こります。不利であれば、輸入する業者が現れるでしょう。

加えて、生産コストには、為替レートが影響します。2011年夏の急激な円高（70円台）は、多くの日本企業に日本国内での生産を難しくしました。当時、企業の多くにとって、85円がぎりぎりの利益の出る水準であると言われていました。為替レートについては、既に第2章第7節で説明しました。

供給面でより重要な点は、今述べた単に費用が安ければよいということではなくて、生産要素の質がよいのかということです。特に、生産活動は根本的に労働が動かしていくものですから、労働の質が高いかどうか、ということが重要です。賃金が高くても、より多くの質の高い製品を作れればよいわけです。これは、生産性（productivity）の問題です。生産性は、1単位の労働、あるいは1時間当たりの労働時間が生みだす生産物の量です。

ここでいう労働の質は、工場の労働者の一人ひとりのことだけを言っているのではなくて、工場の各現場、そして工場全体の生産性の向上が重要と考えられています。日本の企業の工場の現場で、労働者が生産性向上のためのQCサークル[1]で不断に効率向上を目指しているとよく言われました。日本経済は近年思わしくありませんが、工場の現場レベルの生産性はまだ世界一の水準にあると言われています。日本の強さは現場にあるのです。

今日では、経済全体の競争力、その中でも輸出の競争力において、労働という生産現場だけでなく、企業の生産活動に関わる諸制度、そして政府の適切な政策の実施など、総合的に人の能力をみることが多くなっています。人的能力をhuman capabilityと訳します。また、ガバナンス（governance）という用語が使われており、多国籍企業が国を選ぶ場合、最も注目する点の一つです。本書の序章Bで示した国際競争力ランキング（カントリー・ランキング）で重視される点です。

資本についても、その低コストと質（資本生産性）が労働と同様に重要です。労働との違いは、機械、設備、原料といった資本は経済発展の過程で蓄積が可能であって、どんどん拡大することができるということです。よって、投資を通じて資本ストックを増大することによって、資本コストを大幅に引き下げて、輸出

競争力を高めることができるのです。よって、多くの国々が機械や設備などへの投資を積極的に行ってきたのです。

農業について特に重要な土地も、資本などと同じく考えられます。天然資源についても同様ですが、後述の本節（2）4）でオランダ病の理論を説明します。

最後に、技術水準は生産活動に重要な要素です。高度な水準の国がより競争力のある生産物を生産して輸出します。また、技術水準の違いを見ながら、多国籍企業は国にまたがって投資を行います。

（2）貿易理論

上の（1）で挙げた要因のうち、重要な理論を説明します。国際分業をベースとした比較生産費説とヘクシャー＝オリーンの定理が、供給面でみた生産コスト（費用）に関わっています。これは、生産要素に関する理論です。

その後に、財（最終生産物）の需要面を論じて、貿易の国際価格がどのように決まるのかを説明します。最後では、天然資源に関わる理論として、オランダ病を説明します。

1）国際分業の利益：比較生産費説

アメリカの独立宣言が発せられた年と同じ1776年に、経済学の父と言われるイギリス人のアダム・スミスが『国富論』[2]を発表しました。この大部の著書の中で、スミスは分業による飛躍的な生産の増加を述べています。また、離れ小島の酋長よりも、ロンドンの貧民街の労働者の方がより多くのものを保持していると述べています。生産過程の分業（division of labor）によって生産が飛躍的に拡大したロンドンの方が、物質的にははるかに恵まれていることを示しています。分業による効率上昇は、まさしく日本の工場の現場の効率上昇に対応するでしょう。

スミスの述べた分業の利益を貿易にあてはめたのが、同じくイギリス人のリカードです。当時、欧州において、15世紀半ばから18世紀までの絶対王政下で重商主義により国富を増やすための政策が推奨されていましたが、イギリスは、18世紀からの産業革命で先頭に立ち、政治的・軍事的にも世界を制覇していました。イギリスは世界の最強国で、世界の工場と言われた時代です。

リカードが書いた本の中で、比較生産費説（Theory of Comparative Costs）

が説明されています。別の言い方では、比較優位（comparative advantage）の理論とも言われて、自由貿易主義の論拠となりました。その骨子は、各国が比較優位を持つ財に特化（specialization）することにより、世界全体で自給自足より生産が増える、というものです。すなわち、自由貿易主義によって、世界中の生産と消費が増えることになるのです。

上の段落の「比較」と「特化」という用語を覚えましょう。「特化」することこそが国際的な「分業」に他なりません。

かれの説を、図表3-3に示しました。初期の設定では、ポルトガルは両方の財に絶対優位があります。しかし、比較優位の理論に沿えば、イギリスは綿布の生産に特化し、ポルトガルはワインの生産に特化した方が、世界全体で生産、そして消費は増えるのです。

リカードの説には、その後厳しい批判が行われました[3]。自由貿易主義は経済強国であったイギリスにとっては、都合のよいものです。同国に挑戦者として現

図表3-3　比較生産費説

理論の基本設計（モデル）
二国二財一生産要素モデル （イギリスとポルトガル、綿布とワイン、労働）
前提 　生産要素は移動できない。
モデルの展開
①初期設定・条件

	イギリス	ポルトガル
綿布1単位	10人	9人
ワイン1単位	12人	8人
合計	22人	17人

②特化前の生産高（自国で2財生産）

	イギリス	ポルトガル	世界（合計）
綿布	1単位	1単位	2単位
ワイン	1単位	1単位	2単位

③特化後の生産高（自国で1財生産）

	イギリス	ポルトガル	世界（合計）
綿布	2.2単位	0単位	2.2単位
ワイン	0単位	17/8単位	17/8単位

帰結・結論
　特化して貿易した方が世界生産は増加。

出所：筆者作成。

れたのが、発展段階で下位にあったドイツです。同国では、リストを代表とする歴史学派が保護貿易主義を唱えました。第2次世界大戦後も続く「自由貿易　対　保護貿易」は、18～19世紀に英独の対立という形で顕在化したのです。

当時の図式は、工業国イギリスと農業国ドイツです。リカードの説では、イギリスが工業国、ポルトガルが農業国となっています。第2次世界大戦後においては、工業が進んだ先進工業国と、これから工業化を進めようとする途上国との間で、「自由貿易　対　保護貿易」の対立が続きます。後でみますが、GATTや世界貿易機関（WTO）の自由貿易交渉がうまくいかない理由が、先進工業国と途上国の間のこの対立にあるのです。

2）ヘクシャー＝オリーンの定理

リカードの比較生産費説は、生産コストが相対的に低い生産物に特化して生産を行い、貿易が行われることを説明しました。その後、ヘクシャーとオリーンは、生産コストがなぜ低いのかということを研究し、要素賦存比率の理論、別名ヘクシャー＝オリーンの定理を発表しました。すなわち、貿易を起こす根源の原因を追究したわけです。その後、多くの経済学者がこの理論を発展させてきました。

要素賦存は、factor endowment の訳です。factor は productive factor のことで、労働や資本などの生産要素を示します。経済学の基本①で述べた企業の生産活動のインプットとなる部分です。

理論の概要は、図表3-4に示しました。まず前提の「①二国間で（生産）要素賦在比率に差がある」というのは、先進工業国では、途上国に比較して、労働より資本がより多いということです。逆に、途上国では、先進工業国に比較して、資本より労働がより多いということです。K/Lが、二国の間で異なっているということです。

同じく、前提の「②二財間で要素集約度に差がある」というのは、アパレル商品とパーソナル・コンピュータを比較して、アパレルの方が資本より労働をより使うという意味です。たとえば、中国などで多くの若い女工さん達が座って作業をしているという情景を見ます。それに対して、PCやカメラは、より資本、つまり機械を使うでしょう。

この場合のアパレル製品を労働集約財、PCを資本集約財といいます。集約度

図表 3-4　要素賦存比率の理論

基本設計（モデル）				
二国二財二生産要素モデル　　生産要素として、資本（K）と労働（L）				
前提				
①二国間で（生産）要素賦在比率（K/L）に差がある。				
②二財間で要素集約度に差がある。				
展開				
	要素賦存	要素価格	生産物価格	貿易財
先進工業国	K がより豊富	資本費用（r）が低い	資本集約財低い	左記財に優位
途上国	L がより豊富	賃金（w）が低い	労働集約財低い	左記財に優位

出所：筆者作成。

が財によって異なるということで、英語では intensity といいます。

　この理論の論理は、図表 3-4 の「展開」部分を右方向に見ていくとわかると思います。結論として、資本がより豊富な先進工業国が資本集約財、例えば PC など工業製品に比較優位を持つことになります。途上国については、労働がより豊富ですから労働賃金が低く、労働集約財、例えばアパレル製品に比較優位を持ちます。多くの衣服品がバングラデシュなど労働人口が非常に大きい国でつくられています。

　結局、ヘクシャー＝オリーンの定理によって、供給サイドで生産コスト（費用）が異なる国の間で、また異なる財の間でなぜ差があるのかがわかったのです。そして、コストが低い財に特化して生産することが貿易につながるのです。

3）交易条件

　比較生産費説とヘクシャー＝オリーンの定理は、生産要素に着目して、供給面を分析しました。

　ここでは、最終生産物の需要面を分析します。価格の決定と貿易利益の配分に関わります。特に、貿易の国際価格がどのように決まるのかを説明します。

　リカードの比較生産費説の後に、ジョン・スチュアート・ミルが、相互需要説を発表しました。経済学部で使用する教科書の多くは、オファー・カーブを使って、図で説明しますが、本書では要点のみ説明することにします。そして、実践でよく使う交易条件指数を説明します。

　モデルは、比較生産費説のイギリスとポルトガルの二カ国、綿布とワインの

二財とします。結論は、綿布とワインを比較して、綿布に対する需要の方がより大きければ、綿布の価格が「相対的に」ワインの価格より高くなるということです。論理的には、より需要が大きい財の価格がより高くなるという経済学の基本となります。

そして、需要がより大きい財の利益の方がより大きいという結果となります。価格がより高いわけですから、より多くのワインの量を輸入できます。

これは、実際の世界に対応します。すなわち、先進工業国の工業製品の価格の方が、途上国の農業製品の価格より高いということです。そして、先進工業国が得る利益の方が途上国より大きいということです。

そうすると、自由貿易反対論者が言うように、先進工業国と途上国との間で格差が広がるということになります。

上記の相対的な価格を交易条件といいます。英語は terms of trade（TOT）です。実際上、いろいろな生産物の価格同士をそのまま割って相対価格、すなわち交易条件を計算するのは意味がありませんから、関連する輸出品や輸入品の価格全体を集計して、そして指数（index）の形にして使われます。指数については、下記の図表3-5を参考にしてください。

この交易条件指数は、一国の経済にとって非常に重要な指標です。具体的には、以下の指標がよく使われます。

$$商品交易条件指数＝（輸出価格指数／輸入価格指数）\times 100$$

輸出価格指数は export price index、輸入価格指数は import price index です。

理解を容易にするために、図表3-5を示します。交易条件は上の式を使って計算しました。そして、指数の動きによって、以下の表現を使います。

　　有利化　　良化・改善　　105 → 112
　　不利化　　悪化　　　　　115 → 98

図表3-5の日本の例では、交易条件は不利化しています。日本国内の低価格化などにより輸出価格が低下したとみられます。為替レートは計算式の分母と分子の両方に関係していますから、為替レートは交易条件には直接的に影響しません。

図表3-5　交易条件（日本）

	2004	2005	2006	2007	2008	2009	2010
輸出価格指数（A）	98.1	100.0	103.1	105.4	99.0	88.6	86.4
輸入価格指数（B）	88.4	100.0	113.9	122.5	133.0	99.3	106.3
交易条件指数（A/B×100）	111.0	100.0	90.5	86.0	74.4	89.2	81.3

出所：IMF, International Finanicial Statistics（IFS）September 2011、を利用して筆者作成。

　交易条件が不利化するということは多くの途上国に起こることです。すなわち、輸出する農産品の価格の伸びが、輸入する工業製品の価格よりも低いということです。これは、この国にとって望ましいことではありません。すなわち、海外に売る価格が買う価格より低いのです。そうすると、この国が前より「同じ量を輸入できる」ためには、前より「より多くの量を輸出」しなければなりません。具体的には、前より高くなった自動車や機械を輸入するために、前より多くの量のコーヒーや紅茶を輸出しなければなりません。

　コーヒーや紅茶は途上国の農村地帯で多く作られている輸出作物ないし換金作物です。より多くの農地と農民がこれらの作物の生産に振り向けられるので、食糧生産に影響が出るでしょう。

　農民は、コーヒーや紅茶の販売価格が低いので、現金を得るために自らの農地をこれらの作物の生産に振り向ける必要があるでしょうし、自らの農地で働くのではなくて小作人として雇われる道を選ぶかもしれません。

　「望ましいことではない」と書きましたが、望んでも改善できないことなのです。すなわち、農産品の価格は欧米の多国籍企業が価格支配を行っていますし、輸入する工業製品の価格は欧米諸国の企業が決めるからです。農民や途上国政府が価格を高くすることはかなり難しいことです。

　したがって、現行の国際貿易体制では、交易条件は途上国を不利化するという主張がなされることになります。交易条件を改善するために、多くの試みが行われました。1964年の国連貿易開発会議（United Nations Conference on Trade and Development: UNCTAD）の会議では、「援助より貿易を」という主張が途上国の側から強く出されて、新国際経済秩序（New International Economic Order: NIEO）が提案されました。その後途上国主導で多くの商品協定ができま

したが、消費側のアメリカなどが非協力的で、ほとんど失敗に終わりました。政治的に勝利した石油輸出国機構（OPEC）のみが主な成功例です。

4）資源国：オランダ病

貿易を起こす要因として、天然資源があります。それが豊富なゆえに貿易を通じて、経済が悪影響を受けるとしてオランダ病（Dutch disease）があります。まず実際にオランダに以下のようなことが起こりました。

1960年代に北海で天然ガス発見
↓
1970年代の資源ブームにより外貨獲得
↓
国内経済に資源ブーム、社会保障拡充
↓
ブームの終焉
↓
1980年代初めに深刻な不況

理論の概要は以下の通りです。

基本設計（モデル）
一国経済
3産業
① 第1次産業（輸出部門）
② 製造業（輸出部門）
③ サービス業
前提
　　国内での労働、資本の移動が自由に行われます。
モデルの展開
初期条件
　　以下のいずれか、あるいは混合した事件が発生します。
　　・突然の天然資源発見
　　・主要輸出品の価格の急騰
　　・新技術の開発

効果
①資源移転効果
　ブーム　→　生産要素が製造業から、第1次産業と、それに付随して発生するサービス業に急激に移動
②支出効果
　ブーム → 外貨収入増大 → 購買力増大
　　　　　　　　　　　　　　　↓
　　　　　　　　非貿易財への支出増加
　　　　　　　　輸入財への支出増加
③為替レートへの効果
　外貨獲得増加 → 為替レートの切り上げ
　　　　　　　　　　　↓
　　　　　　輸出減少、輸入増加
帰結
　3つの効果が合わさって、製造業が急激に縮小
　　↓
　ブームの終焉
　　↓
　製造業の回復困難、深刻な不況・失業

　以上ですが、初期条件としては燃料資源や鉱物資源のみならず、農産物も考えられます。例えば、ブラジルの霜害によるコロンビア産コーヒーの価格急騰です。そして、効果としては、③の通貨高による製造業品輸出の不振が重要です。今日の燃料輸出国にもあてはまるでしょう。

第4節　貿易政策

　政策については、第1章で総括的なことは扱っていますので、本章ではそれを背景として貿易政策の変遷をみます。また、既に上記の第3節で自由貿易の理論について説明しましたので、本節では自由貿易に対する政策の介入としての保護貿易政策を先に論じ、次にそれらの介入を除くという貿易自由化政策を説明します。
　IMF・世界銀行主導で各国において実施された貿易自由化政策、またWTOによる多国間での貿易自由化推進も骨子は説明しますが、全体的には第7章で解

説します。

(1) 保護貿易政策
1) はじめに

18～19世紀のイギリスに対抗したドイツなどのように、第2次世界大戦後は、日本を含む先進工業国と政治的独立を勝ち取った多くの途上国で、輸入代替工業化戦略が採られました。工業化を進めるに当たりそれまでの輸入品を国内製品で代替する政策が採られたのです。この戦略は包括的な政策パッケージであり、保護貿易政策に加えて、輸出奨励、国内産業育成、為替レート政策があります。

保護貿易主義とは、海外からの輸入に政府が制限を課して、安い輸入品から国内産業を保護することです。その目的はいろいろあります。例えば、安い輸入品による国内の産業や企業の倒産、失業を防ぐことです。また、中長期的にみて自国経済を担う産業、あるいは外貨を将来稼ぐ産業・企業の育成を図ることです。

保護貿易政策には輸出面への介入もありえますが、以下では、保護貿易政策の中心である輸入について説明していきます。

2) 消極的な保護貿易論

世界の各国が非経済的な原因を含めて保護貿易政策をとってきたのですが、今日積極的に支持されない論拠がいくつかあります。まず第1に、安い輸入品により国内の関連産業や企業において営業悪化、閉鎖、失業が起こるというものです。しかし、この輸入保護は競争力のない国内産業を温存することになりますので、他産業への資本や労働の移動を促す構造改革の方が望ましいという考え方の方が強いです。世界の貿易の監視をする国際機関である世界貿易機関（WTO）は、セーフガード条項（緊急輸入制限条項）として、期限を区切った短期間の輸入制限は認めています。

第2に、国際収支が悪化したので輸入を制限するという理由があります。国際価格の急落による輸出の減少や輸入の急増によるものです。しかし、この貿易保護は、上記の第1の理由と同様に、競争力のない国内産業を温存することになりますので、あまり支持されません。また、短期的な国際収支の不均衡は、マクロ経済政策による調整がより望ましいという考え方が強いです。世界貿易機関（WTO）は、セーフガード条項として、期限を区切った短期間の輸入制限は認

めています。

　最後に、非経済的な理由からの貿易保護論があります。国防や食糧確保など安全保障によるものです。軍事力を強くするために特定産業の育成を行ったり、緊急時に備えて国民の食糧を確保しようというわけです。この理由については、これらの目的と保護の間に因果関係があるとはいえませんし、自国中心の政策により国際的に支持をあまり受けていません。

3）積極的な保護貿易論

　2）に対して、保護貿易が積極的に支持されるのが幼稚産業保護論です。幼稚産業（infant industry）とは、これから育成しようとする産業であり、それゆえに幼稚園レベルであるということです。この保護論の原理は、幼稚園児が大人と同じ土俵で戦ってよいのかということです。

　背景にある考え方は、日本の第2次世界大戦後の経済発展を実現した以下の幼稚産業の成長があります。

　　輸入品の制限 → 国内産業・企業による大量生産と国内市場での販売 →
　　生産コスト低下 → 輸出

　日本では、この成長過程によって、今日世界をリードする産業・企業がいくつも生まれたというのです。

　しかし、第2次世界大戦後の多くの途上国も同様な政策をとりましたが、東アジアの一部の国を除いて、失敗に終わりました。当初の保護対象の産業・企業が将来競争力のあるものになるかの選定が不十分であったこと、その選定結果もあり不効率な産業・企業が政治的な介入により長期間存続したこと、などが理由です。

　もちろん、このような幼稚産業保護政策のみならず、その後の経済発展過程で経済全般が良好に進展したかどうかも重要です。

4）保護貿易の主な手段

　保護貿易の手段は多岐にわたります。政策手段に着目すると、関税政策と非関税政策に分けられます。前者は輸入品に税金を課す政策です。税金を課して、輸入品の価格を高くして、輸入を制限しようというわけです。非関税政策は多岐にわたり、非関税障壁（non-tariff barrier: NTB）とも言われます。代表的な政策は、数量制限です。輸入できる数量を制限する政策です。数量制限以外の非関税

障壁は幅広く、税関業務の煩雑さや検疫基準まで含まれます。

本書では基本的事項しか述べていませんが、日本とある国が貿易自由化を進めるべく保護貿易政策の削減を協議する場合、総合的に論じる必要があります。

少なくとも、経済学の基本として、関税政策は価格政策、数量制限は数量政策であると覚えましょう。

関税賦課と数量制限の両方の政策を比較すると、数量制限の方がより保護の程度が高いと言われます。すなわち、制限された数量しか輸入されないということは、それ以上供給しようとする業者を強制的に排除することです。市場に対する参入を認めないということです。

これに対して、関税の方は市場に対する参入を強制的に排除していません。輸出業者が元の価格を下げて、前と同じ数量だけ輸出（当該国にとっては輸入）することは可能です。

5）関税の効果

関税をかけた際の経済への効果は、多くの国際経済学・国際経済論の教科書において図入りで説明されています。本書では、その要点だけを記述で説明します。しかし、論理性を養う意味で、図を使った理論に挑戦することを薦めます。

関税賦課の効果（記述）

まず関税とは、税関でかける税のことです。通常、税はtaxと言いますが、関税はcustom tariffあるいはdutyと言います。関税の税率を、tariff rate または、tax rate ということもあります。

関税のかけ方ですが、輸入品に対して従量税と従価税のいずれかがかけられます。前者は輸入品1単位に対する税です。後者は、輸入品の価格に対する税です。

重要なことは、一定の税率がかけられますので、輸入品が当該国に入る場合に税率分だけ価格が高くなるのです。

それでは、関税賦課の効果ですが、以下の2つに分けられます。

① 国際収支効果：輸入減少 → 国際収支改善

輸入品の価格が関税により高くなりますので、輸入品に対する需要量は減るでしょう。つまり、輸入量が減ります。ドルベースでみる国際収支上では、輸入する前の価格（ドル表示）が関税前も関税後も同じとして、輸入量が減り

ますので、輸入額は減ります。よって、国際収支は改善します。
② 再分配効果：消費者の利益 → 生産者の利益と関税収入

　輸入品の価格が上昇すると、消費者の利益は損なわれます。安い輸入品を購入できなくなり、関税分だけ高くなった輸入品を購入するか、輸入品が高くなったゆえに国内で生産される高い製品を購入します。

　一方、今述べたように、当該国の生産者は生産することが可能となり、国内生産は増加します。

　さらに、税率分だけ増えた部分は政府が関税収入として取り上げます。消費者が高く買う分が政府の収入ともなるのです。

図を使った理論的な分析では、消費者の利益を「消費者余剰」の概念を使って説明しています。簡単に言えば、消費者の満足度が犠牲になるということです。

6）新しい保護貿易論

関税や数量制限は伝統的な貿易保護政策ですが、新しい保護論があります。代表的なものが戦略的貿易論です。アメリカなどが将来の主要産業として位置付けるハイテク産業を育成しようというものです。政府による育成政策として、技術開発、補助金、税減免などがあります。日本においても同様な政策が採られています。

　その他として、管理貿易論があります。日本や途上国からの輸入による国内産業への悪影響を憂慮して、欧州のフランスなどが唱えました。フランスなどは、アメリカやイギリスのような市場信奉者ではなくて、市場の民間の活動に対して政府による一定の介入が必要であるという立場をとっています。アダム・スミスの言う民間の活動にまかせてあたかも「神の手」によるような予定調和に至るというのではなくて、自然と同じく市場についても、人間が、つまり政府が一定の管理をするべきであると考えるのです。

2008年9月15日のリーマン・ブラザーズの破綻2か月後に、G7に主要新興国を加えたG20の会議が開催されました。それを主導したフランスのサルコジ大統領は、すかさず「アングロサクソン流の金融資本主義の破綻」と述べました。これは、上記の市場に対する考え方の違いによるものです。

　他に、輸出規制があります。日本の自動車企業の「集中豪雨的な」アメリカへの輸出に対して、アメリカで激しい日本排斥が起こりました。そこで、通商産業

省（現在の経済産業省）の指導に基づいて、日本側の企業の間で自主的に輸出量を規制したものです。

（2） 貿易自由化政策
1） 政策の全体的変遷

　貿易政策においては、かなり前から、そして現在においても、「自由貿易主義　対　保護貿易主義」の対立があります。既に上記の理論のところで述べましたように、18～19世紀に経済強国イギリスが自由貿易主義を唱えたのに対して、後から経済発展を進めるドイツでは、19世紀初めにかけて歴史学派が保護主義を唱えます。その対立は、第2次世界大戦後も続きます。

　世界規模の貿易自由化は、1948年に設立されたGATTで進められます。ウルグアイ・ラウンドなど何回かの貿易自由化交渉が進められました。

　しかし、建て前としては自由貿易としても、国によって特定産業を保護した保護貿易政策がとられていました。GATTによる多国間の交渉では抜本的な自由化は進みませんでした。

　そこで、自由貿易政策が望ましいながら、現実には保護貿易政策が特定の産業などに採用されている状況を改善するために、自由貿易に向けて政府の介入を削減・撤廃するのが貿易自由化政策です。理想的な自由貿易に向かう過程で採られる政策です。

　1980年ころから、二国間ベースで急激な自由化政策が採られることとなりました。契機は、第2次世界大戦後の政府主導型の政策が不満足な結果に終わり、1980年ころからイギリスとアメリカにおいて急激な経済自由化を進める政権が樹立されたことです。

　先進工業国においては、アメリカや欧州諸国の主導で、先進工業国間での貿易自由化が進められてきました。日本は、アメリカの厳しい圧力で、貿易の自由化を順次進めて来ました。

　途上国については、政府主導型の開発政策が70年代末から80年代初めに行き詰ったところで、米英の支援の下にIMF・世界銀行主導の経済自由化が実施されました。その中で、貿易の自由化は主要な政策であり、多くの途上国で急激に進められました。もちろん、IMFなどの政策は先進工業国が支援しているも

のです。

　一方、世界規模での貿易自由化については、1995年1月に、前身のGATTを引き継いで設立したWTOの多国間交渉の中で、一層の貿易の自由化が進められることとなりました。GATT設立以降と同じように、世界の国々が共同で自由化を推進・維持するするようになったのです。

　そして、WTOのドーハ・ラウンドは2001年に始まりました。アメリカの農業への補助金、EU諸国や日本など食糧輸入国の農産品に対する輸入制限、途上国政府による工業製品に対する輸入制限など、依然として一定の貿易制限があり、その削減を求めて、先進工業国間、先進工業国・途上国間で厳しい対立が起こっています。

2）政策の実施状況と効果

　まず、政策内容の変遷ですが、数量制限の削減・撤廃が先に実施されました。また、GATTとWTOの交渉において、一括的な関税引き下げが行われてきました。続けて、数量制限以外の非関税障壁の削減・撤廃が行われてきています。この政策改善は、日米など先進工業国間での二国間の交渉でも同様でした。

　そして、こうした政策の成果ですが、国際貿易の制限の緩和ないし撤廃が格段に進められました。

　また、WTOの多国間交渉の中で、貿易の自由化が進められ、またWTOを通して世界規模で自由化政策を監視しあうという体制が確立されています。重要なことは、第2次世界大戦前のように、ある国が非常に制限的な貿易政策をとりにくくなったことです。

　2011年8月時点では、世界規模での貿易自由化を議論するWTO交渉が行き詰っているとはいえ、重要なことは今日の世界において、先進工業国のみならず途上国において、自由貿易主義が中心、あるいはベースであるということです。

　一方、産業育成という観点からの貿易自由化に対する反対が根強いと同時に、自由化が国内レベル、世界レベルで貧困格差を拡大させるのではないかという議論が強くなっています。

　最後に、WTO交渉がうまく進まない一方で、二国間で自由貿易協定（Free Trade Agreement: FTA）、経済連携協定（Economic Partnership Agreement: EPA）を結ぶ動きが、世界規模で起こっています。まずFTAはEPAに含まれ

るものです。FTAは貿易に関わる協定で、二国間の協定を結びます。日本の場合、コメなど農産物の自由化を強く求める国、多くの途上国とは結ぶことができず、協定締結国は限られています。

EPAは貿易に加えて、投資や人的交流も含んでいます。インドネシアとフィリピンからの看護師、介護福祉士が日本で研修を受けて、正規採用される道が開かれています。

3）日米貿易摩擦

貿易自由化の好例として、日米貿易摩擦と日本の自由化政策の実施があります。まず時系列でみると、第2次世界大戦後の1960年代にドイツを抜いて自由世界第2位の経済大国になった日本に対して、アメリカとの間で貿易摩擦が起こりました。日本の製造業品が、繊維製品に始まって鉄鋼、自動車、家電など多くの産業において、アメリカ市場でアメリカ製品を駆逐し始めたのです。

また、日本側はこれらの産業や企業を育成するために多くの輸入制限政策をとっていましたし、農業を守るためにアメリカからの農産品の輸入もかなり制限していました。

こうした背景で、日米繊維交渉、鉄鋼交渉、オレンジ・牛肉交渉と、立て続けに産業ごとの貿易自由化交渉が行われました。これらは産業別の交渉でありましたが、日本の膨大な貿易黒字、アメリカの貿易赤字と言う状況を抜本的に改善するべく、日米両国間で総括的な交渉が行われました。

一方、本書の第1章の政策枠組みのところで述べたように、マクロ経済政策とセクター（部門や産業）政策がありますが、マクロ経済政策による日本の黒字、アメリカの赤字の削減が図られましたが、構造変化は起こりませんでした。

そこで、政策転換が行われましたが、それは「マクロ政策 → 構造政策（ミクロ政策）」というものでした。両国の政策協議は、両国が自国に対する政策を改善するものでしたが、多く点でアメリカから日本への注文、圧力が大きかったのです。

いずれにせよ、経済・産業全体の構造改革を目指した日米経済構造協議が1990年に妥結しました。続けて、1993年には日米包括経済協議が始まって、1995年に妥結しました。

1989年と1993年の協議の合意内容は、貿易のみならず国内経済の広範囲に及

ぶものでした。すなわち、日本の国内の経済構造に切り込む内容であったのです。具体的には、価格メカニズム、系列関係、その他の排他的取引慣行、流通、土地利用、港湾荷役などに及ぶものでした。

その後のアメリカの政権（クリントン、ブッシュ）との間でも、日本におけるさらなる規制緩和に関するイニシアティブが採られました。

第5節　国　分　類

世界経済を理解するために、また日本経済など関心のある一国経済の特徴を他の国との比較で把握するために、日本を含む世界の国や地域を貿易面で分類します。

1）経済規模：大国と小国

世界の国の経済を見る場合、経済規模が重要な指標です。規模により、大国モデルと小国モデルに分けられます。アメリカや中国のような大国では、国内にいろいろな資源があるゆえに輸入に依存しなくてよいですし、また国内市場が大きいですから海外の市場への輸出に依存する必要性が少ないです。したがって、輸出と輸入の規模が比較的小さいです。

さらに、大国には農村地帯に膨大な人口がいますので、日本のコメのように農業保護を求めざるを得ません。EU の中でも、人口が1,000万未満の北欧諸国など小国と、農業部門の大きいフランスとの間で、農産物貿易自由化について大きな対立があります。

これに対して、小国は、輸出入の規模が比較的に大きいです。東アジアにおいて日本に次いで経済的に大成功した新興工業経済群（NIEs）は代表例です。その中でも、台湾は代表例です。

したがって、経済大国である日本と、経済小国である国々と比較する場合には気をつけなければなりません。

2）貿易構造による国分類

古い資料ですが、IMF の World Economic Outlook（世界経済見通し）2001年版に、外貨獲得の源泉による国分類の表があります。そこでは、製品グループや外貨獲得項目が50%を超えるかどうかで以下の5分類があります。すなわ

ち、燃料輸出国、一次産品輸出国、工業製品輸出国、サービス輸出／所得・贈与受取国、多品目輸出国です。多品目輸出国では、その前の4つの分類のいずれも50%に満たない国です。

サービス輸出／所得・贈与受取国には、金融サービス立国のような比較的競争力のある国・地域から、エチオピアのように援助（贈与受け取り）依存という脆弱な国まで含まれます。

この中で、工業化中心の経済発展という観点から見れば、競争力が強いのは、工業製品輸出国と、多品目輸出国でしょう。

最新のIMFの世界経済見通しでは、燃料輸出国と一次産品輸出国しかわかりません。

3） 政策による国分類

既に述べましたように、貿易に関わる代表的な政策手段として、関税政策と非関税政策があります。関税政策を含む貿易政策全般について、世界経済フォーラム（World Economic Forum: WEF）が貿易業務のやり易さを総合的に分析した報告書を毎年発表しています。それは The Global Trade Enabling Report といい、ダウンロードできます。国別に関税や非関税障壁の詳しい情報があります。例えば、2010年版によれば、イギリスの関税率は0.8%、香港は0.0%で、日本は2.7%です。その総合ランキングによれば、124国・地域のうちのベスト10は以下の国・地域です。

①シンガポール、②香港、③デンマーク、④スウェーデン、⑤スイス、⑥ニュージーランド、⑦ノルウェー、⑧カナダ、⑨ルクセンブルク、⑩オランダ

中継貿易拠点であるシンガポールと香港が1, 2位です。小国が多いです。G7については、ドイツ13位、イギリス17位、アメリカ19位、フランス20位であり、日本は25位です。また、韓国は27位、中国は48位です。

次の一歩② 演習

貿易に関して世界の国々のランキング表を作りましょう。
Global Trade Enabling Report を使って、以下を作成しましょう。
①演習として、主要国のランキング表を作りましょう。
②実務用として、主要国の関税率を調べて比較しましょう。

注

1) Quality control のことで、質の改善活動。
2) 『諸国民の富』とも訳されます。
3) 高校の政経の教科書でも、比較生産費説では、工業国は工業、農業国は農業というように、生産と貿易の構造を固定してしまうと批判している程です。

第4章

海外直接投資（FDI）

今日の世界経済においては、先進工業国のみならず、途上国の多くでも海外からの投資を積極的に受け入れるようになっています。世界規模で展開する企業が存在し、私たちは海外の企業が生産・販売するものを、容易に、安価に、そして豊富に入手できるようになったのです。

誰でも知っているコカコーラ、日本の駅の近くですぐ見つかるマクドナルドはいずれもアメリカの多国籍企業です。日本企業では、トヨタが2008年に世界一の生産高を記録しましたし、2007年に世界のチェーンストア店舗数でマクドナルドを抜いたセブンイレブンは現在では日本の企業です[1]。

本章では、直接投資について総合的に論じます。

第1節　基礎事項

海外直接投資（Foreign Direct Investment: FDI）の定義は、国をまたがって行われる企業の経営権・支配権に関わる資産の移動のことです。日本企業がアメリカの企業の株式を短期の利益目的に購入するといった行為ではなく、そのアメリカ企業の生産活動に「直接的」に関わる投資です。例えば、日本の企業が海外で工場を建設する、アメリカの企業を買収する、といった行為です。M&Aは、Merger & Acquisitionで、合併と買収のことです。これも直接投資に含まれます。

国際収支の統計上、被投資企業の株式の10%以上が購入されたとすると、FDIとみなします。株式投資が10%未満であるときは、間接投資としての証券投資とみなされます。10%以上であれば、当該企業の経営や所有に関わると見なすの

です[2]。

「経済学の基本」として、直接投資と間接投資があります。直接的に生産活動に関わるのが直接投資で、間接的に関わるのが間接投資です。

第2節　趨勢と現況

本節では、世界と日本の直接投資について説明します。直接投資自身はフローであり、類書と違ってストック（資産残高）も見ます。なお、世界に含まれる途上国に対する直接投資については、第8章の経済協力でも説明します。

図表4-1　世界の直接投資〈国際収支ベース、ネット、フロー〉

	対内直接投資					対外直接投資				
	2005年 100万ドル	2006年 100万ドル	2006 構成比、%	2010 100万ドル	2010 構成比、%	2005年 100万ドル	2006年 100万ドル	2006 構成比、%	2010 100万ドル	2010 構成比、%
アメリカ	108,996	180,580	12.7	236,226	19.3	-7,662	235,358	16.4	351,350	26.8
カナダ	28,922	69,041	4.9	23,413	1.9	33,542	45,243	3.2	38,585	2.9
EU27				292,384	23.9				407,692	31.1
EU25	654,761	668,688	47.0			779,470	794,904	55.4		
EU15	616,767	629,882	44.3	305,266	24.9	771,821	782,922	54.5	442,451	33.8
フランス	81,063	81,076	5.7	33,905	2.8	120,971	115,036	8.0	84,112	6.4
ドイツ	35,866	42,868	3.0	46,134	3.8	55,514	79,422	5.5	104,857	8.0
イギリス	195,990	139,543	9.8	45,908	3.7	90,913	79,457	5.5	11,020	0.8
日本	3,223	-6,789	n.a.	-1,359	n.a.	45,461	50,165	3.5	57,223	4.4
東アジア	150,467	174,407	12.3	325,405	26.6	57,574	91,378	6.4	208,169	15.9
中国	79,127	78,095	5.5	185,081	15.1	11,306	17,830	1.2	60,151	4.6
韓国	6,309	3,645	0.3	-150	n.a.	4,298	7,129	0.5	19,230	1.5
台湾	1,625	7,424	0.5	2,492	0.2	6,028	7,399	0.5	11,183	0.9
香港	33,625	42,894	3.0	68,904	5.6	27,196	43,460	3.0	76,077	5.8
ASEAN	29,782	42,350	3.0	69,078	5.6	8,747	15,561	1.1	41,529	3.2
タイ	8,957	9,751	0.7	6,320	0.5	552	790	0.1	5,310	0.4
マレーシア	3,967	6,047	0.4	9,103	0.7	2,971	6,041	0.4	13,328	1.0
シンガポール	15,004	24,207	1.7	38,638	3.2	5,034	8,626	0.6	19,739	1.5
インド	6,676	16,881	1.2	24,640	2.0	2,495	9,676	0.7	14,626	1.1
ブラジル	15,066	18,782	1.3	48,438	4.0	2,517	28,202	2.0	11,519	n.a.
メキシコ	15,763	19,037	1.3	18,679	1.5	6,474	5,758	0.4	14,345	1.1
ロシア	12,766	28,732	2.0	42,868	3.5	12,763	17,979	1.3	52,476	4.0
世界	1,129,748	1,421,452	100.0	1,224,897	100.0	1,001,596	1,435,762	100.0	1,308,885	100.0

出所：日本貿易振興機構『世界貿易投資白書』2007、2011年版を使って筆者作成。

(1) 世界の投資

世界の2005～2010年の動向を図表4-1に示しました。世界の直接投資の近年の構造を把握するには、日本貿易振興機構、ジェトロの『世界貿易投資報告』を使うとよいです。ホームページから全文をダウンロードできます。

図表4-1からわかることは、投資国が集まる欧州連合、東アジア、そしてアメリカへの対内投資が大きいということです。対外投資については、欧州連合とアメリカからの投資が大きいです。その投資地域・国間の関係ですが、西欧諸国

図表4-2 日本の直接投資（国際収支ベース、ネット、フロー）

	対外直接投資		
	2009年	2010年	2010
	100万ドル	100万ドル	構成比、%
アメリカ	10,660	9,193	16.1
カナダ	229	－177	n.a.
欧州	17,830	15,043	26.3
西欧	17,073	14,450	25.3
フランス	1,161	551	1.0
ドイツ	2,089	－321	n.a.
イギリス	2,126	4,624	8.1
オランダ	6,698	3,288	5.7
ルクセンブルク	3,279	－108	n.a.
アジア	20,636	22,131	38.7
中国	6,899	7,252	12.7
韓国	1,077	1,085	1.9
台湾	339	－113	n.a.
香港	1,610	2,085	3.6
ASEAN10	7,002	8,930	15.6
タイ	1,632	2,248	3.9
マレーシア	616	1,058	1.8
シンガポール	2,881	3,845	6.7
インド	3,664	2,864	5.0
ブラジル	3,753	4,316	7.5
メキシコ	211	688	1.2
ロシア	391	350	0.6
ケイマン諸島（英）	12,903	－1,848	n.a.
世界	74,650	57,223	100.0

出所：日本貿易振興機構『世界貿易投資白書』2011年版。

間、そしてアメリカと西欧諸国との間の投資が最も密です。日本からアメリカへの投資が多いですが、日本と西欧諸国との投資関係はあまり密ではありません。また、2010年には、中国の対外投資が日本を凌駕しています。

上記の先進工業国・地域間の関係は、第2次世界大戦後長い間続いてきましたが、近年の大きな特徴は、これらの先進工業国から途上国への投資です。また、途上国間の投資も多くなっています。

（2）日本の投資

まず図表4-1において日本の投資を他の国と比較すると、対内投資の規模は小さいです。2010年には純流出を記録しています。流入するより、投資回収などで流出する方が大きいのです。対外投資についても、欧州のドイツ、フランス、アメリカより、かなり小さい金額です。

投資国を詳しく見ると、対内投資についてはイギリス、アメリカ、ドイツなどからの投資が大きいです。オランダが大きいですが、多国籍企業が本拠を構えているからです。

図表4-2によると、日本からの対外投資先については、アジアがアメリカや欧州を凌駕しています。国別では、アメリカ、中国、イギリスの順です。アジアの中では、中国とASEANへの投資の規模が大きくなっています。

対外投資を業種別にみると、製造業が一番大きく、金融・保険業、鉱業が続いています。

（3）ストック

図表1-3を見ると、アメリカが最大の資産を持っていますが、ドイツ、フランスの直接投資残高が日本よりかなり大きいのがわかります。日本の投資が増加しているとはいえ、より長期間に渡って投資国であった米欧諸国にはまだ及ばないのです。

図表4-1では対外投資フローでは中国が日本を2010年に上回っていますが、図表1-3によれば残高はまだ小さいです。しかし、香港からの投資による資産高を加えると、日本に匹敵する大きさです。

第3節　捉え方の基本

本節では、海外直接投資の基本的特徴を説明して、その後に要因や効果を論じます。

（1）分析枠組み

以下に、海外直接投資の特徴を順々に説明します。

1）生産活動に直接に関わる投資

第1節で定義しましたように、海外直接投資は、直接的に生産活動に関わる投資ということです。短期的な利益を得る株式投資ではありません。10%以上の株式投資であれば、直接投資とみなします[3]。

一国の経済の分野を見る場合、直接生産部門という用語があります。経済を一次産業、二次産業、三次産業と分けて、一次産業と二次産業の中心がそれぞれ農業と製造業として、これらが農産物や製造業品を生産する産業として直接生産部門ということがあります。ここで論議している直接投資は、これらの直接生産部門のみを対象としているわけではないことに留意しましょう。

投資する企業にとって対象が生産活動であれば、直接投資です。よって、上の三分類に関して、二次産業の中の電力業など経済インフラ建設を行うのが専門の企業であれば、それも直接投資です。三次産業の中の小売業のイオンが中国にショッピングモールを作りましたが、これもイオンと言うサービス業の生産活動ですから直接投資です。ものを作るだけが生産活動ではないのです。松屋やサイゼリアも中国で店舗を展開しています。

2）中長期的な投資

直接投資は証券投資と違って、時間的に長い投資です。トヨタがアメリカにある工場を拡張するとすると、建物建設、機材搬入、新規労働の雇用など時間がかかります。またアメリカ市場で腰を据えて生産・販売をしていこうという行為です。この点で、コンピュータを使って瞬時に金融資産を移動させる証券投資とは異なるのです。

次に述べますが、かなりの金額を当該国で使うわけですから、事前に総合的な

調査が行われ、当該国を信頼して投資することになります。

3）投資受け入れ国への信用

上記の中長期的な投資と関係しますが、被投資国にとっては、外国人が投資をするために来てくれているわけですから、その経済は非常に信用されているということになります。日本は1990年代から長期間にわたって低成長が続いていますが、所得水準が高く、シャネルなどフランスのブランドがビル全体の店舗を銀座に構えています。

4）国内投資への追加（経済における位置づけ）

海外直接投資の当該経済における位置づけを考えましょう。第2章の国際収支に戻りますと、直接投資が資本勘定に計上されています。当該経済に対して自国企業のみならず海外からの投資が行われていることを意味します。一国における国内投資は当該国の経済主体のみならず、海外の経済主体の投資の二つからなります。これは、日本の企業が生産していないものを私たちが購入できることを意味します。

一方、国内企業との競合という面はあります。1971年に銀座に開店したマクドナルドの店舗数の増加によって、どれだけ多くの日本人飲食店が閉店したことでしょう。世界規模で展開するフランスの大流通企業カルフールが2000年に千葉県の幕張に進出した際には流通業にも「黒船来る」と言われたものですが、2005年には撤退しています。20011年8月には、英国の多国籍流通業テスコも撤退を表明しました。

5）国際収支上で、直接投資より証券投資の金額がはるかに大きい

国によっては、直接投資よりも証券投資の規模が大きいです。コンピュータの普及も相俟って、世界の膨大な金融資産が国をまたがって短期的に移動できるようになっており、証券投資の規模が大変に大きくなっています。このことは、当該経済は直接投資より証券投資によって短期的には影響を受けやすいことを意味します。上で直接投資は当該国に対する信用を意味すると述べましたが、短期的には証券投資によって信用できない状況に陥るかもしれません。1997年にタイを震源地として起きた急激な資本流出は、東アジア地域に深刻な金融危機をもたらしました。

ただ、1件当たりでいうと直接投資の金額はかなり大きい場合が多いことを理

解しましょう。直接投資案件は、土地の買収から、工場の建設、資機材の購入など多くの資金を必要とします。よって、上記で述べたように、投資先の国を信用できなければ投資は行われないのです。

(2) 基礎理論
1) 要因分析

ここでは、何が海外直接投資を引き起こすのかを分析します。経済学的な分類を行いますが、政策をベースにした制度面の要因は、第4節の政策で扱います。すなわち、本項の説明は、ここで挙げる要因が政策的に規制などの影響を受けていないという想定です。

要因は対象となる企業によって異なりますが、企業の大小にかかわらず、どの企業にとっても共通な要因を中心に説明します。

直接投資の要因に関わる基礎的な考え方としては、生産要素としての資本が移動するということを認識する必要があります。何故移動するのでしょうか。「経済学の基本」に戻って、資本が重要な「生産要素」であり、労働など他の生産要素との関係、生産活動の結果としての「最終生産物」との関係に注目して、以下のように要因を整理してみました。

① 生産要因
生産要素（量に加えて、価格）
　労働
　資本（当該企業の生産活動へのインプット（生産要素）としての他企業の最終生産物（原材料、運輸サービス）を含む）
　土地
　その他天然資源
　　燃料資源
　　鉱物資源
最終生産物
　国内市場
　輸出基地
　　自国輸入
　　第三国へ輸出

② 所得要因
　　税金
　　本国送金
③ マクロ経済要因
　　物価
　　金利
　　為替レート
　　経済成長率

経済学の基本に沿って説明しますが、単純化して、先進工業国が投資国（投資供与国、例えば日本）、途上国が被投資国（投資受入国）とします。この場合、先進工業国の資本が途上国に向かいます。それでは、上記の項目に沿って以下に説明していきます。

① 生産要因

　生産要素：労働　　まず企業が生産活動を行う際にインプットとして生産要素があることを思い起こしましょう。上に挙げられている生産要素ごとに分析すると、労働については、賃金の低さが重要です。例えば、日本国内の賃金の上昇によって、途上国の賃金の低さが誘因となります。

　次に、労働の質を求めて、FDIが行われます。多国籍企業は生産工程を国別に分割しており、部品の組み立て（ノックダウン）のみを期待する低技術国から、部品そのものの製造や研究開発を行う高技術国までを組み合わせます。

次の一歩①　演習

世界の主要都市の賃金を比較してみましょう。
日本貿易振興機構（Japan External Trade Organization: JETRO）のホームページはビジネス情報で満載です。賃金、電気代などその他の投資コストについて、都市間比較を容易にできます。

■ステップ

　　　　　ジェトロ → 海外ビジネス情報 → 投資コスト比較

最低賃金や工場労働者の賃金の情報を都市ごとに入手できます。
投資コスト比較の代わりに、各国・地域データ比較を選ぶと、国間の総合的比較をすることができます。

> 赤坂のアーク森ビルにあるビジネスライブラリー（図書館）も訪問してみるとよいでしょう。都心で海外の金融関係者も多く、ライブラリーは広く蔵書が多いです。海外との貿易・投資を望むビジネスマン、ビジネスウーマンの仕事ぶりを見ることもできます。

生産要素：物的資本　上記のリストでは資本を挙げました。なぜでしょう。「経済学の基本」に戻って、当該企業の生産活動に対するインプット、すなわち生産要素として資本がありえるのです。経済学での資本は、機械や原料です。現地で入手する他の企業が供給する機械や原料が安定的に入手できるのか、また安価で品質に問題がないのか、が重要です。具体的には、PCの部品供給があるでしょう。

この点で、部品産業の広がり、いわゆる裾野産業が広いかどうかが重要です。東南アジアの中心であるタイでは、1980年代には裾野産業が不足しており、日本の企業進出の阻害要因となっていました。2011年8月時点では、裾野産業の厚さにより投資が格段に増えていました。同国の深刻な洪水により、日本企業がかなり同国に投資していたのがわかりました。

原料としては、工場の生産活動に特に影響する電力も含まれます。工場を運営するわけですから、安定的な電力供給は大変重要視されています。

上記の観点で、日本の進出企業にとっては、日系の企業が現地にどれだけ存在するかが重要です。例えば、自動車の大企業の進出によって、傘下の部品製造企業が現地へ投資するようになりました。

また、資本を広く考えると、道路や港湾などの社会間接資本、いわゆるインフラストラクチャーが充実しているかが重要です。

生産要素：金融資本　上で議論した物的資本だけでなく、実際に資本を入手する際に必要となる金融資本、すなわち信用供与（credit）が重要です。もちろん、この金融資本は、労働、土地など他の生産要素の入手にも必要です。多くの企業は、お金を借りながら生産活動を行っており、豊富な資金が安定的に、しかも安価に入手できるかが重要です。したがって、マクロ経済が安定して、金利が低いかどうかが鍵です（下記③参照）。

生産要素：土地　土地は農業に対する投資に関して重要な生産要素となり

ます。多くの国では自国の農業を守るために外国資本を制限してきましたが、今日では農業を海外に開放する国が出てきました。中国が、自国の高度成長と大きな人口の消費増大を維持するために、アフリカやラテンアメリカで土地を購入することが注目を浴びるようになりました。

生産要素：土地を除く天然資源　燃料資源と鉱物資源が重要です。前者については、原油と天然ガスが代表的です。後者については、多くの産業にとって必要な鉄鉱石、銅などが主要な資源です。重い鉱石を自国まで運ぶより効率的ですし、また現地で加工して第三国に輸出するために、企業がその採掘国に進出して加工を現地で行うというものです。

他には、南アフリカ共和国のようないろいろな希少資源が存在する国に進出して、加工を行うという投資があります。携帯電話の原料の多くは限られた国に偏在しています。

以上、生産要素ごとに説明しましたが、実際は上記生産要素単独の理由で直接投資が行われることは少なく、これらを組み合わせて投資先として望ましいかが判断されます。多くの点で優れていても、1つに大きな問題があれば、企業は投資に踏み切らないこともありえるでしょう。

さらに、生産要素たる土地、電気、工場用水などに対する政府による補助があります。無料や低額の提供です。工業団地というセットの提供も積極的に行われています。

最終生産物　次に、企業の生産活動の結果としての最終生産物があります。改めて、「経済学の基本」に戻りますと、経済学の主な分析対象は生産要素と最終生産物であり、経済理論の多くは最終生産物を扱ったものです。

上記の一覧表に挙げましたように、企業が、進出先で最終生産物をどのように販売しようとしているか、ということが重要です。まず中国のような巨大な国内市場を目指す投資がありえます。所得の大きさに加えて、欧州の小国でも所得水準が高いことも投資誘因として重要です。

次に南アフリカ共和国のように、同国を基地にアフリカ地域全体や欧州の市場を目指す場合、つまり第三国ないし当該地域の市場を対象とするものです。進出先を輸出基地とみなしているのです。そして、輸出先として日本もあります。日本の多くの家電企業が、国内のコスト高により、中国やマレーシア

で生産して「逆輸入」するということが起こりました。
② 所得要因
　被投資国政府による税金の減免措置は、投資企業にとって魅力です。また、より重要といわれているのが、現地で得た利益の本国送金がどれだけ自由にできるかどうかです。
　さらに、現地で購入した土地や建物をどれだけ自由に売買できるかということも重要であるといわれています。
③ マクロ経済要因
　マクロ経済要因は、上記の①と②の項目全体に影響します。まず被投資国のマクロ経済が不安定で、価格が高かったり、景気変動が大きかったりしたら、投資の判断が慎重になります。
　また物価が高いと金利が高くなる傾向があります。モノの価格の上昇率が金利より高ければ、家計は貯蓄をしないで先に買うという選択をするでしょう。高金利は企業による資金（資本）の調達費用を高くしてしまいます。
　最後に、為替レートの切り上げは、賃金など生産要素の価格と生産物価格の上昇を引き起こします[4]。切り下げは当該国からの輸出価格の下落をもたらしますが、輸入する機械や原料の価格の上昇を引き起こします。少なくとも、為替レートの安定が基本であることも覚えておきましょう。
2）効　果
　海外直接投資の効果ないし影響は、以下の2つに分けて説明します。経済的な効果と、経済外を含む総合的な効果です。
① 経済的効果
　ここでは、ミクロ経済学の理論によって海外直接投資の効果を分析します。ミクロ経済学は、個別企業などの行動を対象としています。投資国と投資受入国（被投資国）に分けると、以下の効果が考えられます。
　　①投資国では生産・雇用減（空洞化）。しかし投資収益の受け取りがあります。
　　②受入国では生産・雇用増。しかし投資収益の支払いがあります。
　上記を説明しますと、直接投資の当該国に対する影響ですが、投資国では生産・雇用減、つまり工場閉鎖や労働解雇が起こります。大規模に起こると、

国内経済がそっくりなくなってしまうという意味で「空洞化」が進みます。しかし、受入国からの投資収益の受け取りがあります。

一方、受入国では生産・雇用増という利益があります。しかし投資収益の支払いがあります[5]。総合的には、直接投資の技術面の波及効果も考慮して、受入国の発展に大きな貢献をもたらしていると言われます。

また、投資国については、分配面の問題があります。投資収益を受け取るのは大企業や海外での競争に勝った中小企業であり、失業するのは、移転する前の工場があった地域の住民ということになります。その工場に納品していた企業も影響を受けます。

② 経済外を含む総合的な効果

以上が、ミクロ経済学的にみた効果ですが、もっと広い視野でプラス、マイナス両面で考えると、以下のようになります。

プラスの影響　　まず世界規模で見て海外直接投資を考えましょう。第4節で説明しますが、今日では先進工業国のみならず、途上国の多くでも海外からの投資を積極的に受け入れるようになっています。世界規模で展開する企業が自国内に存在し、その大規模な展開（出店）とコスト削減によって、私たちが海外の企業が生産・販売するものを国内で自由に入手できるようになったのです。

誰でも知っているペプシコーラ、日本の駅の近くですぐ見つかるミスター・ドーナツはいずれもアメリカの企業です。マクドナルドの「朝食を200円」というのは、同社の大規模生産と卓越した経営によるものです。マクドナルドでかなり安く食べられるようになったのは、昼食を安くあげたいサラリーマンにとっても朗報でしょう。しかも、次から次に、テキサスバーガー、マイアミバーガーなどと新製品を出します。マックグリドルも含めて、より多くのおいしいものを食べられるようになったのは事実です[6]。

また、2007年に世界の店舗数でマクドナルドを抜いたセブンイレブンは、2010年時点で、日本国内で1万5,000店程ありますが、タイ一国で5,000店あります。首都バンコクの店舗の商品は日本のものとあまり変わりません。24時間営業も同じです。タイの人々がそのサービスを高く評価した結果です。

マイナスの影響

・現地企業との競合：海外から世界規模で展開する大企業が入ってきますと、現地の企業との間で激しい競争が起こります。マクドナルドの出店でどんなに多くの飲食店が影響を受けたことでしょうか。ガリバー的な企業と、街角の小飲食店が、同じ土俵で戦ってよいのかという意見はありえます。

・自国産業育成との関連：多くの国の政府が、自国の経済構造の高度化のために、戦略的に育成する産業があります。雇用確保のために、より重要な点は外貨獲得のために、数年かけて企業を育成しようとします。そうすると、他国の強い産業、企業が入ってくることは、自国産業を育成できないということになります。

　第3章第4節で述べましたように、幼稚産業育成の問題は古くからあります。日本政府の通商産業省（Ministry of International Trade and Industry: MITI）の産業育成政策がなかったら、今日活躍する多くの企業はなかったでしょう。アメリカ政府は、「悪名高きMITI」と呼びました。

・大量消費：経済的にあまり取り上げられませんが、大規模な生産活動を行う企業の参入は、受入国において大量消費を起こすでしょう。コカコーラやマクドナルド・ハンバーガーは、世界規模でも大量消費の有名な例でしょう。世界中の若者が、アメリカ文化にも魅せられて、これらの商品を沢山消費するようになったのです。このことは、肉やパンの大規模な消費を意味します。土地など資源が膨大に使われることを意味します。

　また、上記の自国産業との競合と関連しますが、受入国の食文化あるいは文化そのものに大きな影響を及ぼしたと言えるでしょう。

・環境問題：上記の大量消費は、大量生産を通じて環境へ悪影響を及ぼすでしょう。牛肉やコーヒーの大量生産は、貧しい国の農村地帯で食糧生産に悪影響を及ぼすでしょう。

　採取産業は、アフリカなどの進出先の政府の規制が緩い、あるいは及ばないことから、鉱山による環境破壊を考慮しないとの報告もあります。イギリスのブレア元首相の指導で、採取産業を監視する国際的な機構が設立されています。

3）貿易との関連

製品の生産サイクルに基づいた考え方があります。一国、一財で考えます。経済発展の第1段階では財を輸入しています。第2段階では、輸入品を代替する自国生産が増えて輸入が減ります。第3段階では、輸入代替で競争力をつけて輸出が増えます。第4段階では、国内の賃金上昇などで当該国の輸出競争力が落ちて、直接投資として輸出先へ出ていきます。

第4節　政　　策

（1）世界の動向

まず全体的な動きを説明します。上で要因を挙げましたが、政策によって規制などの影響を受けていないという前提で議論しました。実際は、政府がさまざまな規制を行ってきました。しかし、第1章第1節（4）で説明しましたように、第2次世界大戦後の政府主導型の政策が不満足な結果に終わり、1980年ころから急激な経済自由化が世界規模で進みました。このように、1980年以降の英米主導の経済自由化の中で、外国投資の制限の緩和ないし撤廃が進められました。

また、1995年1月にGATTを引き継いで設立された世界貿易機関（WTO）の多国間交渉では、貿易に加えて投資の自由化が進められることとなりました。世界の国々が相互に自由化を監視するようになったのです。

途上国については、IMF・世界銀行主導の経済自由化において、外国投資の自由化は主要な政策であり、多くの途上国で急激に進められました。公企業や政府業務の民営化が行われることになり、国内資本の受け皿が少ないために外資による参入が急速に進みました。

多くの国々で、タイやフィリピンのBoard of Investment（BOI）など投資センターが設立され、途上国間で直接投資誘致競争が繰り広げられてきています。

一方、WTOのドーハ・ラウンドの交渉は2011年でも不調ですが、重要な課題は投資の更なる自由化です。国際収支の資本勘定（取引）に関して依然として一定の制限があり、それの削減を先進工業国が求めて、それに反発する途上国との対立が起こっています。また、経常勘定における投資収益の自由な取引が重要な政策課題となっています。多国籍企業の側はそれに対する制限を強める国を避

けるといわれています。

　一方、投資誘致政策の悪影響ですが、税収の減少や賄賂の横行が起こっていると指摘されています。

　セクター別にみますと、製造業品については比較的自由化は進んでおり、その後商業や金融業などのサービス部門でも自由化が生じています。両者とも国内の産業保護の観点から政府の規制が強かったですが、2001年12月にWTO加盟した中国の例で見るように、外国資本の進出はサービス業でも急速です。

　中国については、1978年以降の自由化推進、1989年の天安門事件後の1992年の南巡講和以降の格段の自由化の中で、中国を輸出基地としたFDIが増加しました。さらに、2001年12月のWTO加盟後は、中国の国内市場の自由化により、製造業はもとよりサービス業も、また大企業に加えて日本の地方の中小企業も、急激に同国への投資を増加させてきました。高い経済成長率と10億を超える巨大な国内市場を目指したものです。

（2）日本の動向

　第2節（2）で日本についての直接投資の最近の状況を見ました。1970年代からの対外投資の動きは以下の通りです。

1970年代	輸入代替産業が海外展開、中小企業が主役
1980年代後半	1985年のプラザ合意後に東南アジアへ進出
1993～1997年	急激な円高による海外進出
2001年12月～	中国のWTO加盟により国内市場向けの投資が増える
2011年9月～	急激な円高により海外展開が進む

　1970年代初頭の固定相場制度から変動相場制度への以降により、円高基調になってきており、それに対応して対外投資は増えました。そして、1985年のプラザ合意による円高容認以降急激に円高が進んで、大企業も海外投資を増やすようになりました。それに伴って、系列の中小企業も現地へ進出するようになりました。

　21世紀になって、円高基調に加えて、国内経済の成熟化と低成長の継続、そして新興国の経済発展により、大企業のみならず中小企業もはじめからグローバ

ル化するようになっています。2010年には上場企業の海外の営業利益が初めて国内の利益を上回るようになりました[7]。中小企業を含む海外展開企業は、為替相場に敏感になっています。

対内投資については、アメリカとの二国間交渉で、1989年、1993年に構造改革に関わる協議が行われて、日本への投資の自由化が進みました。アメリカ主導の介入により、日本の市場の多くが海外企業に開放されることとなりました。

例えば、1971年にマクドナルドは第1号店を開店しましたが、業界では抜きん出て第1位の企業です。また、中小企業が多かったおもちゃ業界では、トイザらスがトップ企業となりました。

(3) 国際競争力ランキング

ここでは、世界の主要な投資対象国を対象とした国際競争力ランキングを紹介します。いわゆるカントリー・ランキングです。本書でこのランキングを検討することはしませんが、海外直接投資を中心とした国際経済を構成する要素を総合的に評価したものとして興味深いので、ここに示しました。

世界各国の国際競争力を比較したものとして代表的なものは、序章で挙げたWorld Competitiveness Yearbook（WCY、『世界競争力年鑑』）とGlobal Competitiveness Report（GCR、『グローバル競争力レポート』）です。加えて、世界銀行グループの国際開発公社（International Finance Corporation: IFC）が発行するDoing Businessがあります。

いずれのランキングも、百以上の指標を使い、また多国籍企業に対するアンケート結果などに基づいたものです。

WCYについては、序章「B 凋落した日本の国際競争力」で説明しました。GCRは、スイスの非営利組織、世界経済フォーラム（World Economic Forum: WEF）が発行します。同フォーラムは、毎年1月末にダボス会議を開くことで有名です。世界中の政・官・財界のリーダーが毎回、総数500人以上一堂に会し、世界のあらゆる問題について公的立場を離れて自由に議論します。

WEFが毎年10月ごろに発行するのが、GCRです。日本でも各日刊紙がその内容を大きく取上げます。2011年10月に発行されたものは全文ダウンロードできます。WCYと違って、アフリカ諸国を含む世界中の国のランキングがありま

す。そのランキングによると、以下の順番です。

①スイス、②シンガポール、③スウェーデン、④フィンランド、⑤アメリカ、⑥ドイツ、⑦オランダ、⑧デンマーク、⑨日本、⑩イギリス

こちらの方が、序章に挙げた WCY より日本の本当の実力を示しているようです。

世界銀行グループの国際金融公社（IFC）は、民間企業への融資を行う国際機関です。同機関が発行する年鑑に Doing Business があります。世界の国別に、民間企業の業務に即して、ビジネスに対する規制について詳しい情報があります[8]。海外直接投資だけが対象となっていませんが、関係する情報が多いのでここで取り上げることとしました。

その 2012 年版の全文をダウンロードすると[9]、ビジネスの容易さについて、183 国・地域のうちトップ 10 は以下の国・地域です。

①シンガポール、②香港、③ニュージーランド、④アメリカ、⑤デンマーク、⑥ノルウェー、⑦イギリス、⑧韓国、⑨アイスランド、⑩アイルランド

日本は 20 位であり、タイ 16 位、マレーシア 18 位、ドイツ 19 位となっています。

次の一歩② 情報収集

ダボス会議で有名な世界経済フォーラムの国際競争力ランキングを見てみましょう。『グローバル競争力レポート』（GCR）の国別競争力ランキング表をダウンロードして、印刷しましょう。世界中の国のランキングがあります。

■ステップ（ホームページ）

以下に、2011-2012 年版（2011 年秋発行）へのアクセスを示します。
WEF（World Economic Forum）→ Reports → The Global Competitiveness Report 2011-2012 → Download PDF

　　　http://www3.weforum.org/docs/WEF_GCR_Report_2011-12.pdf

（2011 年 12 月 18 日閲覧）

544 ページのレポートの 30-32 ページに、世界 142 国・地域のランキング表があります。最下位はアフリカのチャド、その前はカリブ海地域のハイチです。

第4章　海外直接投資（FDI）

> **次の一歩③　ビデオ視聴**
>
> 世界経済フォーラムの『グローバル競争力レポート』の紹介ビデオを多言語で見ましょう。
>
> グローバル競争力レポート（GCR）は、英語に加えて、フランス語、ドイツ語、スペイン語のプレゼンがあります。
>
> ■ ステップ
>
> 次の一歩②のステップで、レポートをダウンロードする画面で、Related Videos が下の方にあります。4人の写真をクリックします。一番左が英語です。英語版のプレゼンは以下です。
>
> Global Competitiveness Report 2011-2012-Jennifer Blanke
> http://www.weforum.org/videos/global-competitiveness-report-2011-2012-jennifer-blank
> （2011年12月18日閲覧）

注
1) 流通業の販売は、経済学でいう生産行為に当たります。
2) 現実には、株式比率が10％未満でも、実質的に経営などに関わる場合、FDIとみなすことができます。しかし、統計上は、国際収支では証券投資として記載されます。例としては、日本の企業の株式総会は、事前の根回しもあり多くの場合経営陣の経営方針を事後的に承諾するといったものでした。しかし、海外の投資家の株式保有によってかなり様相が変わってきています。欧米の投資ファンドが、日本たばこやアデランスの経営陣の退陣を求めたといったことがあります。
3) 金融論で言う直接金融と間接金融ではありません。間接金融が銀行を介した家計から企業への金融です。直接金融は、家計の株式購入など直接的な融資です。第5章参照。
4) 第2章第7節でみたように、例えば、時給1,000円とします。1ドルが100円であれば、ドル建ての賃金支払いが10ドルです。ところが、円高が進んで、1ドルが80円になれば、12.5ドルになります。
5) 日本は貿易収支を投資収益を中心とする要素所得収支の黒字が上回る投資大国となりました。英米のような投資面の成熟国となっています。
6) マクドナルドの日本での第1号店は1971年に営業を開始しましたが、場所は銀座三越の一階でした。アメリカ資本の進出としてシンボリックなものでした。2011年には開店40周年のキャンペーンが行われ、日本人の間にハンバーガーが定着しました。
7) 日本貿易振興機構（ジェトロ）が2010年12月期～2011年3月期の上場企業375社の連結決算短信を集計したもの。ジェトロ『世界貿易投資白書』2011年版、36ページ。
8) 例えば、2008年版によれば、2003年の中国について、以下のような情報があります。

対官僚折衝日数（マネジメント）	18.3 日
営業許可取得日数	11.8 日
腐敗（官僚への賄賂）対象企業の比率	72.6%

9) http://www.doingbusiness.org/~/media/FPDKM/Doing%20Business/Documents/Annual-Reports/English/DB12-FullReport.pdf　　　　　（2011 年 12 月 9 日閲覧）。

第5章

国際金融

　本書のような国際経済論ないし国際経済学のテキストでは少なくとも1章分を国際金融に割り当てますが、一方で国際金融が経済に、より大きな影響を及ぼすようになり、また個人で実際に投資ができるようになったために、それだけを扱った書籍が多くあります。

　国際金融は当然ながら金融論を基礎として展開されるものです。経済学部で言えば、まず金融論を履修した後に国際金融論を学ぶことになります。本章では国際金融を対象としますが、国際金融を学ぶ前に金融そのものを説明しながら進めます。本書ではこれまで「経済学の基本」で経済学の基本用語や考え方を補足的に説明してきましたが、本章においては、本文の中で金融用語の定義を含む金融の基本を説明することにします。

　本章の構成としては、まず国際金融の全体像を説明して、その後に国際金融の中心である外国為替市場を分析します。そして国内の経済・金融活動でありながら対外的な開放によって現在では国際金融として重要となった株式市場などその他の市場を見ていきます。最後に、国際金融自由化を中心に国際金融の政策や制度を論じます。

第1節 基礎事項

　本節では、国際金融論を学ぶための大前提となる事項、特に金融論の基本を説明します。多くの教科書では明示的にこれらを示さず、国際金融論にいきなり入りますが、読者の総合的な理解に資するためにここで説明することにしました。金融の基本的考え方や枠組みを十分にわかって初めて、国際金融も組織だって理

解できると考えます。
　以下に、主な項目に分けて説明しました。
　1）民間金融と公的金融
　通常、多くの教科書で国際金融を扱う場合、特に断わりもなく、民間機関の活動としての金融を扱っています。主な例としては、民間銀行が他の銀行との間で行う銀行間取引、加えて銀行が顧客としての企業や家計との間で行う対顧客取引です。
　これに対して、政府系金融機関が行う金融があります。こちらは、公的金融と言われます。したがって、広義の国際金融は、民間主体の狭義の国際金融と公的金融の2つに分けられると言えます。
　日本では、他のG7諸国と比べて、公的金融の比重が大きいです。ここで、「公的」という場合、政府が一定の株式保有などで支配する公的金融機関を指します。2007年10月の民営化までの日本郵政公社、日本政策金融公庫などが政府系金融機関です。
　これは、途上国から先進工業国に移行した日本のこれまでの政策と経験によるものです。また、中国など途上国でも、日本と同じく公的金融の役割は重要です。本章では、類書と同じく民間金融を中心に論じますが、公的金融についてもある程度説明します。
　公的金融としての経済協力を説明するのは第8章です。
　2）国際収支における位置づけ
　国際金融を経済全体の中で総合的に捉えることとして、第2章で扱った国際収支に戻りましょう。復習になりますが、国際収支は大きく分けると、経常勘定と資本勘定ですが、国際金融の中心は資本勘定に関わるものです。国際収支の章で説明しましたが、経常勘定にある輸出など経常的な活動、また国際収支に載らない国内における経常的な活動（例えば、消費と投資）を行うあたって、国内の資金（資源）で足りない部分が海外からの資金フローとして入ってくるのです。この資金フローが国際金融です。
　そこで、国際収支表の資本勘定の主な項目を振り返ると、直接投資、証券投資、「その他投資」です。すべてが資本勘定の中の投資勘定の項目です。直接投資と証券投資の多くは民間の金融機関や企業によってなされます。またかれら

の民間活動は「その他投資」にも含まれます。「その他投資」の代表的なものは、金融機関の融資です。

一方、公的資金フローの多くは、「その他投資」の中に含まれます。国際収支上の資金フローないし国際金融は民間金融と公的金融に分かれるのです。

3）金融取引の基本

金融そのものの基本事項として以下を挙げます（図表5-1参照）。

① 株式取引と負債取引

株式取引　金融面での黒字主体が赤字主体に直接的に資本参加する貸借関係のことです。黒字主体の代表は貯蓄主体である家計、赤字主体の代表は生産活動に必要な資金を必要とする投資主体である企業です。家計による企業への株式投資が代表例です。証券会社が介在して取り次ぎますが、株式投資を行った家計は投資家として株券を保有することになります。これを、直接金融といいます。

負債取引　金融面での黒字主体が赤字主体に融資する貸借関係のことです。黒字主体の代表は家計、赤字主体の代表は企業です。経営への参画はありません。

金融の方法としては、2つあります。家計が銀行に預金として預ける資金が、銀行から貸付として企業に貸し出されます。これは間接金融です。

もう1つは、赤字主体（企業）が発行する債券を黒字主体（家計）が購入する形での融資です。証券会社が取り次ぎます。こちらは、直接金融です。

英語で言うと、負債をdebt、株式をequityといいます。負債取引においては、debt securityは借用証書です。証書はsecurityです。また、株式、債券など証券を全体的にみる場合、ポートフォリオ（portfolio）といいます。

図表5-1　金融取引の概要

	介在機関	黒字主体の金融商品	元利の保証	経営への参画
株式取引	証券会社	株式	なし	あり
負債取引	証券会社	債券	あり	なし
	預金取扱機関（銀行）	間接証券（家計）	あり	なし

出所：筆者作成。

② 直接金融と間接金融

　上記の株式取引と負債取引で挙げましたように、直接金融と間接金融があります。この2分類に即した金融商品として基本的なものは、直接金融として証券があります。直接金融で発行される証券は、本源的証券（株式、債券）と言われており、債券の具体例として国債、社債、アメリカ連邦債などです。間接金融で発行される証券は間接証券であり、代表例は銀行発行の預金証書です。

③ 短期と中長期

　原資産の満期が1年以下を短期の金融取引といいます。1年超が中長期です。

第2節　捉え方の基本

本節では、金融市場と国際金融市場の全体を対象として、その捉え方の基本を説明します。

（1）分析枠組み：市場の構成

　本項では国際金融論の基礎である市場について説明します。まず金融市場そのものの説明から初めて、国際金融に関わる市場を論じます。その方法論はオーソドックスな市場分析、例えば財（生産物）市場の分析と同じです。

　市場の分析項目は、市場の種類、経済・金融主体、商品、秩序、そして政策・制度です。市場行動は、これらの項目に含まれるとします。簡単な理解の仕方として、経済主体がプレーヤーであるとすると、秩序が市場におけるルールであり、ルールは市場の民間業者のみならず政府などによる政策・制度によっても規定される、ということです。以下、これらの項目の順番で説明していきますが、市場における秩序と政策・制度は本節（2）で扱います。

1）（金融）市場の種類

① 狭義の金融市場

　一国でみて金融市場を分類しますと、一般に短期金融市場、長期金融市場、金融派生商品（デリバティブ）市場、外国為替市場に分けられます。短期金融市場が1年以下の金融商品を、長期金融市場が1年超の商品を扱います。後

者は中長期の商品として、中期を含めます。

　金融派生商品は3）で説明しますが、例として低所得者向けの住宅ローン（アメリカのサブ・プライム・ローン）という金融機関が保有する原資産を元に他の金融資産を加えて派生的に作られた商品です。外国為替市場は第3節で説明しますが、外国との通貨の取引です。

　なお、公的金融の代表機関である、2010年7月設立のゆうちょ銀行は、上記の市場に含まれます。過去においては、特に長期金融市場において、ゆうちょ銀行の前身の日本郵政公社やその他政府金融機関が重要な位置を占めました。これらの金融機関の融資によって日本の経済発展が支援されたのです。

　以上が金融機関の観点からみた金融市場ですが、それぞれの市場には顧客としての企業と家計がいます。すなわち、金融機関間の市場と、金融機関にとっての対顧客市場の2つに分かれるのです。短期金融市場については、前者をインターバンク市場、後者をオープン市場と呼びます。

② 広義の金融市場

　次に、金融市場を業態別にみますが、次の4業態があります。すなわち、銀行、証券、信託、保険であり、それぞれの金融機関に対応しています。銀行は上述のように、家計の預金を使って企業などに間接金融を行います。証券会社は、証券としての債券と株式の仲介業務により直接金融に関わります。

　信託銀行は家計からの長期預金を企業の設備投資などに向ける長期金融を担当し、保険会社は家計からの保険金で集めた資金を使って債券や株式への投資などで運用します。

　これが広義の金融の市場ないし部門です。今回の危機前は、英米両国を中心に、そして日本においても、これら4業態（部門）間の垣根が取り払われ、あるいは削減されて、一金融機関が4業態あるいは複数の業態にまたがって金融業務を行うことが認められるようになっていました（以下の2）参照）。

　さらに、金融市場ではありませんが、商品市場も投融資の対象として加える必要があります。多国籍の金融機関は商品市場を併せて投資対象とします。一般に、通貨たるドルが弱くなると、金や原油の価格が上昇します。また、トウモロコシなどの食糧価格も上昇します。

③ 国内金融と国際金融

　上記では、一国全体でみた金融市場を説明しました。資本取引が制限されていた過去においては、外国為替市場のみが主な国際金融市場でした。

　外国為替市場を除く市場は国内金融市場と言われます。国内金融市場は以前外国との取引を排除した形の純然たる国内金融でしたが、国際資本取引の自由化によってこれらの市場においても外国人との取引が行われることとなりました。資本取引をかなり自由にしている国においては、国内金融、国際金融の区別は意味がなく、国内の経済活動はもとより、外国の経済の変動や国際金融市場における変化が、当該国のすべての金融市場に大きく影響を与えるようになりました。今日では上記のすべての市場が国際金融に関わる市場であると考えるとよいでしょう。

　重要なことは、これらの市場全体を考えることです。2008年からの世界金融危機の原因として、金融機関がこれらの市場にまたがって多額の投融資を行ったことが挙げられています。そして、市場の急激な変化に対して、アメリカの公的な監督官庁も十分に対応してこなかったと言われています。

2) 経済・金融主体（プレーヤー）

① 主な金融機関と顧客

　金融市場における一般的な経済・金融主体は、上記1）で説明した金融部門を広義で見た4業態、すなわち銀行、証券、信託、保険に即して既に説明しました。追加的に述べたい重要な点は、金融機関とは、預金扱い金融機関（depository financial institution）とそうでない機関、すなわち非預金取扱金融機関（non-depository financial institution）とに分かれるということです。

　預金扱い金融機関が銀行です。ノンバンクとは、要求払い銀行でない金融機関の総称です。日本でもノンバンクという言葉が使われますが、それは預金扱いをしない金融機関のうち消費者金融機関に限定しています。

　本書では特に断らない限り、銀行部門を中心に分析することにします。

　既に述べましたように、今回の世界金融危機前に、日本を含めて、一金融機関（例えば、銀行）が複数の業態（市場）にまたがって金融業務を行い、リスクある投資を行うようになっていたのです。例えば、アメリカの保険会社、アメリカン・インターナショナル・グループ（American International Group,

Inc.: AIG）は、他の業態ないし市場への過大な投資を行い、金融危機後にはハイ・リスク、ハイ・リターンの投資会社と同じであると厳しい批判を浴びました。そして、2008年9月15日のリーマン・ブラザーズ破たん後に、多額の不良債権を抱えてアメリカ政府の管理下に置かれたのです。1980年代に、日本生命などが「SEIHO」として世界の金融市場を席巻したのと同じです。

以上の金融機関に対する顧客として企業と家計があります。上述しましたが、銀行にとっての対顧客市場のプレーヤーとして企業と家計が存在します。

最後に、金融市場に対して政策を行う中央銀行があります。経済全般を見ながら金融市場に対して金融政策を実施し、また金融機関自身の信用・秩序維持のために民間金融機関を監督します。ただし、公的金融機関を含む金融機関全体の信用秩序維持を主管するのは金融監督部局です（第5章第2節（2）2)で説明)。

② その他の金融機関

上記の4業態、すなわち銀行、証券、信託、保険の各金融機関が自らの業務を超えて他の業務（市場）へ投資をする場合、機関投資家と言えます。外国為替市場については、これら機関投資家が、自らの業務に必ずしも外国為替が必要でないにもかかわらず、利益目的に投資を行ったのです。また、2007年以降の金融危機において、機関投資家としては、ヘッジ・ファンドも有力な機関でした。以下の③で説明します。

他の機関投資家として、年金基金があります。アメリカ最大の年金組合はカリフォルニア州の教員年金団体（カルパース）であり、投資の判断として相手国の人権問題を取り上げたことがあります

さらに、日本の青森県の教員年金の組合がアルゼンチンの国債を購入して、同国の2001年末からの経済・金融危機により不良債権化したことがあります。

公的金融機関としては、郵政民営化により持株会社となった日本郵政株式会社の傘下に、ゆうちょ銀行とかんぽ生命保険があります。既に説明しましたが、郵政民営化によりゆうちょ銀行は2007年に株式会社として発足しましたが、その資産規模は日本最大でした。しかし、完全民営化まで貸付業務や外国為替業務は制限されています。

その他の公的金融機関として、農業や中小企業の振興、住宅ローン供与の金

融機関がありますが、国際金融として重要な機関は日本政策金融公庫の国際協力銀行です。従来経済協力を担った機関は日本輸出入銀行と海外経済協力基金でしたが、公的金融機関の民営化に伴い、両機関は廃止となり、日本政策金融公庫が誕生しました。なお、政府開発援助に含まれる低利の融資は、国際協力機構（Japan International Cooperation Agency: JICA）に吸収されました。

最後に、途上国の中で経済力が格段に強くなった、いわゆる新興国の政府系ファンドが、米欧のトップの金融機関に対する重要な資金供給源となっています。従来の産油国に加えて、中国やシンガポールなど新興国の政府のファンドです。

③　ヘッジ・ファンド

ヘッジ・ファンド（HEDGE FUND）は、一般に取引されるファンドと違って、私募のファンドです。公募されるミューチュアル・ファンド（MUTUAL FUND）と異なります。基本形態として、少人数の限られた機関投資家や富裕層から私募形式で募集を行います[1]。同ファンドが運用したデリバティブ（金融派生商品）は、公開の取引所取引でなく、店頭取引（over-the-counter: OTC）が多いです。店頭取引とは銀行の窓口での取引を指します。ヘッジ・ファンドは、世界で数千に上るといわれます。

ヘッジはHEDGEであり、元々リスクを回避するという意味です。本来は個々の投資でリスク回避を行ない、また多くの投資対象に投資することによってリスクを分散させる手段です。またその投資は市場の乱降下をならす効果があるとされていました。

ヘッジ・ファンドの取扱商品は多様で、株式、債券、外国為替、原油など商品であり、それらを組み合わせた金融商品が販売されます。特に、先述の金融派生商品（デリバティブ）を駆使して利益増大を目指しました。

その行動パターンとして、まず当局からの規制や監督の基準が緩い地域、例えばオフショア市場をベースに投資をしています。次に、多額の投資を行い、相場が下落しても利益を上げる取引を行います。代表例は空売りであり、それは第三者から株式や債券を借りて、後で買い戻して貸し手に返却します[2]。

さらに、ファンド運用者の報酬が業績と連動しており、それがインセンティブになってリスクが大きいが運用利益が大きい商品への投資が積極的に行わ

れました。

これまでの実績をみると、1997-98年のアジア通貨危機や1998年のロシア危機における大規模ファンド（Long-term Capital Management: LTCM）の倒産などによって、市場のかく乱要因として注目を浴びてきました。

今日ではヘッジ・ファンドはハイ・リターン追求のために、投機的な性格も持つとみなされています。2007年以前の金融市場のブーム下で、監督体制の不備をついて、巨額の利益を得るべく奔走した結果が2007年以降の世界金融危機です。

2008年11月以降のG20サミットでは、ヘッジ・ファンドが初めて規制の対象となり、また具体的な措置として運用者報酬が運用実績に連動する体系にまで踏み込んだ方策が採られることが決まりました。

④　格付会社

金融市場の中において資金の直接的な取引を行うプレーヤーではありませんが、金融商品の格付機関があります。2008年11月以降のG20サミットの大きな成果の一つは、金融商品の格付機関が初めて監督の対象となったことです。格付機関は、金融商品を販売する金融機関の依頼を受けて格付けを行うのですが、その報酬が依頼機関から来るために、格付けが甘くなって、リスクの高い商品が広く流通するようになったとの批判がなされたのです。

主な債券などの格付会社は以下の通りです。

米国系の格付会社
　　Moody's Investors Service　ムーディーズ
　　Standard & Poor's（S&P）　スタンダード・アンド・プアーズ

米英系の格付会社
　　Fitch Ratings　フィッチ・レーティング

日本の格付会社
　　格付投資情報センター（R&I）
　　日本格付研究所

日本では、投資信託の評価会社として、上記のR&Iとモーニングスター社があります。
　これらの会社の格付の影響力は大きく、2011年8月にS&Pがアメリカの国債である連邦債を初めて最上位から格下げしたことが、大量のドル売り、円買いを起こしました。
　ムーディーズによる格下げが日本の株式市場全般の低下につながったことがあります[3]。例えば、日本が「失われた10年」の状況にあったとき、日本の国債がアフリカのボツワナと同じであるとして政治家が批判したり、財務省が意見書を送ったりしたことがあります[4]。

3）金融商品

　第1節3）でどのような金融取引が行われているかを説明しました。金融商品として基本的なものは、間接金融として預金、貸付があり、直接金融として証券があります。証券は、債券と株式に分かれます。
　外国為替市場に関わる具体的な金融商品については第3節で詳しく説明しますが、ヘッジ・ファンドなど投機的な取引で多用したものとして、金融派生商品（derivative）があります。
　その基本的な特徴を述べますと、まず第1に、原資産でなく、派生した金融資産の取引です。元々の株式・債券などを元に作られる金融商品です。こうすることによって、原資産が持つリスクが分散されることになります。金融派生商品はリスク・ヘッジの重要な商品となりました。種々の原資産たる金融商品を組み合わせることにより、多額の利益が期待できることとなりました。
　第2に、取引形態としてレバレッジ（leverage、てこ）という少ない取引額で規模の大きな取引ができるようになりました。原資産取引元本の3％～10％といった低額な証拠金での取引が可能となりました。
　第3に、原資産を抱える金融機関がリスクを分散させるために、別に関連機関を設立することにより、オフ・バランス（簿外）取引が行われるようになりました。
　金融派生商品は、取引所取引より店頭取引（OTC）が多く、この膨大な利益が上がる商品を、ヘッジ・ファンドのみならず、保険会社であるAIGなどが大量に購入するようになったのです。

デリバティブとして重要な商品として、クレジット・デフォールト・スワップ (Credit Default Swap: CDS) があります。企業の債務に対してかける保険のような金融商品であり、企業が債務不履行に陥っても、同商品を販売した金融機関が投資家に対して元利支払いを保障します。

しかし、クライスラーや GM が経営危機に陥った際に、その救済策が話し合われましたが、投資家が両社に対する CDS を保有していたため、両社の救済でなく倒産を希望して、最終的には倒産となりました。倒産すると、投資家は保険金を得られるのです。反対に、金融機関側の財務状況は悪化します。

同様に重要性を増したものに、証券化商品があります。これは、複数の債権や資産などをひとまとめにしてそれらを担保とする証券です。証券化は、セキュリタイゼーション (securitization) とも呼ばれます。代表例が、2008 年からの世界金融危機の原因となったサブ・プライム・ローンを組み込んだ証券化商品です（以下のコラム参照）。

最後に、金融機関の顧客と位置付けられる企業については、株式や債券という中長期の金融商品に加えて、コマーシャル・ペーパー (Commercial Paper: CP) があります。これは、企業が発行する短期証券であり、短期の資金繰りに使われます。2007 年以降の世界金融危機では中央銀行が CP の購入も行いました。

2007 年からの世界金融危機前は、一金融機関が 4 業態（部門）あるいは複数の業態にまたがって金融商品に投資をすることが可能となっていました。G20 サミットの成果が画期的なのは、すべての金融商品が監督・監視・規制の対象となったことです。2009 年 9 月の第 3 回 G20 会合では、CDS の見直しも検討課題となりました。

コラム　サブ・プライム危機

アメリカの信用力の低い融資先を相手とするサブ・プライム・ローン (sub-prime loan) が対象です。サブ・プライム・ローンに対してプライム・ローンがあります。日本では、プライム・ローン (prime loan) は信用力の高い相手、例えば大企業当ての優遇レートを意味します。

アメリカにおいては、サブ・プライム・ローンは、低所得層に対して融資されました。住宅価格が高騰、あるいは住宅ブーム、地価上昇のバブルがあり、多くの金融機

関が特定目的会社という系列の会社を設立して、リスクの高いこのローンを多く売りさばきました。

　金融機関の特定目的会社とヘッジ・ファンドは、このローンの債権を他の金融機関に譲渡することにより自らのリスクを少なくすることとして、この債権を原資産とする金融派生商品（デリバティブ）、ないし証券化商品を作り出し、他の金融機関へ売りさばきました。その際には、自らの持つサブ・プライム・ローンの束を切り分けて多くの金融派生商品という金融（投資）商品を生産して、金融機関に購入させたのです。その際に、切り分けたサブ・プライム・ローンと他の商品、例えば株式、債券、商品（物的）を組み合わせました。そして、売りさばかれたデリバティブは、さらに切り分けられて他の商品と組合わされて他の商品となり、それが他の金融機関などに売られることとなりました。

　このように、派生的に、あるいは増殖的に多くの商品が生み出されたのですが、問題は、商品を作った当人のみが自らの商品の全容を知っていますが、売られた商品が別の会社ないしファンドによって他と組み合わせた別の商品を作成しましたので、全体的にリスクが薄められるという面がありました。しかし、誰も金融商品やそれを支える証券の全容を理解できなくなったということになりました。また、商品を作成した当人も、売られてきた商品や証券の本当のリスクを理解していなかったということがあったでしょう。

　米英の市場においては、市場の競争による自然淘汰の原理をベースに市場参画の当事者の行動が律せられる、あるいは自助努力が行われることを期待しました。一方、政策的には自由放任な政策をとったゆえに、市場参加者、特に特定目的会社やヘッジ・ファンドはハイリスク、ハイリターンのデリバティブを次から次に増殖的に生産して、バブルの状態になっていました。

　このブームは米国住宅市場の価格の低下（2006年）によって終焉を迎えます。2007年8月には、フランスのBNPパリバ銀行の子会社がサブ・プライム関連商品で大幅な赤字を計上したことが明るみになりました。その後は、関連の金融機関、ヘッジ・ファンドの収支が悪化を続けて、2008年9月のリーマン・ブラザーズの破たんにいたるのです。

　（出所：坂元浩一『世界金融危機　歴史とフィールドからの検証』大学教育出版、2010年）

（2）分析枠組み：市場の秩序

　金融市場に限らずではありますが、既に市場、主体、商品を扱いましたので、金融市場の秩序について説明します。プレーヤー（主体）がどのようなルールに

よって行動するかということです。基本的には、ルールは市場で活動する民間機関そのものが持つルールと、市場ないし民間機関に外から政策や規制などをかける政府によるルールに分かれます。以下に、2つを分けて説明します。

1) 民間金融機関間の秩序（ルール）

　民間機関そのものが持つルールとは、市場内でのルールです。以前は政府が規制をしていましたが、その後規制緩和という自由化によって規制が削減ないし撤廃されてきましたので、競争的な市場環境でのルールが中心になっています。ルールの根底にあるのは、経済・金融活動が自由に行われる市場における適者生存、競争による淘汰ということです。具体的なルールは、個々の金融機関が市場のルールとしての情報開示、規律、自己責任を行うということです。

　ここで指摘したいことは、経済自由化によって政府の規制が大幅に削減されたことです。国内外の経済自由化の一環として金融自由化が国内市場と対外市場の両方について行われて、政府はなるべく介入しないで、市場の民間機関の自己責任に委ねるという体制がとられるようになったのです。

　一方、市場重視の世界であるために民間ベースの秩序（ルール）とはいえ、政府の課すルールも依然として重要です。以下で説明します。

2) 政策・制度

① 全体像

　第7章で2008年からの世界金融危機後の国際金融制度改革を論じますが、ここにおいては、市場に対する監督の体制の内容とマクロ経済に対する金融政策を説明します。

　金融市場に対する政策という場合、金融部門に対するセクター政策が中心で、それに加えてマクロ経済政策があります。金融市場に限っていえば、信用秩序維持政策がこれにあたります。マクロ経済政策は金融市場に影響を与える政策を含みますが、それらは金融部門ないし金融市場以外へも影響を与えるマクロ的な政策です。

　まずセクター政策を見ると、それは通常の産業政策に含まれるものです。当該産業を育成、時には保護する政策を政府が採るのが常でした。第2次世界大戦後の日本の経済開発の時期については、大蔵省が主導して保護的な政策がとられました。金融に関わる各分野（市場）の間での相互参入を制限し、また分

野内でも金利を含む営業面の規制が行われました。大きな船も小さな船も存立して進むことができる「護送船団方式」の金融行政が行われました。

しかし、その後の国内金融の制度改革の中で、大蔵省に集中していた財政政策と金融政策を分離することとなり、金融庁が内閣府の傘下機関として2001年に発足しています。

今日の政府の信用秩序維持政策は、市場規律と自己責任原則をベースとして、事前的措置と事後的措置に分かれます（図表5-2参照）。事前的措置については金融監督庁が監督を行い、事後的に金融庁と中央銀行が対応します。前者は個別金融機関に対するものであり、後者の目的は金融システムの安定です。なお、信用秩序維持政策はプルーデンス政策（prudential policy）と言われます。

図表5-2においては、一国内の監督だけでなく、国際的な監督や対処の体制も示しました。2008年以降のG20サミットなどでは、IMFの役割拡大に加えて、金融安定化フォーラム（Financial Stability Forum: FSF）の監督強化が提言されて実施に移されました。

一方、マクロ経済政策としての金融政策の目的は、物価の安定と安定的成長でしょう。安定的成長は、失業の削減ないし雇用の増加につながります。雇用も入れて3つが主な目的であるということができます。これまでは国内経済のみ見ていますが、これに国際収支不均衡の是正が加わります。

政策実施の主体については、狭義の金融政策は中央銀行が担当します。公的機関による信用秩序維持政策は、中央銀行の最後の貸し手機能に加えて、政府（主に財務担当局）が金融機関の破たん処理に対して行う公的資金注入など行政措置があります（図表5-2参照）。中央銀行と行政当局との間で密接なる協調が必要です。

加えて、国際的な業務を行う金融機関に対する監督、規制があります。代表的なものは、BIS規制です。BISは、スイスのバーゼルにある国際機関である国際決済銀行（Bank for International Settlements）です。自己資本比率に関する国際統一基準が定められており、バーゼル合意ともいいます。1992年からは、自己資本比率8%を達成できない銀行は、国際業務から撤退を求められています。

自己資本比率とは、原則的には、「自己資本／総資本（自己資本＋負債）」のことです。2004年には、自己資本比率に加えてリスク管理の仕組みに対する監督官庁の検証と、情報開示の3本柱となりました。自己資本比率はかなり複雑なものとなり、負債の返済可能性を細かく見る指標が導入されました。その後、2008年からの世界金融危機の反省から、規制を強める方向でさらなる見直しが行われています。

最後に強調したいことは、1980年代からの英米主導の経済自由化の一環で、金融市場に対する規制緩和が行われてきたということです。しかしながら、2008年9月のリーマン・ブラザーズの破たん以降の世界金融危機では、改め

図表5-2 信用秩序維持政策

①個別銀行の不安定性

対応策	政策	具体策	重点策	関係機関
事前的措置	プルーデンス政策 介入の根拠： 金融機関の健全性	①市場規律に基づく事前の措置	公開（ディスクロージャー）	各国監督担当局 国際標準設定機関 FSF バーゼル委員会（BIS） IMF
		②公的規制	競争制限規制 バランスシート規制 自己資本比率規制 金融機関検査・考査 モニタリング	各国監督担当局 各国監督担当局 バーゼル委員会（BIS） 各国監督担当局 各国監督担当局

②金融システム全体の不安定性（systemic risk）

対応策	政策	具体策	重点策	関係機関
事後的措置 （セーフティネット）	プルーデンス政策 介入の根拠： システムの安定性	①中央銀行による最後の貸し手機能 （無担保の特別融資）		各国中央銀行（FED） 中央銀行間スワップ IMF（対中小国）
		②預金保険制度 （預金者の保護）		各国保険機構（民間）
		③政府の公的資金注入 （自己資本充実のための資本増強）		各国財務担当局

注：バーゼル銀行監督委員会は、プルーデンス政策全体に関わる。金融安定化フォーラム（FSF）と一緒にBIS内にある。
出所：筆者作成。

て監督や規制を強めようという方向にあります。

② 具体的な手段

　政府は多くの規制を通じて市場に介入しますが、大きく分けると価格規制と数量規制に分かれます。あるいは、価格規制と非価格規制と言えます。前者は、政府が市場関係者が取引する際の価格に規制をかけるということです。以前は、「お金の価格」たる金利に大蔵省が規制をかけていました。現在では市場の需給によって決まるコール・レート（銀行間金利）を望ましい水準に誘導する政策がとられています。

　非価格規制で代表的なものは、市場への参入・退出規制です。すなわち、銀行や証券など業務分野に関する規制です。これは、上で説明したプレーヤーに対する規制です。許可、認可により強い規制を行ってきましたが、それを緩和してきました。具体的には、商品や支店の出店に対する許認可などの規制があります。

　さらに、日本の金融庁は、市場規律と自己責任原則を基にして、民間金融機関等に対する検査・監督、証券取引等の監視を行っています。また、日本銀行も、民間金融機関に対して同様な検査を行っています。

第3節　外国為替市場

　前節で国際金融市場全体を捉えて、以前は国際的取引が小さかった国内市場も扱いましたが、本節では国際取引の中心である外国為替市場に焦点を当てます。

（1）基礎事項

　外国為替を説明する前に、金融の基本用語を説明します。まず為替(かわせ)は国内の取引でも行なわれるものです。基本的に現金を物理的に輸送することなしに、取引の決済、受け取り、支払いを行なうものです。

　外国為替は、異なる通貨間の取引における決済や送金などを、現金の輸送なしに行うことです。そして、その金融取引の際に銀行などが介在します。

　外国為替は外為(ガイタメ)とも言われます。関係者のみが使うだけでなく、一般にもよく使われます。　英語ではFOREIGN EXCHANGEです。

図表5-3　世界の外国為替市場（4月の日平均）

（単位：金額は100万ドル）

		1995		1998		2001		2004		2007		2010	
		金額	比率(%)	金額	比率(%)	金額	比率(%)	金額	比率(%)	金額	比率(%)	金額	比率(%)
先進工業国													
	日本	161	10.3	136	6.9	147	9.1	199	8.3	238	6.0	238	6.0
	アメリカ	244	15.5	351	17.9	254	15.7	461	19.2	664	16.6	664	16.6
	ユーロ圏												
	ドイツ	76	4.8	94	4.8	88	5.5	118	4.9	99	2.5	99	2.5
	フランス	58	3.7	72	3.7	48	3.0	64	2.7	120	3.0	120	3.0
	イギリス	464	29.5	637	32.4	504	31.2	753	31.3	1,359	34.1	1,359	34.1
	スイス	87	5.5	82	4.2	71	4.4	79	3.3	242	6.1	242	6.1
	オーストラリア	40	2.5	47	2.4	52	3.2	81	3.4	170	4.2	170	4.2
新興市場国・経済													
1	中国（本土）	−	−	0	0.0	0	0.0	1	0.0	9	0.2	9	0.2
2	中国（香港）	90	5.7	79	4.0	67	4.1	102	4.2	175	4.4	175	4.4
3	韓国	−	−	4	0.2	10	0.6	20	0.8	33	0.8	33	0.8
4	シンガポール	105	6.7	139	7.1	101	6.2	125	5.2	231	5.8	231	5.8
5	インドネシア	−	−	2	0.1	4	0.2	2	0.1	3	0.1	3	0.1
6	マレーシア	−	−	1	0.1	1	0.1	2	0.1	3	0.1	3	0.1
7	フィリピン	−	−	1	0.1	1	0.1	1	0.0	2	0.1	2	0.1
8	タイ	−	−	3	0.2	2	0.1	3	0.1	6	0.2	6	0.2
9	ベトナム	−	−	−	−	−	−	−	−	−	−	−	−
10	インド	−	−	2	0.1	3	0.2	7	0.3	34	0.9	34	0.9
11	パキスタン	−	−	−	−	−	−	−	−	−	−	−	−
12	チェコ	−	−	5	0.3	2	0.1	2	0.1	5	0.1	5	0.1
13	ハンガリー	−	−	1	0.1	1	0.1	3	0.1	7	0.2	7	0.2
14	ポーランド	−	−	3	0.2	5	0.3	6	0.3	9	0.2	9	0.2
15	ルーマニア	−	−	−	−	−	−	−	−	3	0.1	3	0.1
16	ロシア	−	−	7	0.4	10	0.6	30	1.2	50	1.3	50	1.3
17	トルコ	−	−	−	−	1	0.1	3	0.1	3	0.1	3	0.1
18	アルゼンチン	−	−	2	0.1	−	−	1	0.0	1	0.0	1	0.0
19	ブラジル	−	−	5	0.3	5	0.3	3	0.1	5	0.1	5	0.1
20	チリ	−	−	1	0.1	2	0.1	2	0.1	4	0.1	4	0.1
21	コロンビア	−	−	−	−	0	0.0	1	0.0	2	0.0	2	0.0
22	メキシコ	−	−	9	0.5	9	0.5	15	0.6	15	0.4	15	0.4
23	ペルー	−	0.0	−	−	0	0.0	0	0.0	1	0.0	1	0.0
24	ベネズエラ	−	−	−	−	−	−	−	−	−	−	−	−
25	エジプト	−	−	−	−	−	−	−	−	−	−	−	−
26	南アフリカ	5	0.3	9	0.5	10	0.6	10	0.4	14	0.4	14	0.4

出所：Bank for International Settlements (BIS), *Triennial Central Bank Survey 2007*, 2010.
　　坂元浩一（2009）『新興市場国サーベイ―グローバル・スタンダードと構造改革―』大学教育出版、を利用して筆者作成。

（2） 趨勢と現況

　世界の外国為替市場を表5-3に示しました。世界の市場を地理的にみて、三大市場がロンドン、ニューヨーク、東京といわれます。しかし、前の2つの市場が国際金融活動上でより活発であり、規模も大きいです。また、強い通貨の国としてスイスの市場も大きいです。

　英米の金融自由化の急激な進展は、両国の市場の拡大をもたらしました。2つの市場を併せると、英米両国が世界の取引の過半を占めています。英国と米国の「金融覇権」という状況が見てとれます。

　新興市場経済ではシンガポールと香港が大きいです。シンガポールは東京と匹敵する大きさを持っています。

　主要国の為替相場（レート）の動向については、第2章第7節（1）の図表2-4で示しました。

　次に、ヘッジ・ファンドが巨額な利益を上げるのに駆使した金融派生商品（デリバティブ）については、両国の寡占状況は顕著です。取引所取引より店頭取引（OTC）が多く、具体的な投資商品としては通貨オプション、金利スワップ、通貨先物などがあります。

　図表5-3と同じデータをみると、4月の日平均で、2007年から2010年にかけて、イギリスでは44.0%から46.5%へ、アメリカでは両年とも24.2%です。外国為替以上にイギリスの比重が大きいです。

次の一歩①　情報収集

　世界の外国為替取引の実態を詳しく知りましょう。
　外国為替市場の統計の宝庫が、図表5-3の出所にある国際決済銀行（BIS）が3年に1回発行するサーベイです。ドキュメントの正式名は以下の通りです。
Bank for International Settlements (BIS) (Monetary and Economic Department), Triennial Central Bank Survey of Foreign Exchange and Derivatives Market Activity in 2010-Final results, December 2010
　　　　　　http://www.bis.org/publ/rpfxf10t.htm
　23（2011）年12月20日閲覧

■ステップ
　bis → statistics → foreign exchange statistics → final summary tables

（3）捉え方の基本

第2節におけるすべての金融市場を対象とする説明と同様に、外国為替市場を分析していきます。なお、市場秩序と監督の体制については、第2節でおおよそ説明していますので、ここでは割愛します。

1）市場の種類

国際金融の中核である外国為替市場についても、国内での金融取引と同様に、銀行（等）間市場と、銀行と顧客との間の対顧客市場があります。為替レートは、両市場で異なります。

市場の形態は、株式市場のような立ち会いはなく、テレフォン・マーケットであり、またスクリーン・マーケットです。すなわち、電話という通信手段によって取引が行われるのです。テレビで小さい部屋で外貨の取引を電話でかけているのを見ますが、これは為替専業の会社のディーラーたちです。為替相場は、かれらの会社やその他関係機関の電子公示版などに示されるに過ぎないのです。

2）経済・金融主体（プレーヤー）

経済・金融主体は大きく分けて、①銀行、②為替ブローカー、③中央銀行、④企業、⑤機関投資家、⑥個人、となります。④～⑥は銀行などにとって顧客です。上記のように、外国為替市場については、①～③の銀行（等）間市場と、①②対④⑤⑥の対顧客市場があります。

機関投資家は、銀行以外の3業態、すなわち証券、信託、保険のそれぞれを主な業務とする会社や機関です。これら機関投資家は、自らの事業に必要な金額以上に外国為替取引を行いますが、それは利益目的です。

3）金融商品

金融商品ないし取引の種類としては、以下が代表的なものです。
① 直物取引（spot）：契約後2営業日以内に受け渡し。
② 先物取引（forward）：2営業日を越える受け渡し。
③ スワップ（swap）：直物取引と先物取引の組み合わせ。
④ オプション（option）：売買を行使する権利の売買。損失のための保険。
⑤ 金融派生商品（derivative）　デリバティブともいう。

2011年12月16日（金）の『日本経済新聞』のマーケット総合（17面）に以下の情報があります。

主要指標　　外為市場
　　　　　　終値　　　　77.93 〜 77.94 円
　　　　　　直物売買額　51　億 7,200 万ドル
　　　　　　スワップ　　570 億 9,500 万ドル
　　　　　　オプション　2　億 9,600 万ドル

スワップは直物と先物を組み合わせた取引であり、その例は以下の通りです。

事例

円高予想　$1=100 円　→ 95 円

　　直物取引：ドルを売る

　　先物取引：ドルを買う。

円安の場合は逆です。

オプションについては、コール・オプション（call option）とプット・オプション（put option）があります。円・ドル間での売買という想定で考えましょう。理解の仕方として、コール（call）の原義は「呼ぶ」ですから、ドルを「呼ぶ」、すなわち、ドルを買うことと覚えましょう。

それに対して、プット（put）の原義は「置く」ですから、ドルを「置く」とします。ドルを「置いて」、すなわちドルを売って円を買うというように覚えましょう。

オプション取引の例は以下の通りです。

契約内容

① 　行使価格（STRIKE PRICE）

② 　実行期日（満期日）

③ 　オプション料（価格）

事例（輸出業者によるプット・オプションの買い。相手の銀行が売る）

① 　行使価格 77 円 /US ドル

③ 　オプション料、2 円 /US ドル

ケース 1

実際のレート：US1 $ = 77 円が 74 円になる。

オプション行使：77 − 2 円の受取。

ケース2

実際のレート：US1＄＝77円が80円になる。

オプション放棄：市場でドルを売って、80円を得る。80−2円が受取となる。

＊先物取引では放棄できない。

　オプションは「買う」権利と「売る」権利のことであり、銀行と、貿易業者などの顧客との間の取引となります。上の事例で考えると、輸出によってドルを受け取る輸出業者は有利な為替相場（レート）でドルを円に換えたいです。避けたいのは、現在の相場より円高になることです。そこで、予め銀行からプット・オプションを買っておきます。ドルを売る権利を買っておくのです。そして、1ドル、2円のオプション料を払います。

　そして、事例にあるように、実際に円高が進んで現行の1ドル、77円が74円になると、あらかじめ決めた行使価格である1ドル、77円で、プット・オプションを行使します。すなわち、1ドルを77円で売ります。オプション料2円があるので、差し引き1ドル、75円の受け取りとなりますが、1ドルを74円で売るよりも1円もうかります。この場合、プット・オプションを企業に売った銀行が77円で円を売るという義務を履行しなければなりません。

　一方、円安になった場合、オプションを放棄できます。オプションを行使しないで、1ドルを80円で売るのです。すなわち、実際の市場のレートで売るのです。1ドル、2円のオプション料を払っていますが、差し引き78円となり、行使価格77円よりは1円利益があります。

　通常の先物取引では1ドルを77円で売ると決めると、その放棄ができず、1ドルが80円と円安になったのにみすみす77円で売らざるをえません。オプション取引では、ドル売りという権利を放棄できるのです。

　したがって、オプション料は、円・ドルでの交換で損をしないための保険料とみなすことができるのです。

　金融派生商品は、第5章第2節（1）3）で説明しました。上記の直物取引やオプションなどを組み合わせた商品などがあり、具体的には通貨オプション、金利スワップ、通貨先物などです。

（4）外国為替取引の実際
1）貿易業務

外国為替取引における実需として、貿易業務があります。輸出と輸入において、外国為替による決済が必要となります。主な内容としては、輸出決済と外国為替手形があります。日本の企業Ａがアメリカの企業Ｂに輸出するとして、輸出代金の支払いを企業Ａの日本の取引先の銀行と、企業Ｂのアメリカの取引先銀行との間で決済、つまり支払が行われるのです。

外国為替手形は、企業Ａによる輸出品の出荷（送付）が行われた時点で、企業Ｂが振り出します。この手形は、企業Ｂによる支払証明書です[5]。

2）為替リスク対策

対策としては、外貨建て債権・債務の取り入れ、先物為替の予約、リーズ・アンド・ラグズ（leads and lags）、通貨オプションがあります。

3）裁定取引

裁定取引（Arbitrage、アービトラージ）とは、価格差や金利差を利用して売買し利鞘（りざや）を稼ぐ取引のことです。為替裁定と金利裁定があります。為替裁定の例は以下の通りです。

事例：東京市場で＄１＝101円、ＮＹ市場100円

ＮＹ市場でドルを購入して、東京市場で売る。

ＮＹ市場　ドル需要 → ドル高　　100円 → 100.5円
東京市場　ドル供給 → ドル安　　101円 → 100.5円

世界の市場で同一通貨について、異なるレートでも同一のレートに収斂します。

第4節　その他の国際金融市場

第2節で、一国の金融市場の分類は説明しました。第3節の外国為替市場の他に、株式や債券など他の市場があります。本節では、株式市場を中心とした資本（金融）市場を分析します。

（1） 資本市場

ここでは、株式市場など資本市場の動向に関するIMFデータで作成した表5-4を参考にします。株式市場の規模については、米国、欧州、そして日本の順です。日本の市場規模はユーロ圏の半分程度です。ニューヨーク、フランクフルト、東京が大きな市場です。

一方、新興市場国の比重が高まっており、新興工業経済（NIEs）やその他アジアの規模は、それぞれ日本を上回っています。その他アジアには中国が含まれていますが、2007年の中国の株式市場の時価総額は、きわめて高い水準でした。同年の総額は6.2兆ドルであり、日本の4.7兆ドルを大きく上回りました。アメリカは19.4兆ドルでした。過去最高水準の株価上昇のおかげです。

図表5-4　世界の資本市場（2009年）

（単位：10億ドル）

	国内総生産（GDP）	金を除く外貨準備	株式市場時価総額	債券 公共	債券 民間	債券 合計	債券、株式銀行資産（GDPに占める比率、%）
世界	57,920	8,540	47,189	36,400	54,920	91,320	418
欧州連合	15,370	405	10,013	10,073	22,747	32,820	581
ユーロ圏	12,475	283	6,576	8,563	17,923	26,486	533
ドイツ	3,339	60	1,292	1,850	3,893	5,743	376
フランス	2,656	47	1,895	1,749	3,400	5,150	642
イタリア	2,117	46	656	2,218	2,882	5,100	483
スペイン	1,468	18	1,435	746	3,031	3,777	582
イギリス	2,182	56	2,796	1,239	3,472	4,711	850
北アメリカ	15,455	174	16,754	10,484	23,031	33,515	435
カナダ	1,336	54	1,677	1,006	862	1,868	472
アメリカ	14,119	120	15,077	9,478	22,168	31,647	431
日本	5,033	1,022	3,396	9,657	2,264	11,921	524
アジアNIEs	1,603	1,062	4,309	724	1,043	1,766	606
新興市場経済	18,067	5,519	9,910	4,896	2,725	7,621	204
アジア	7,912	3,089	5,435	2,449	1,499	3,948	274
ラテンアメリカ	3,994	549	2,195	1,492	838	2,330	184
中東・北アフリカ	2,029	934	754	152	114	266	125
サハラ以南アフリカ	893	160	559	98	80	178	149
欧州	3,239	786	968	704	195	899	125

出所：IMF, *Global Financial Stability Report* September 2011、を利用して筆者作成。

他の新興市場国の株式市場については、比重が小さいとはいえ、先進工業国を上回る株価の上昇を実現しました。2008年からの世界金融危機前、2003-2007年において、年平均上昇率の高い順に挙げると以下の通りです[6]。

  エジプト（84.4%）、ブラジル（57.8%）、コロンビア（55.4%）、インドネシア（49.3%）、中国（43.4%）

日本の増加率は、12.4%でした。

次の一歩②　経済ジャーナル

海外の株価の動向を把握しましょう。
・海外の株式の動向は、時差があるために、『日本経済新聞』の夕刊に掲載されます。紙面は「マーケット総合」で、多くの場合第2面にあります。アジアの各国を含む「世界の主要株価」や「海外金利」の最新の情報が紙面全体にあります。
・主要国間の比較を総合的に行うために、また前の時期（1週間前や1年前）の水準との比較をするのであれば、イギリスが発行する世界有数の経済誌 *The Economist*（2週間毎に発刊）を利用するとよいです。大きな書店で購入できますし、大学の図書館に置いてあります。

同誌の最後の方に、2ページにわたって経済・金融統計があります。Economic and financial indicators（経済・金融指標）です。経済に加えて、株価などの金融指標が網羅的に掲載されています。財政収支のデータもあります。

次の一歩③　金融投資

株価指数連動型（ETF）投資ファンド（信託）への投資を薦めます。

今日では、証券会社が募集する海外投資ファンド（信託）に、月々1万円（会社によっては1,000円）で投資することが可能となっています。

債券の利益率は低いですが、元本が保証される可能性が高いです。それに対して、株式では高リターンは期待できますが、元本を大きく割ることがあります。そこで、薦めるのが株価指数連動型のファンドです。ETF, Exchange Traded Fund と言います。

身近なところでは、日経平均株価指数連動型のファンドを各社が扱っています。日本を代表する株価の水準に投資するわけですから、日本経済全体を研究することになります。手数料も高くなく、学生諸君に薦めています。海外の同様な指数へ投資をすると、その国の経済全体を見ることになるので、勉強になります。

（2）オフショア市場

オフショア（off shore）市場は、外国の金融機関が誘致されて、各国の国内の金融市場と別扱いで、世界規模での投融資など業務を行う特権を与えられた市場です。基本的な特徴は、居住者から区別した特典が非居住者に与えられることです。例えば、金利や支払準備に関わる規制が緩和されており、また課税上の優遇措置がとられています。

オフショア市場は次の3つに分けられます。すなわち、内外一体型がロンドン、香港、内外分離型がニューヨーク、シンガポール、第3として租税回避地域・国（タックス・ヘイブン）型です。1986年創設の日本のオフショア市場は内外分離型です。

新興市場経済では、香港とシンガポールの規模が大きいです。両経済とも1970年代前後に創設されました。

代表的な租税回避地域としては、バハマ、ケイマン諸島が挙げられます。2地域ともイギリスに所属しています。世界中に多くの租税回避地域があり、香港やマカオに加えて、欧州のスイスと小国（モナコ、リヒテンシュタイン）も含まれます。ケイマンにかかわる投資商品も日本で販売されるようになりました。

金融危機の前には、ヘッジ・ファンドに代表されるハイ・リスク、ハイ・リターンの投資が市場にまたがって世界規模で実施されました。租税回避の下に上記のオフショア市場で活動する金融機関が、ブラウン首相の言う「Shadow Banking」[7]として野放図な投資を行っていたのです。

2009年9月のG20サミットにおいて、2010年までにタックス・ヘイブンに国際的な基準を守るようにさせるということで合意しました。

第5節 政　　策

本節では、（1）で第2次世界大戦後の金融市場と国際金融市場に対する政策を概観しますが、（2）以降では、世界と日本における国際金融自由化政策を分析します。

（1） 政策の推移

　第2次世界大戦後の経済の復興と開発において、日本と中国、インドなど途上国では政府主導の戦略が採用されて、金融市場の育成が行われました。対外的には外国資本の流入を規制し、国内的には金融市場間の参入を規制しました。そして、それぞれの金融市場内でも様々な規制措置がとられて、大規模な金融機関と小規模な機関が併存できるようになりました。

　先進的な欧州諸国やアメリカにおいても、第2次世界大戦後の政策が政府の積極的な介入というケインズ政策が中心であったために、金融市場においてかなりの規制が行われました。

　しかし、1970年代においてケインズ流の政府介入型の政策が経済不況と非効率をもたらしたことから、経済自由化が1980年代より積極的に採用されるようになりました。その過程で、国内金融市場と国際金融市場の自由化が行われることとなりました。

（2） 世界における自由化

　世界規模での経済自由化を1980年代初めから先導したイギリスのサッチャー政権は、1986年に証券中心の金融改革を開始しました。それは、ビッグバン（BIG BANG）と名づけられました。宇宙の始まりを表す大爆発という意味です。その中心は、証券取引費用の自由化と、海外からの参入の自由化でした。成果は、英国の会社が外資に飲み込まれるということがありましたが（ウィンブルドン効果）、英国市場の地位は大きく上昇しました。

　他の先進工業国でも国際金融の自由化は進められて、国際金融のグローバル化が進展しました。これらの政策の骨子は、以下の移行です。

　　公的金融から民間金融へ
　　間接金融から直接金融へ

　日本が先導した政府主導型の開発戦略においては、銀行を中心とした金融機関を通して資源の配分が行われました。また、国内資本が多くないことから政府が公的金融機関を設立して、資金を供給するという体制がとられました。

　その戦略の中核となった公的金融から民間主導の金融への移行という形で国際金融自由化が行われました。それは、間接金融から直接金融への移行でもあり

ました。

　英米日においては、さらに抜本的な金融自由化が断行されました。すなわち、金融機関がすべての金融市場で自由に投融資ができるように垣根が取り払われたのです。アメリカの例で説明すると、1929年10月24日の株価大暴落（暗黒の木曜日）に端を発する世界大恐慌の反省から、銀行が証券業務を行うことを禁止するグラス・スティーガル法（Glass-Steagall Act）が1933年に導入されていました。しかし、その見直しとして1999年11月にグラム＝リーチ＝ブライリー法（Gramm-Leach-Bliley Act）が導入され、持ち株会社を通じて保険を含むすべての金融分野に投資ができるようになったのです。

　最後に、上記と同じ内容の金融自由化が、IMF・世界銀行主導で1980年代後半から途上国で進められました。

（3）日本の国際金融自由化

　日本の場合、「日本版金融ビックバン」が1996-2001年にかけて実施されました。正式な政策名は、「経済の基礎をなす金融システム改革」です。1998年4月の外国為替取引を緩和した改正外為法（「外国為替及び外国投資法」）施行に続くものです。1983-84年の日米円ドル委員会による金融自由化合意によるものです。

　まず国内的には、大蔵（財務）省中心の統制的・裁量的な金融行政から、市場規律（ルール）重視の金融監督体制へと機構改革が行われました。機構改革については、1998年大蔵省から分離した機関として、総理府内に金融監督庁が設けられました。その後、2001年、大蔵省の金融企画局の業務を含むものとして、内閣府に金融庁が設けられました。

　一方、中央銀行たる日本銀行は、大蔵省が絶大なる介入を行っていた時期には、その影響を大きく受けていました。日本銀行の総裁も大蔵省出身者が就任する場合が多かったです。それが、その後政府から独立して金融政策を実施する体制になりました[8]。

　そして、日本銀行の監督についても、1998年4月の新日本銀行法により、取引先金融機関に対する考査業務、すなわち金融業務および財産の状況に関わる立ち入り調査が認められました。日本銀行は、考査対象の金融機関の取引先につい

て、業務運営状況、収益力・自己資本の状況、リスクの実態を調査してきています。

ビッグバンの内容は、外国為替取引の完全自由化、内外の資本取引自由化が骨子です。具体的には、それまで東京銀行など一部の銀行に認められていた為銀(ためぎん)制度の廃止により誰でも外為業務を行い、為銀以外でも外貨決済ができるようになりました。金券ショップやスーパーで外貨を購入できるようになりました。 また、外国銀行を利用した取引も自由に行われるようになりました。

日本における国際金融自由化の影響をまとめると、以下の通りです。

① 参入規制撤廃、削減

外国資本の参入（株式投資、買収）

新規参入増大、異業種の参入

② 価格規制撤廃、削減

外国金融機関による個人金融資産の取り込み

すべての金利自由化

一方、国内金融機関の金利の同一化は変わっていません。

以上、日本を事例として、世界金融危機の前の状況を説明しましたが、留意すべきは、日本の金融自由化はイギリスやアメリカにかなり遅れたということ、そして金融派生商品（デリィバティブ）などヘッジ・ファンドが扱う商品開発に遅れをとったお陰で、今回のアメリカ発の金融危機の影響が少なくてすんだという結果となりました。

第6節　証券の国別ランキング

第2節（1）の金融主体の箇所で、国際的な格付会社の影響力に言及しました。2008年からの世界金融危機前の格付は図表5-5のようでした。

2011年8月5日のＳ＆Ｐによるアメリカ連邦債の最上位からの格下げ（トリプルＡからダブルＡプラス）は、世界経済のみならず日本経済に大きな影響を及ぼしました。日本では、1ドル70円台の円高が続き、米欧諸国と同様に株式市場が乱降下しました。

図表 5-5　国際格付会社の格付（世界金融危機前）

	発行体（政府）	ムーディーズ ソブリン 長期債（無担保） 外貨建て	スタンダード＆プアーズ ソブリン 長期債 外貨建て	格付投資情報センター 外貨建て 発行体格付け
1	中国（本土）	A1	A	A+
2	中国（香港）	Aa2	AA	AA+
3	韓国	A2	A	A+
4	シンガポール		AAA	AAA
5	インドネシア	Ba3	BB−	BB+
6	マレーシア	A3	A−	A
7	フィリピン	B1	BB−	BBB−
8	タイ	Baa1	BBB+	BBB+
9	ベトナム	Ba3	BB	BB
10	インド		BBB−	BBB+
11	パキスタン	B1	B+	
12	チェコ	A1	A	A
13	ハンガリー	A2	BBB+	BBB+
14	ポーランド	A2	A−	A−
15	ルーマニア	Baa3	BBB−	
16	ロシア	Baa2	BBB+	
17	トルコ	Ba3	BB−	
18	アルゼンチン	B3/Ca	B+	
19	ブラジル	Ba1	BB+	BBB−
20	チリ	A2	A+	
21	コロンビア	Ba2	BB+	
22	メキシコ	Baa1	BBB+	BBB
23	ペルー	Ba2	BB+	
24	ベネズエラ		BB−	
25	エジプト	Ba1	BB+	
26	南アフリカ	Baa1	BBB+	A−
	台湾			AA
	日本		AA	AAA
	アメリカ		AAA	AAA
	ユーロ圏			
	ドイツ		AAA	AAA
	フランス			AAA
	イギリス			AAA

出所：ムーディーズ社は 2008 年 4 月 5 日、S＆P 社は 2008 年 4 月 16 日。
　　それぞれ日本語の HP より。
　　日本の格付投資情報センターは、2008 年 10 月 31 日現在。
　　坂元（2009）『新興市場国サーベイ』

注

1) 日本でも個人を含む一般の投資家も購入できるファンドがでてくるようになりました。それは、ファンドオブファンズ（Fund of funds）であり、ヘッジ・ファンドに投資する投資信託です。
2) 2007年8月のパリバ・ショックから世界の株式市場の株価は継続的に低落して、多くの金融機関や投資家が大きな損失を被りました。しかし、当時投資銀行としてアメリカのナンバーワンのゴールドマン・サックス社は空売りによって多くの利益を得ました。
3) ムーディーズ社については、信用力が最も高いAaaから、格付けが低いCまでの評価基準があります。
4) 筆者はアフリカの多くの国で援助関連の調査を実施したことがあり、ボツワナも訪問したことがあります。ボツワナは人口200万人弱（2009年）、工業用ダイヤモンドの埋蔵量が世界のトップを占める国です。
5) 貿易業務の主な流れとその英語の用語は以下の通りです。Inquiry（引き合い）→ Offer → Counter Offer → Acceptance → Contract（契約）→ Letter of Credit（L/C）（信用状）→ Shipment（出荷）→ Settlement（決済）
6) 出所：坂元（2009）『新興市場国サーベイ』、76ページ。原典は、本書の図表5-4の文献です。
7) 第2回G20金融サミット直後の記者会見。
8) 白川現総裁の就任を巡っても、民主党などの反対で財務省出身の候補者が却下される事態が起きました。

第6章

開放（オープン）マクロ経済学

　開放マクロ経済学ないしオープン・マクロ経済学（open macro-economics）は、国内経済を対象とするマクロ経済学に海外取引を加えたものです。マクロ経済学の分析対象は、オープン経済ないし開放経済と、クローズド（closed）経済ないし閉鎖経済の2つであり、国際経済論を扱う本書は前者を扱います。一方、マクロ経済学のテキストでも海外を含んだ分析までカバーしています。

　開放経済の分析は、国内経済対象の閉鎖経済の理論を基にしたものです。すなわち、開放経済学はマクロ経済学と国際経済学が合併したものであるとみなせます。よって、開放経済の理解のためには、閉鎖経済を理解する必要があります。本章では、まず第1節で閉鎖経済の場合を、第2節で基礎理論として開放経済を説明します。第3節で現実の政策運営を明らかにします。本章の分析に必要な経済政策の基本については、第1章第1節（4）を復習してください。

第1節　IS-LM分析の基本

　財政政策や金融政策の効果をみるマクロ経済分析では、IS-LM分析を行います。IS-LM分析は、マクロ経済分析の一つの集大成と言えます。まずここで総論的に説明すると、IS-LM分析は、一国経済の需要と供給の均衡を総合的に表しています。ISが財（最終生産物）市場の均衡、LM線が貨幣市場の均衡を表します。財と貨幣の市場の両方が均衡するところで、経済全体の利子率と所得が決まるのです。

　また、LM線は、利子率を通じて貨幣市場と証券市場を結びますので、結局3市場を対象としていることになります。

それでは、以下に項目ごとに説明していきます。

1）IS線

IS線は投資（investment）と貯蓄（savings）が等しいことを表すものです。投資のための資源（資金）の需要と供給が等しいのです。貯蓄とは、投資のための資源の供給と考えられます。簡単な式を使った方がわかりやすいので、以下に海外部門を除いた閉鎖経済で説明していきます。

Yを国民所得、Cを消費、Iを投資とすると、以下の関係があります。

$$Y = C + I$$

一方、Sを貯蓄とすると、以下の関係があります。

$$Y = C + S$$

上記2式を整理すると、以下の関係があります。

$$I = S$$

投資と貯蓄が等しいということです。

次に、投資と貯蓄に影響を与える主な要因として、以下の関係を考えます。

$$I(i) = S(Y) \quad \cdots\cdots\cdots \text{（1）式}$$

iは金利、Yは所得です。上の式は、金利の変化によって影響を受ける投資が、国民所得の変化によって影響を受ける貯蓄と等しいということを表します。別の言い方では、金利が投資変化の要因、国民所得が貯蓄変化の要因です。

左辺については、以下の基本的な関係があります。

$$i \uparrow \rightarrow I \downarrow$$
$$i \downarrow \rightarrow I \uparrow$$

金利が上がれば、企業の借入コストが上がるので、投資が下がります。金利が下がれば、投資が増えます。

右辺については、以下の基本的な関係があります。

$$Y\uparrow \to S\uparrow$$
$$Y\downarrow \to S\downarrow$$

　国民所得が増えれば貯蓄が増える、国民所得が減れば貯蓄が減る、という関係を表します。

　それでは、最後に投資と貯蓄が等しくなるように決まる金利と国民所得の関係を説明します。まず金利（i）が上がると、投資（I）が減少します。上の（1）式でいうと、左辺が減少します。投資と貯蓄が等しくならなければなりませんので、右辺の貯蓄が減少することになります。そして、貯蓄が減少するためには、国民所得が減少することになります。上記の関係は以下のように表されます。

$$i\uparrow \to I\downarrow \quad よって、\quad S\downarrow \to Y\downarrow$$

　結局、i↑⇒Y↓という関係となります。

　図表6-1にみるように、IS線は右下がりになります。すなわち、図上で金利（i）が上がれば、所得（Y）が下がっています。IS線上では、IとSが等しいです。

　同じことは、逆の場合でも言えます。

$$i\downarrow \to I\uparrow \quad よって、\quad S\uparrow \to Y\uparrow$$

　結局、i↓⇒Y↑という関係となります。

　まとめて言うと、IS線の上で投資と貯蓄が等しく、金利と所得の関係で、右下がりの線が引けるのです。

2）LM線

　LM線は貨幣の供給と需要が等しいという関係を表します。先に貨幣（money）について説明します。貨幣は現金と預金からなります。われわれの財布や自宅にある現金のみならず、家計や企業の普通預金、当座預金、定期預金などが含まれます。流動性（liquidity）の高い（すぐ利用が可能な）金融資産が貨幣です。

　貨幣以外の金融資産として証券があります。債券や株式です。こちらは流動性が低いです。例えば、10年物の国債があります。

　金融市場を考える場合、貨幣と証券の関係でみますが、後者は流動性が低い

（金融資産を「寝かせる」）分、金利が高いです。貨幣は流動性が高いですが、金利は低いです。よって、金利の変化により、以下の関係があります。

金利上昇 → 貨幣減少 → 証券増加

金利低下 → 証券減少 → 貨幣増加

ミクロ経済学で価格をシグナルとして、需要と供給が変化するように、金利が金融資産の配分を変えるのです。

それでは、貨幣市場について説明します。以下の関係があります。

$$貨幣供給 = 貨幣需要$$

貨幣供給は中央銀行が変化させる政策変数です。貨幣需要は次の2つからなります。

$$貨幣需要 = 取引需要 + 投機的需要$$

投機的需要とは、貨幣を投機的な意味でもつかどうかということです。上で説明した金利変化による証券需要との関係の貨幣需要です。金利が低いと投機的需要が増え、金利が上がると証券へ資金がシフトします。

上の式で、貨幣供給をMsとして、右辺の貨幣需要（Md）が所得（Y）と金利（i）に影響されるとして、以下の式が書けます。

$$Ms = Md$$
$$= L(Y, i) \cdots\cdots (2)式$$

Yに影響を受けるのが取引需要であり、iに影響されるのが投機的需要です。Msは政策として外から決められて一定とすると、以下の関係があります。

$$i \uparrow \rightarrow 投機的需要 \downarrow$$

左辺が一定ですので、右辺が一定であるためには、以下のようになります。

$$投機的需要 \downarrow \rightarrow 取引需要 \uparrow$$

そうすると、以下の関係になります。

取引需要↑→Y↑

結論として、以下のようになります。

$$i↑ \Rightarrow Y↑$$

したがって、図表6-1では、右上がりの線となります。すなわち、iが増えれば、Yが増えます。上記のことは、所得の変化でも言えます。すなわち、Y↓ ⇒ i↓です。

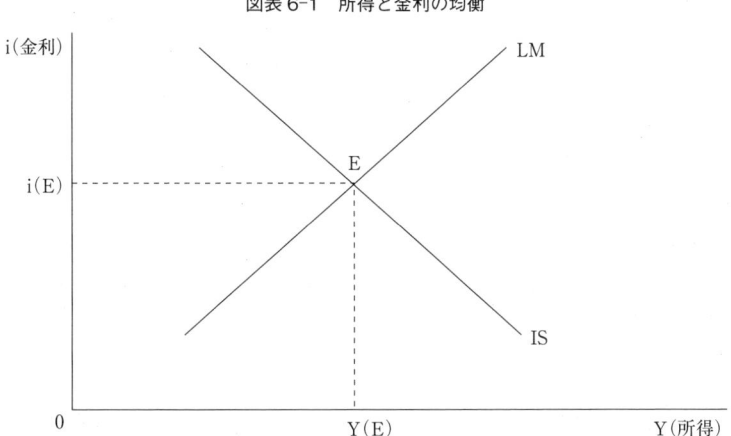

図表6-1　所得と金利の均衡

3）IS-LM線の均衡分析

次に、両線の均衡を説明します。ミクロ経済学の価格と数量との間で需要線と供給線が引けて、その交点で均衡価格と数量が決まります。それと同様に、金利と所得との関係において、IS線とLM線が引けてその交点で均衡金利とそれに対応する所得が決定します[1]。図表6-1の通りです。i（E）が均衡金利、Y（E）が均衡所得です。均衡とは、定常状態に落ち着くということです。

以上、IS線とLM線の均衡の説明を行いました。次に、政府や中央銀行の政策の影響をみることにします。政策の基本的説明は第1章第1節（4）で行いました。

4) 政府の財政政策の効果

まず閉鎖経済の初めに説明した Y＝C＋I に、政府（公共）支出の G を加えます。すなわち、

$$Y = C + I + G$$

$$I(i) + G = S(Y) \cdots\cdots\cdots\cdots\cdots\cdots\cdots (1)'式$$

この場合、C と I は民間消費と民間投資のみとなります。初めの式では、C と I に政府の消費（経常）支出と投資支出（公共事業支出）が含まれていたのです。

図表6-2で考えます。財政支出の増加は、金利を一定とすると、(1)′式の左辺の G の増加分だけ右辺の S、つまり Y を増やします。すなわち、IS曲線が右にシフトします。景気刺激のために政府支出増加が起こる場合が多いですので、Y を増やすことになります。新しい均衡点は、E′ となります。

重要な点は、上記の場合、金利が上がるということです。したがって、民間企業の投資活動を圧迫します。これを、政府支出増大によるクラウディング・アウト（Crowding-out）といいます。マネタリストなど新古典派は、政府が大きくなることの弊害として、財政政策の支出増加による景気刺激政策を厳しく批判してきました[2]。

一方、インフレ抑制などのために一時的に採用される政府支出削減は、逆に Y

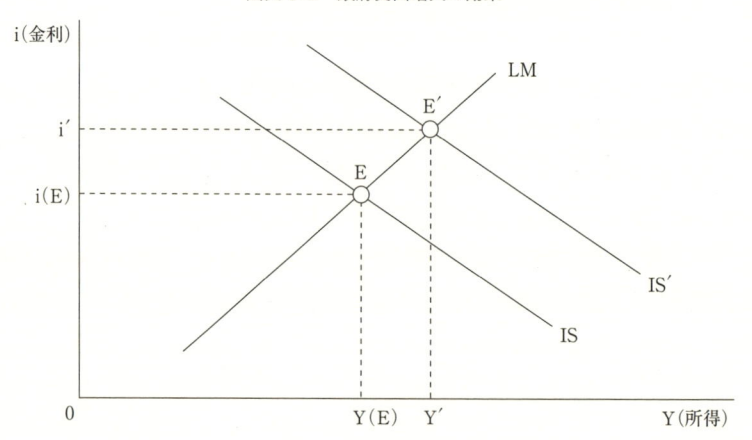

図表6-2　政府支出増大の効果

を減少させます。すなわち、IS線が左にシフトします。

5) 中央銀行の金融政策の効果

図表6-3によれば、政策変数としての貨幣供給（Ms）の増加は、金利を一定とすると、Yを増やします。すなわち、LM曲線が右にシフトします。景気刺激のために貨幣供給の増加がなされるのですが、Yを増やすことになります。新しい均衡点は、E′となります。

重要な点は、上記の財政政策の場合と異なって金利が下がるということです。したがって、民間企業の投資活動も活発となります。マネタリストが推奨するのが金融政策の中のこの貨幣政策というわけです。

インフレ抑制などのために一時的に採用される貨幣供給量削減は、逆にYを減少させます。すなわち、LM線が左にシフトします。

6) 政策実施による新しい均衡

以上、財政政策と金融政策の効果を別々に説明しましたが、実際には景気を刺激する際には財政支出増加と貨幣供給量の増加が同時に行われる場合が多いです。そうすると、二重の効果で、大きくYが増加します。

ここまでは、国内経済のみという閉鎖経済を対象としたマクロ経済学の理論です。

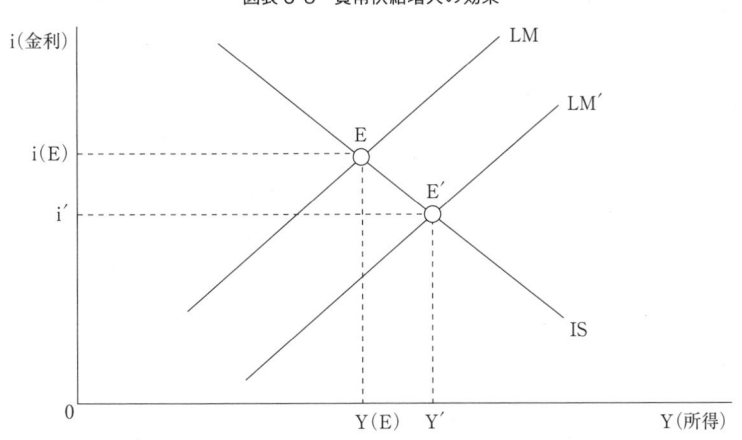

図表6-3　貨幣供給増大の効果

第2節 基礎理論

それでは、ここから海外部門を追加した開放経済で説明していきます。先に言いますが、論理の基本は上記の閉鎖経済と同じです。

1) 開放経済

閉鎖経済と同じく、Yを国民所得、Cを消費、Iを投資としますが、Gを政府支出、Xを輸出、Mを輸入とすると、以下の関係があります。

$$Y = C + I + G + X - M$$

一方、Sを貯蓄とすると、以下の関係があります。

$$Y = C + S$$

閉鎖経済でI＝Sであった関係が、以下のようになります。

$$I(i) + G + X - M = S(Y) \quad \cdots\cdots\cdots\cdots (1)''式$$

この関係は、第2章第3節（2）で論じています。ここで述べたいことは、海外部門（X－M）が加わっても、閉鎖経済の論理展開と同じということです。例えば、輸出の増加は政府の支出の増加と同じです。

2) 変動相場制度下の政策の効果

それでは、日本を含む先進工業国に多く、途上国も採用している変動相場制度下における財政政策と金融政策の効果をみます。

理論の基本設計として、小国で考えます。そして、前提として資本の移動が自由に行われるとします。そうすると、理論の初期設定として、当該国の国内の金利が国際金利と同じ水準で均衡しているとします。国内金利と国際金利が同じですので、資本移動が止まっているのです。図表6-1でいうと、$i(E)$が国内金利と国際金利が等しい水準です。

日本とアメリカを想定した財政政策と金融政策の効果は以下の通りです。

財政支出増大の場合　　財政支出の増大（IS線が右シフト）

→ 利子率上昇 → 投資減少 → 需要減少（投資と消費）〔上記の財政支出増大の効果を相殺〕

→ 利子率上昇 → 海外からの資本流入（ドル売り円買い）→ 円高ドル安

円高ドル安 → 輸出減少、輸入増大 → 需要減少（$Y=C+I+G+X-M$ の右側が減少）

結論として、財政支出の増大は当初IS線を右にシフトしますが、民間部門のクラウディング・アウトなどにより、IS線を左にシフトさせて、元の均衡水準に戻ります。すなわち、国民所得は増えません。

貨幣供給増大の場合　　上記の財政支出増加の場合の金利上昇が下落となり、以下のような好ましい効果をもたらします。

貨幣供給の増大（LM線が右シフト）

→ 利子率下落 → 投資増大 → 需要増大（投資と消費）→ 海外からの輸入増大（円売りドル買い）→ 円安ドル高

→ 利子率下落 → 海外への資本流出（円売りドル買い）→ 円安ドル高

円安ドル高 → 輸出増大、輸入減少 → 需要増大（$Y=C+I+G+X-M$ の右側が増大）

結論として、貨幣供給の増大はLM線とIS線の右シフトの相乗効果で、大きく国民所得を増やします。

3）固定相場制度下の政策の効果

途上国を中心に、固定相場制度を採用している国はまだ沢山あります（第2章第7節（3）参照）。政策の効果は、上記の変動相場制度の論理展開を踏襲できます。違いは、為替相場の変更がなく、金利の変化による海外との資本流出入が国内の貨幣供給を変動させる点です。結果は、変動相場制度と反対になります。単純化すると、以下のようになります。

財政支出増大の場合　　財政支出の増大（IS線が右シフト）

→ 利子率上昇 → 海外からの資本流入 → 貨幣供給増加 → LM線右シフト → Y増加

結論として、財政支出の増大はIS線とLM線の右シフトの相乗効果で、大きく国民所得を増やします。

貨幣供給増大の場合　　貨幣供給の増大（LM 線が右シフト）
→ 利子率下落 → 海外への資本流出 → 貨幣供給の減少 → LM 線が左シフト

結論として、貨幣供給の増大は当初 LM 線を右にシフトしますが、最後に LM 線を左にシフトさせて、元の均衡水準に戻ります。すなわち、国民所得は増えません。

第3節　現実の政策運営

　日本やアメリカを中心とする先進工業国では変動相場制度が採用されています。そこでは、財政政策の非有効性の主張に影響されて、金融政策が重用されています。具体的には、日本銀行、アメリカの中央銀行である連邦準備制度（理事会）、イギリスのイングランド銀行、ユーロ圏の欧州中央銀行が貨幣量の安定的な伸びを確保することにより、市場の活動に必要資金を供給し、また金利を低く設定するようにしています。そうすることにより、インフレ率も低く安定して、それがさらに金利の低位安定をもたらします。特に、イギリスとユーロ圏では、インフレ・ターゲティング政策が採られていますが、インフレ率の抑制が最大の政策目的となっているのです。

　先進工業国のこのような政策により、途上国においても、インフレ率が低く（ひと桁）、金利が低くなっています。先進工業国を中心とする世界では、慎重かつ機動的な金融政策（マクロ経済運営）により、平時にはマクロ経済の安定に成功しているのです。

　しかし、日本の「失われた10年」、2008年以降の世界金融危機の震源地のアメリカや欧州においては、金融市場が多大な不良債権を抱えたために不況が起こっており、低金利になっても景気がなかなか回復しません。金融市場発の不況は、回復に時間がかかるのです。

　このような緊急事態下では、さらなる赤字覚悟で財政支出の増加が行われました。しかし、その効果はあまり大きくありませんでした。むしろ、2010年と2011年のユーロ危機に見られるように、財政赤字が国際収支の赤字を通じて通貨の不安定をもたらしているのです。低い価格、低い金利の世界で、市場の主な経済主体は、厳しい競争の中で経済、金融活動を行っているわけで、政府の規律

の程度（財政再建の実行）に対して冷徹に通貨の売買を行っていると考えられます。

注
1) 均衡から外れる場合、ミクロ経済学と同様に金利の変化により、均衡に至ります。
2) 景気刺激の効果がないだけでなく、財政赤字をもたらすとの批判です。財政の収入の中心は税収ですが、経済成長率が高いと税収が伸びるという関係もあります。税収はそれ程増えず支出が増加しますから、赤字が大きくなるわけです。1970年代までの先進工業国における財政政策（ケインズ政策）による経済への悪影響を非難したものです。

# 第7章

国際経済・金融の政策と制度

第1節　全体的推移

　図表7-1に第2次世界大戦前から今世紀にかけての政策の推移を示しました。重要な点は、20世紀に2つの世界大戦に至ったとの反省から、多国間での協調的国際経済体制が樹立されたということです。

　先進工業国に関するブレトンウッズ体制は、1971年のニクソン米国大統領のドルと金との交換廃止により、崩壊したとされます。それまでは、金の価値をベースに固定為替相場制度が採られていましたが、その後日本も含めて先進工業国は変動相場制度に移行することとなりました。しかし、その後もマクロ経済政策面で国際的な協調体制はとられることとなりました。

　政策の内容としては、1930年代の大恐慌での成功により、第2次世界大戦後に政府の積極的な介入の立場をとるケインズ政策が採られました。しかし、70年代までには多くの先進工業国で不況とインフレ、経済効率の低下が生じて、市場を重視する新古典派の経済政策が採用されるようになりました。特に、マネタリストが提案した貨幣供給の安定化によるマクロ経済運営の向上と、徹底した市場の自由化が進められました。途上国については、第4節で述べますが、このような政策の変化を受けることとなりました。

図表 7-1　世界の経済政策の変遷

	第2次世界大戦前	1970 年代まで	1980 年代以降	2000 年以降	2000 年以降についての補足
国際経済体制					
	一国主義	多国間主義（ブレトンウッズ体制）による国際経済取引の規制緩和	多国間主義（ブレトンウッズ体制）による国際経済取引の大幅な規制緩和	多国間主義、ただし地域主義も	WTO 体制から各国主導の EPA・FTA 推進
各国の体制					
マクロ経済政策	ケインズ派経済政策（市場への政府の介入：財政・金融政策実施）	ケインズ派経済政策（市場への政府の介入：財政・金融政策実施）	新古典派経済政策（市場への政府の不介入：貨幣政策のみ重視）	新古典派経済政策（市場への政府の不介入：貨幣政策のみ重視）	為替市場への不介入主義も
セクター（部門）政策	ケインズ派経済政策（市場への政府の介入：民間活動への規制）	ケインズ派経済政策（市場への政府の介入：民間活動への規制）	新古典派経済政策（市場への政府の介入：民間活動への規制緩和）市場自由化の順序（生産物→金融→生産要素）	新古典派経済政策（市場への政府の介入：民間活動への規制緩和）市場自由化の順序（生産物→金融→生産要素）	生産要素として労働と土地が重要 金融市場への規制の再構築
〈発展途上国〉		政府主導の輸入代替工業化戦略	経済自由化の導入	経済自由化の継続 貧困削減重視	総仕上げとして公企業の民営化が焦点

出所：筆者作成。

第 2 節　ブレトンウッズ体制——1970 年代初めまで

（1）ブレトンウッズ体制

　第 2 次世界大戦後の国際金融制度は、世界経済全般の秩序および原則を規定したブレトンウッズ協定（Bretton Woods Agreement）による体制です。同協定は、1944 年に調印され、翌年、1945 年に 28 カ国によって署名・発効しました。
　その体制は、アメリカを中心とする西側の先進工業国によって樹立され、国際機関として国際通貨基金（International Monetary Fund: IMF）と世界銀行（World Bank）が誕生しました。

世界銀行は現在では5つの機関のグループを指しますが、当初設立されたのは国際復興開発銀行（International Bank for Reconstruction and Development: IBRD）です。IMF は 1947 年、IBRD は 1946 年に業務を開始しました。

両機関はブレトンウッズ協定によって設立されたので、ブレトンウッズ機関（Bretton Woods Institutions: BWIs）とも呼ばれます[1]。

両機関の融資については、初めは戦後復興のヨーロッパを中心とする先進工業国が主な融資対象国でしたが、これらの国々の経済の回復に伴って、その後途上国への融資が中心となりました。90 年代以降においては、融資対象国のほとんどは途上国です。問題は、両機関が英米の政権の政策に影響されて、1980 年代初頭から途上国や新興国に対して急激な経済自由化政策を強制したことです。

IMF は国際金融、マクロ経済を担当し、世界銀行は教育や経済インフラなどの開発を扱います。本節（2）で説明しますが、国際貿易について世界貿易機関（WTO）が世界規模での貿易自由化を推進する役割を努めます。各国別の貿易自由化は IMF が推進します。

重要なことは、IMF・世界銀行の活動が、G7 などの方針へのインプットとして、あるいは G7 会議をインプットとしての具体化として位置付けられることです。例えば、まず IMF が『世界経済見通し』を発表して、それをベースに世界経済や途上国経済の問題が論じられるのです。

そして、通常 G7 の方針は、主要国首脳会議（サミット）でより公式に決定され、世界に向けて発表されます。このように、IMF と世界銀行の業務は主要先進工業国の政策を大きく反映したものと言えます。

（2）貿易体制

1）全体の体制

第 2 次世界大戦後の貿易体制・政策を理解する場合、国際機関を介する多国間の取り決めと、IMF による各国別の貿易自由化の両方を見る必要があります。すなわち、世界規模で貿易や投資の自由化を進めてきた GATT と世界貿易機関（WTO）の会合の進捗と、IMF 主導で途上地域において各国ベースで急激に進められる貿易自由化の進捗を把握する必要があります。

IMF と世界銀行は、1944 年のブレトンウッズ協定によって設立されまし

た。貿易については、1948年に「関税および貿易に関する一般協定」（General Agreement on Tariffs and Trade: GATT）がジュネーブに設立されました。その後、GATTは東京ラウンド、ウルグアイ・ラウンドなどの関税一括交渉を行い、1995年の世界貿易機関（World Trade Organization: WTO）設立となりました。

WTOはGATTより広い分野をカバーしています。財の貿易のみならず、サービス貿易、知的所有権、貿易関連投資措置などへの分野拡大、その他の付随サービスを対象としています。また、貿易を巡る国際的訴訟の申し立てを受け入れ、審判を下します。

一方、WTOに加盟するために国際取引制度や国内経済構造の改革が求められていますが、その内容はIMF・世界銀行主導で個々の途上国に課してきた広範な自由化や民営化と同じです。中国はIMFなどの経済全般にわたる政策条件を受けてきませんでしたが、2001年12月のWTO加盟後に同じ構造改革を遵守することが求められました。その実施により、2002年から日本企業の中国国内の市場向けの投資が急増しました。

2）GATT（「関税および貿易に関する一般協定」）

1948年に設立されたGATTは、東京ラウンド（1973～79年）、ウルグアイ・ラウンド（1986～94年）などを通じて、先進工業国に加えて、途上国の貿易自由化に寄与してきました。

ケネディ・ラウンド交渉妥結が1967年、東京ラウンド交渉妥結が1979年と、10年毎に自由化を進めてきました。ウルグアイ・ラウンドについては、1994年に閣僚会議が開かれて、マラケシュ宣言が発表されました。

IMF・世界銀行主導の経済自由化は1980年から急速に進められていますので、その時点で途上国で自由化の面で多くの進展があったといえます。

ウルグアイ・ラウンドの交渉においては、アメリカ、欧州、日本、途上国代表の四者会合がリードしました。日本は世界第2位の経済大国として、また韓国やスイスなど食糧輸入国を代表してこの会議に臨んでいました。

当時、日本にとっての難題はコメの自由化でした。ラウンド締結のために、食糧の輸入で妥協する必要があったのです。日本は、欧州とも共闘を行い、「農業の多面的機能」という理由も持ち出して、コメ自由化を阻止しようとしました。

最終的に、国内で合意を得ることができなかったのですが、欧州がラウンド妥結に向けて、穀物輸出国のアメリカと途上国の側について、日本は孤立することとなりました。そして、コメ輸入を飲まざるを得なくなってしまいました。ミニマム・アクセスということで、ラウンドの合意に押し切られたのです

3）世界貿易機関（WTO）

世界貿易機関（World Trade Organization: WTO）は1995年1月に設立しました。新しい貿易自由化交渉であるドーハ・ラウンドは2001年11月にカタールのドーハにおける閣僚級会議で開始されました。実際は、1999年12月にシアトルで開かれた会議で新しいラウンドを開始する予定でしたが、同会議において、1994年に合意されたウルグアイ・ラウンドで積み残された課題の進め方で合意が得られませんでした。そして、2001年まで持ち越したのです。

また、シアトルの会議では反自由貿易の活動家が多数終結し（5万人）、反グローバル化の大きな騒乱が起こった初めての国際会議となりました。本来は、シアトル・ラウンドであったのです。このような反対運動はその後も続くこととなりました。

ドーハ・ラウンドの交渉がうまく進まない理由としては、IMFなどの主導でかなり自由化を進めてきたにもかかわらず、鉱工業分野でさらなる自由化を求める先進工業国への途上国の反発は強いことがあります。また、IMF主導により比較的自由化の進んだ途上国の側が、農産物を中心に自由化が進んでいない先進工業国に譲歩を求めるという対立があることが挙げられます。さらに、それまでの長期にわたる先進国主導のGATT、WTO交渉への反発から、交渉の主導権を巡る争いもあるようです。そして、インドやブラジルなどが中心となって、途上国側が団結して、より多くの譲歩を求めるようになったのです。

ドーハ・ラウンドの交渉においては、日本のリーダーシップは発揮されていません。このラウンドでは、アメリカ、欧州に対して、途上国代表としてインドとブラジルが交渉をリードする状況となったからです。コメの自由化について国内で合意できない日本は、食糧輸入国を代表するのみでした。

4）最近のWTO交渉の進捗

2011年8月時点で、ドーハ・ラウンド合意の可能性が低くなりました。このために、WTOによる多国間の取り決めではなくて、各国が都合のよい相手国・

地域と結ぶ二国間の取り決め、FTA や EPA 重視へ移行するのではないかと見られています。世界規模での自由化から、FTA, EPA など排他的な自由化への移行です。

　ただし、重要な点は、GATT における関税一括交渉の妥結、そして 80 年代初頭からの世界規模での貿易自由化政策の実施により、今日の世界経済はかなりの程度貿易の障壁が減っているということです。「排他的」な FTA や経済統合とはいえ、妥結国と被妥結国との間の関税などの障壁が以前と比較するとかなり減っている世界なのです。

　また、以前 GATT の特例措置として認められた手段が許容されなくなっています。例えば、WTO が認める緊急輸入制限措置（セーフガード）です。国際収支赤字や失業増大などの理由での輸入制限は支持されなくなり、また貿易論で積極的な輸入保護政策として評価されてきた幼稚産業育成も、今日の途上国にとっては困難になっているのです。

　最後に、2008 年からの世界金融危機に対して、1930 年代の大恐慌時に各国が保護主義に走った経験を教訓として、第 1 回 G20 サミットではそうしない決意が表明されました。

第 3 節　ブレトンウッズ体制後の推移

（1）経済自由化の推進

　1980 年あたりから英米主導で進められた経済自由化は、その後世界中の国を席巻することとなり、今日では賛否両論があるとはいえ、その枠組みは既に多くの国の経済にしっかりと根を下ろしています。

　歴史的な経緯でみると、イギリスのサッチャー政権は 1979 年、アメリカのレーガン政権は 1981 年に樹立され、これらの「新保守主義」政権は、自国で経済自由化を進めると同時に、世界のすべての国に対しても強制しました。

　英米主導の自由化は包括的なものであり、財・サービス市場のみならず、当初から金融部門・市場の自由化も含んでいました。先頭を切る英国においては、1986 年から抜本的な金融改革（ビッグバン）が開始されました。日本でも 1996-2001 年に日本型ビックバンが実行されましたが、アメリカを含めて 21 世紀まで

図表 7-2 構造改革（経済自由化）政策の設計

政策分野	改革の内容	補足説明
マクロ経済政策		
●財政政策		
歳入	税率の適正化	減税と増税
歳出	政府支出削減	
	賃金の抑制	
●金融政策	直接介入から間接介入へ。貨幣供給量操作、 金利自由化、オペによる金利誘導	預金準備率操作も行わない 銀行間金利が対象
●為替政策	変動相場制への移行	
	直接介入から間接介入へ。財政・金融政策に よる相場誘導	直接的な為替介入は原則行わない
	為替レート（相場）切下げ（貿易赤字国）	黒字国は切り上げ
狭義の構造改革政策		
●経済開放政策		
○為替管理制度	変動相場制への移行	
	為替業務ライセンス供与の透明化	
○輸入管理制度	関税削減	
	非関税障壁の撤廃	
	輸入業務ライセンス供与の透明化	輸出管理も同様
○投資収益	海外送金の自由化	
○資本取引の自由化	外国投資への制限の削減	国内経済主体も含む
	外国投資への優遇措置供与	
●国内市場自由化政策		
○以下の全市場共通	規制緩和・削減（価格規制、参入規制対象）	異業種参入、上記外資導入も進める
	公企業改革（民営化を含む）	
○（生産）財市場	食糧作物部門の改革（買付け価格の適正化、 民間買付け業者の参入）	
	製造業品の価格自由化	
○サービス市場 　　（金融は以下）	公共料金の適正化	
○生産要素市場	資本財（輸入）市場の自由化	
	労働市場の自由化	
	土地利用の弾力化	
○金融市場	業務規制の緩和	ただし、規制の適正化も必要
	金融機関自らによる業務透明化	金融当局による監視強化
	公的金融の削減	
●公的部門改革政策		
○中央政府の改革	徴税システムの改善	
歳入	直間比率の適正化	消費税導入も対象
経常支出	雇用数の削減	
	賃金率の適正化	
	社会保障制度の効率化	
	補助金の削減	
投資支出	費用対効果の上昇	
	民間委託	
直営事業	経営改善	
	民営化を含む民間活用	外資導入を含む
○地方政府の改革	上記中央政府に準じる政策	
	加えて、中央政府との間の資金配分適正化	
○公企業の改革	経営改善	
	民営化を含む民間活用	外資導入を含む

出所：筆者作成。

に急激な金融自由化が進みました。

　国際資本取引が世界に向けてオープンになったゆえに、中長期的な投資である直接投資（工場建設など）のみならず、株式投資など短期の投資である証券投資も自由に行われるようになりました。コンピュータを使って瞬時に資金が国内外を移動するようになったのです。その結果、今日では貿易額の何倍もの資金が移動するようになり、為替レート、株価など経済へ大きな影響を及ぼすようになりました。

　日本など先進工業国に対しては、アメリカが二国間交渉で強力に圧力をかけて政策を実施させました。日本については、第2次世界大戦後すぐに日米貿易摩擦が起こり、貿易自由化などが課されました。1989年に日米構造協議、1993年に日米包括経済協議と総括的な自由化交渉が行われました。これらの協議以前はマクロ的政策を中心としていたのに対して、構造政策、すなわち産業別へのミクロ的介入政策が導入されました。重要なことは、アメリカのアプローチは包括的な構造改革（経済自由化）であったということです。そして、第4節でみるように、同じ内容が途上国にも課されるようになりました。

　主な政策の内容を図表7-2に示しました。

（2）世界金融危機
1）経　緯

　2007年から始まり、2008年に深刻な危機に陥った今日の世界金融危機の経過は、以下の通りです。

2007年8月	フランスのBNPパリバ銀行が大幅損失を計上。
2008年1月	ソシエテ・ジェネラル社の若手投資家が不法取引により逮捕。
2008年3月	アメリカ投資銀行5位のベアー・スターンズが破産寸前にいたる。JPモルガンに吸収される。
2008年9月15日	アメリカ証券大手リーマン・ブラザーズが経営破綻。
2008年9月15日	バンク・オブ・アメリカが証券大手メリルリンチの買収を決定。
2008年9月16日	アメリカ保険最大手AIGが政府管理下に。
2008年9月29日	アメリカ下院が金融救済法案を否決。
2008年10月3日	アメリカ下院が金融救済法案を可決。
2009年2月27日	アメリカ財務省がシティバンクの筆頭株主となる。

2007年8月の問題は、サブ・プライム危機と言われました。アメリカにおける信用力の低い低所得層を相手とするサブ・プライム・ローン（sub-prime loan）が対象です。それを組み込んだ多くの証券化商品が世界中で売りさばかれたのですが、アメリカにおける住宅ブームの終焉により同ローンが回収困難となり、連鎖的に証券化商品の不良債権化と金融機関の経営悪化や破たんが起こりました。

　その後、2010年、2011年とユーロ危機が発生して今日に至っています。当初から金融市場に端を発する危機は長引くと言われていましたが、2011年末時点で経済の回復の見通しは立っていないのです。

　この金融危機の原因は、第1に個々の金融機関が市場のルールとしての情報開示、規律、自己責任を十分に行わなかったということと、第2にその状況を十分に公的機関が監督・監視しなかったこと、です。後者に関しては、アメリカにおいては、多くの監督機関が限られた業務の監督しか認められておらず、どの機関も全体的な状況を十分に把握できなかったといわれています。

　イギリスについては、政府から離れる形で、独立の機関として金融サービス機構（Financial Services Authority: FSA）が発足し、しかも一元的な監督業務を与えられていました。しかし、そのイギリスでさえ今回の危機を十分に予見できなかったのです。

　一方、金融危機の根底にある問題は、アメリカの財政赤字による国際収支の赤字がドル安を招いていたことである、と言われます。財政赤字は国内の需要を過大にしており、金融市場の自由化の徹底も相俟って、住宅や土地を含む資産の価格高騰、つまりバブルが生じたのでした。

２）国際金融制度改革

　リーマン・ブラザーズ破たん後に未曾有の株価暴落が世界の主要国で相次いで起こり、同社破綻の9月15日の2か月後にG20サミットが開催されました。G7では対応困難との認識で、フランスなど欧州諸国が主導して実現したものです。

　その大きな成果は、各国における金融自由化を反省して、各国内のすべての金融部門ないし市場と国際的な同分野において重要な改革がなされたということです。総じて言えば、すべての市場、主体、商品に対して規制ないし監督が厳しくなったということです。

2009年4月のG20ロンドン・サミットのホストのイギリス、ブラウン首相は、サミット後の記者会見で、はじめてヘッジ・ファンド、格付会社、租税回避地域（タックス・ヘイブン）が規制の対象となったと述べました。

　また、国際的な監視体制として、ブレトンウッズ機関の機構改革も行われました。機構に関わる提案内容は、出資金によって投票権が決められて、それまでのアメリカや西欧諸国の影響が大きい状況を、変えようというものです。具体的には、投票権を決めるクォータ（出資金）の比率を、先進工業国の分から新興市場国や途上国へ移転することです。第2次世界大戦後今日にいたる経済力の変化を対応させようというものです。

　そして、すべての開発金融機関の長および幹部の選出が透明性をもって実施され、実力本位で選出されべきであるとの提案がなされました。

第4節　途上国の政策

　多くの途上国は、第2次世界戦後に政治的な独立を獲得すると同時に、経済的な自立を図るべく、輸入代替工業化政策を採用しました。インド・モデルに代表されるように、政府主導の経済発展が進められたのです。ところが、経済効率の低下により、ほとんどの国々が1970年代末から80年代初めにかけて、深刻な経済危機に直面しました。

　当時、1980年代前後に誕生したイギリスとアメリカの新保守主義政権は、自国で自由化を進めると同時に、債務困難でIMFや世界銀行に救済を求めてきた途上国に対して、同様な自由化政策を課しました。途上国における貿易、投資、金融に及ぶ広汎な経済自由化は、1980年からブレトンウッズ機関（IMF・世界銀行）主導で、各国ベースで強制的かつ急速に進められてきました。

　英米生まれの新古典派経済理論に根ざした政策内容について当初から今日まで見解の対立がありますし、実績として自由化政策の経済や貧困への悪影響が指摘されてきました。また、世界規模での国別の所得格差を拡大したと、NGOなどが厳しく非難しています。

　一方、今日新興市場経済と呼ばれる国々は、1980年からIMF・世界銀行主導で、各国ベースで強制的かつ急速に進められてきた貿易や外国投資を含む広汎な

経済自由化によって誕生したものです。新古典派経済理論に根ざした政策内容が、よく言われる世界経済のグローバル化に大きな貢献をしたことは間違いないことです。

最後に述べるべきは、英米主導、途上国に対してはこれらの国をバックにしたIMF・世界銀行主導の政策枠組みはある程度評価されるかもしれませんが、政策内容の骨子である自由化については今日再検討がなされています。市場をいかに規制するかということが最も重要な政策課題となっているのです。これは、まさしく2008年以降の金融危機下における金融市場の規制に関わるものです。

注

1) IFIs (International Financial Institutions) という用語も使われます。IFIs は広義にはアジア開発銀行などを含みますが、欧米の識者の文献では最も影響力のある両機関だけを指すことが多いです。

第8章

経済協力と援助

　本書では、類書と違って経済協力と援助について論じます。国際経済論や国際経済学の守備範囲にはこの分野が入り、少ないながら経済協力や開発金融について章を設けている著作はあります。もちろん、別に経済協力論や開発金融論の書籍もあります。

　本章でも、一国経済にとって海外からの支援が重要であり、民間の投資や融資だけでなく公的ベースの協力や援助も当該国に貢献するとの観点から、経済協力と援助を分析対象とします。援助としては、政府開発援助（Official Development Assistance: ODA）を扱います。当然のことながら、途上国にとって経済協力と援助は大変重要です。

　経済協力などについては、受け手の途上国だけでなく、資金の出し手の先進工業国も対象となります。

第1節　基礎事項

　経済協力やODAの供与側から見て、図表8-1の構成があります。この図は、受け手の国にとってももちろん同じ構図となります。ここでは、この図の国際協力と広義の経済協力の部分を説明します。その後の部分は、第2節で論じます。

　まず国際協力を全体的に捉えると、広義の経済協力は重要です。外交の一環として、経済外交と言うこともあります。正規の軍隊を持たない日本にとって、経済協力、特に公的協力であるODAは対外的に影響を行使する重要な手段です。

　また、政治協力や軍事協力として予算の計上はありませんが、間接的に支援するものとしてODAを中心とした公的援助が実施されてきました。たとえば第4

節の政策のところで説明しますが、2001年の同時多発テロの後に米英主導で進められた紛争国への日本の支援などがあります。

広義の経済協力は、ODAを中心とした狭義の経済協力だけではありません。図表8-1の水準からみると、マクロ経済協力があり、民間協力として通商協力（貿易）と投資（直接投資等）があります。他の生産要素として、人的協力として外国人労働者受入があります。

特に通商協力に関して、自由貿易協定（Free Trade Agreement: FTA）、経済連携協定（Economic Partnership Agreement: EPA）があります。EPAは

図表8-1　国際協力と経済協力

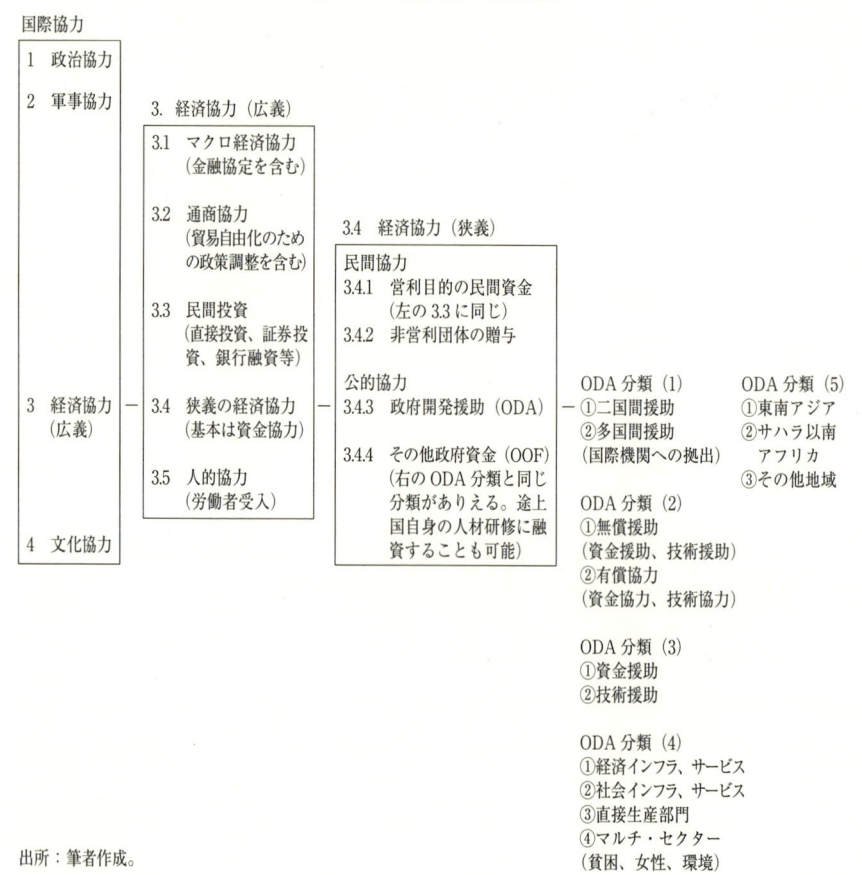

国際協力				
1 政治協力				
2 軍事協力	3. 経済協力（広義）			
	3.1 マクロ経済協力（金融協定を含む）			
	3.2 通商協力（貿易自由化のための政策調整を含む）	3.4 経済協力（狭義）		
		民間協力		
		3.4.1 営利目的の民間資金（左の3.3に同じ）		
	3.3 民間投資（直接投資、証券投資、銀行融資等）	3.4.2 非営利団体の贈与		
3 経済協力（広義）		公的協力	ODA分類(1)	ODA分類(5)
	3.4 狭義の経済協力（基本は資金協力）	3.4.3 政府開発援助（ODA）	①二国間援助 ②多国間援助（国際機関への拠出）	①東南アジア ②サハラ以南アフリカ ③その他地域
	3.5 人的協力（労働者受入）	3.4.4 その他政府資金（OOF）（右のODA分類と同じ分類がありえる。途上国自身の人材研修に融資することも可能）	ODA分類(2) ①無償援助（資金援助、技術援助） ②有償援助（資金協力、技術協力）	
4 文化協力			ODA分類(3) ①資金援助 ②技術援助	
			ODA分類(4) ①経済インフラ、サービス ②社会インフラ、サービス ③直接生産部門 ④マルチ・セクター（貧困、女性、環境）	

出所：筆者作成。

上記の投資と人的協力を含みます。例として、日本のインドネシアやフィリピンからの看護師・介護福祉士受け入れがあります。

重要なことは、出し手と受け手の双方にとって、経済協力や援助を他の国際協力手段とどう位置付けるのか、どう関連付けて実施するのか、ということです。

第2節　趨勢と現況

上記では広義の経済協力までを分析して、その構成要素として狭義の経済協力まで挙げました。狭義の経済協力の構成は第3節で説明しますが、ここでは日本の近年の実績を図表8-2に示しました。この表は、外務省の『ODA白書』で「開発途上国への資金の流れ」というタイトルで掲載されます。

表8-2　日本の経済協力（途上国への資金の流れ）

（支出純額ベース、単位：百万ドル、％）

項目			暦年	1999年	2000年	2005年	2006年	2008年	2009年
政府開発援助	二国間	贈与		5,539	5,813	9,275	7,734	7,764	5,327
		無償資金協力		2,340	2,109	6,525	5,050	4,777	2,209
		技術協力		3,199	3,705	2,749	2,684	2,987	3,118
		政府貸付等		4,959	3,827	1,210	−251	−940	674
		計		10,498	9,640	10,485	7,483	6,823	6,001
	国際機関に対する出資・拠出等			4,888	3,779	2,799	3,878	2,777	3,467
	（ODA）計			15,385	13,419	13,283	11,361	9,601	9,469
	（対GNI比（％））			(0.35)	(0.28)	(0.28)	(0.25)	(0.19)	(0.19)
政府資金	その他	輸出信用（1年越）		−755	−1,552	−1,047	−1,248	−629	−786
		直接投資金融等		7,242	−3,052	−357	4,671	−1,952	7,498
		国際機関への融資等		1,231	−252	−997	−294	594	1,525
	（OOF）計			7,718	−4,855	−2,401	3,129	−1,986	8,237
民間資金	輸出信用（1年越）			−2,292	−358	−3,329	7,375	−4,878	−1,220
	直接投資			7,882	6,191	23,200	20,639	25,710	19,440
	その他二国間証券投資等			−4,546	478	2,295	−2,002	3,952	7,010
	国際機関への融資等			−4,114	−52	81	−928	−1,046	1,987
	（PF）計			−3,070	6,259	22,247	25,084	23,738	27,217
民間非営利団体による贈与				261	231	255	315	452	533
資金の流れ総計				20,294	15,053	33,385	39,889	31,805	45,456
（対GNI比（％））				(0.45)	(0.31)	(0.72)	(0.89)	(0.63)	(0.63)
国民総所得（GNI）（億ドル）				45,559	48,076	46,611	44,860	50,421	52,231

出所：外務省『ODA白書』各年版。

この表は日本の世界の途上国などへの協力を示したものですが、受け手にとっては経済協力全体の構成となっています。項目の説明は第3節で行います。

　狭義の経済協力の主要項目はODAです。1980年代末のバブル経済が終息して「失われた10年」を過ごした日本は、この間10年間にわたり世界一の援助国でした。

　具体的には、日本のODA（支出純額ベース）は、1991年に初めて世界一となり、2000年までの10年間その座を守りました。1995年には、2位を大きく引き離す144億9,000万ドルの史上最高実績を残しました。しかし、2001年以降は低迷し、2005年に132億8,000万ドルと上昇しましたが、その後は低下傾向です。2009年は94億7,000万ドルの水準であり、2010年には世界第5位の拠出国となっています。

　途上国各国にとっての官民の経済協力の統計は、世界銀行の『世界開発金融』(Global Development Finance: GDF) にあります。GDFは、途上地域・国への先進工業国からの投資全般を扱っており、証券投資も含まれます。

　それによれば、2005年からサブ・プライム問題が顕在化する2007年にかけて、途上国への国際民間資本（債券と株式）の流入が純額で過去最高水準に達しました。そのかなり多くは、途上国の中で市場規模が大きく成長率の高い新興市場国を中心とした中所得国向けです。

　一方、この間、公企業の民営化や国際的吸収・合併が積極的に行なわれ、外国直接投資（FDI）が大幅に伸びています。しかも、途上国と先進工業国間の南北のフローだけでなく、途上国間の南南フローは、特にFDIを中心に、南北フローを上回るペースで増えつつあります。

　地域別に詳しくみると、東アジアへの投資、特に、中国と香港への投資が比較的大きいです。東南アジアでは、シンガポールの水準が高いです。東アジアは97〜98年の通貨危機後に直接投資が回復しませんでしたが、現在ではそれ以前の水準に戻っています。

　また、世界金融危機前まで東欧が最も投資を受け入れていました。市場経済移行の選択をした東欧への西欧からの投資が増えていたのです。また、1999年のユーロ圏設立後の欧州の経済統合の一層の進展が期待されてのことだと考えられます。2008年からの世界金融危機の中では、ハンガリーなどが真っ先に経済危

機に陥りました。

第3節　捉え方の基本

　狭義の経済協力は図表8-2のような構成になります。政府開発援助（ODA）は青年海外協力隊派遣を含みます。公的支援として、その他政府資金（OOF）があり、ODAとの主な違いは金利が高いことです。また、融資の目的が、エネルギー確保や国際競争力強化となっています。

　その他に、営利目的の民間資金（private fund: PF）があります。民間企業の投資・融資です。また、非営利目的の民間資金（ボランティアなど）があります。

　ODAは二国間拠出と国際機関への拠出に分けられます。ODAの主な構成要素は、図表8-1の右側に分類しました。最後の地域の面では、従来東南アジアを含む東アジアの比重が半分以上を越えていましたが、1990年代中頃からの援助改革により、サハラ以南アフリカへの援助の比率が高まっています。この地域への援助は無償協力であるべきとの欧米の主張があり、日本にとって民間協力としてより重要なアジアに対するODAやOOFによる有償資金協力との間でどのように配分するかが重要になっています。

第4節　政　　策

　日本には全般的な経済協力や援助に関する法律はなく、行政府が政策を立案しています。閣議決定事項であり、国会で議論されたものではありません。イギリスは「国際開発法」を制定しています。日本では、立法府でなく、行政府主導であり、特に外務省や財務省の官僚が立案してきたのです。

　機構としては、10以上の省などがODAに関わりますが、外務省が格上げされて主務官庁となっています。しかし、国際機関への拠出を行う多国間援助、ODAの中の有償資金協力については、財務省の影響力が大きいです。

　ODAの政策の基本構造は、ODA大綱、中期政策、国別援助計画です。1992年に初めてのODA大綱が閣議で了承され、2003年に改定されました。

　大綱は基本方針を示しているのに対して、中期政策はその中期的な実施のため

の政策です。重点分野・部門や重点地域、そして援助の方法が具体的に示されています（図表8-3参照）。

2010年6月の「ODAのあり方に関する検討」は、民主党政権下の初めてのODA政策文書です。それまでのODAの政策を踏襲していますが、貧困削減に続いて平和への投資が重要な柱となっています。同時多発テロ以降の紛争国への支援へ力を入れようということです。

図表8-1では、最後の右側で、ODAをいくつかの基準で分類しました。今日の特徴は、欧米主導の援助改革に対応して、無償援助、技術援助、社会インフラ・サービス、サハラ以南アフリカが重要となっています。

経済協力ないし開発金融に関して過去30年間弱の期間で重要であったことは、途上国におけるIMF・世界銀行主導の構造改革支援の融資でした。日本は最大級の協調融資を行った国です。そして、重要な政策がその融資の政策条件であったIMF・世銀主導の構造調整計画（Structural Adjustment Program: SAP）でした。国際金融自由化や公企業民営化などを含む広範な経済自由化が課された

図表8-3　ODA政策の目的と重点分野

年	平成4年 1992年	平成15年 2003年	平成17年 2005年	平成22年 2010年6月
政策	旧ODA大綱	現行のODA大綱	ODA中期政策	ODAのあり方に関する検討
目的	人道的見地、相互依存関係、環境保全の考えのもとに、自助努力支援	国際社会の平和と発展に貢献し、これを通じて我が国の安全と繁栄を確保する		開かれた国益の増進―世界の人々とともに生き、平和と繁栄をつくる
重点分野	重点項目 地球的規模の問題への取組　基礎分野（BHN）等　人づくりおよび研究協力等技術の向上・普及をもたらす努力　インフラストラクチャー整備　構造調整等	基本方針 開発途上国の自助努力支援　人間の安全保障の視点　公平性の確保　我が国の経験と知見の活用　国際社会における協調と連携	重点課題 貧困削減　持続的成長　地球的規模の問題への取組　平和の構築	開発協力の3本柱 貧困削減　UNMDGsへの貢献　平和への投資　持続的な経済成長の後押し
追加	重点地域をアジアに。			

出所：外務省『ODA白書』各年版を利用して筆者作成。

のです。

　その結果として、途上国で経済の自由化や公的部門の民営化が進み、援助の対象は貧困削減に向けられるようになりました。サハラ以南アフリカを中心とする低所得国の絶対貧困層を減らすというのが、国連ミレニアム開発目標の一つとして掲げられています。

　また、この間、東側ブロックが崩壊し、その後援助の重点国に紛争国が加わったこともありますが、政治面、軍事面の協力に経済協力や援助が使われるようになりました。その際に、上記の経済自由化が長期に渡り、かつ被援助国の政府予算までの細部に至る政策介入が実行されたのですが、加えて政治面、軍事面での欧米諸国の政策介入が常態化することとなりました。

参考文献・統計

国際経済取引全般、世界経済（本書第1～2章、第6～7章）

伊藤元重（2005）『ゼミナール国際経済入門』日本経済新聞社。
岩本武和他（2007）『グローバル・エコノミー』新版、有斐閣。
総務省統計局『世界の統計』各年版。
深海博明編（1999）『国際経済論』八千代出版。
矢野恒太記念会『世界国勢図絵』国勢社、各年版。
International Monetary Fund (IMF), *Annual Report on Exchange Arrangements and Exchange Restrictions*, various issues.
IMF, *International Financial Statistics*, various issues.
IMF, *World Economic Outlook*, various issues.
Krugman P. et al. (2006), *Macroeconomics*, Worth Publishers.
Routledge, *Europa World Year Book*, various issues.
World Bank, *Global Development Finance*, various issues.
World Bank, *Global Economic Prospects*, various issues.
World Bank, *World Development Indicators*, various issues.
World Bank, *World Development Report*, various issues.

貿易、投資（本書第3～4章）

伊藤元重（2005）『ゼミナール国際経済入門』日本経済新聞社
日本貿易振興会『世界貿易投資報告』各年版。
Institute for Management Development (IMD), *World Competitiveness Yearbook (WCY) 2011*.
International Finance Corporation, *Doing Business*, various issues.
World Economic Forum, *Global Competitiveness Report*, various issues..

国際金融、金融（本書第5章）

アイケングリーン（Eichengreen）(2003)『国際金融アーキテクチャー：ポスト通貨危機の金融システム改革』勝悦子他訳、東洋経済新報社。（著者はIMF元上級アドバイザー）
(原著：Eichengreen (1999), B., *Toward a New International Financial Architecture: A Practical Post-Asia Agenda*, Institute for International Economics.)
有吉章（2003）『図説 国際金融』改定12版、財経詳報社。
呉文二他（2004）『金融読本』第25版、東洋経済新報社。
酒井良清・鹿野嘉昭（2006）『金融システム』第三版、有斐閣。
秦忠夫、本田敬吉（2002）『国際金融のしくみ』有斐閣。

渡辺信一（2008）『入門新しい金融・ファイナンス』日本評論社。

Bank for International Settlements (BIS), *Triennial Central Bank Survey* 2007, 2010.

Goldman Sachs (2003), *Dreaming with BRICs: The path to 2050*, Global Economics Paper No.99.

IMF, *Global Financial Stability Report*, various issues.

経済協力、開発経済学、途上国経済（第8章）

大野健一（2002）『途上国のグローバリゼーション』東洋経済新報社。

外務省『政府開発援助（ODA）白書』各年版。

黒崎卓・山形辰史『開発経済学―貧困削減へのアプローチ』日本評論社。

坂元浩一（1996）『国際協力マニュアル―発展途上国への実践的接近法―』勁草書房。

坂元浩一（2008）『IMF・世界銀行と途上国の構造改革：経済自由化と貧困削減を中心に』大学教育出版。

坂元浩一（2009）『新興市場国サーベイ―グローバル・スタンダードと構造改革―』大学教育出版。

世界銀行（2005）『世界銀行ガイド』田村勝省訳、シュプリンガー・フェアラーク東京。

原洋之介（2001）『現代アジア経済論』岩波書店。

速水祐次郎（1996）『開発経済学：諸国民の貧困と富』創文社。

矢内原勝編（1996）『発展途上国問題を考える』勁草書房。

World Bank (1993), *The East Asian Miracle: Economic Growth and Public Sector Development*, Policy Research Report, Oxford University Press.（邦訳：世界銀行『東アジアの奇跡』）。

○国際通貨基金（IMF）と世界銀行がWEB上で公開する報告書の解説と利用方法は、下記で説明してあります。

坂元浩一（2008）『IMF・世界銀行と途上国の構造改革：経済自由化と貧困削減を中心に』付録（241～250ページ）。

■ 著者紹介

坂元　浩一（さかもと　こういち）

東洋大学国際地域学部教授
慶應義塾大学経済学部卒業、同大学院後期博士課程修了、博士（経済学）。インド政府商務省貿易振興局、国際連合開発技術協力局（マクロ経済専門家としてアフリカ政府に4年間勤務）、（財）国際開発センター（6省庁共管）などを経て現職。他に、日本政府招聘官僚研修講師、慶應義塾大学法学部と同大学院の非常勤講師。

主な業績

『世界金融危機　歴史とフィールドからの検証—G20、国際金融制度改革、途上国—』大学教育出版、2010年

『IMF・世界銀行と途上国の構造改革—経済自由化と貧困削減を中心に—』大学教育出版、2008年

『国際協力マニュアル—発展途上国への実践的接近法—』勁草書房、1996年

教養系の国際経済論
―総合理解から次の一歩まで―

2012年5月10日　初版第1刷発行

■ 著　　　者――――坂元浩一
■ 発 行 者――――佐藤　守
■ 発 行 所――――株式会社　大学教育出版
　　　　　　　　〒700-0953　岡山市南区西市855-4
　　　　　　　　電話（086）244-1268　FAX（086）246-0294
■ 印刷製本――――モリモト印刷㈱

© Koichi Sakamoto 2012, Printed in Japan
検印省略　　落丁・乱丁本はお取り替えいたします。
本書のコピー・スキャン・デジタル化等の無断複製は著作権法上での例外を除き禁じられています。本書を代行業者等の第三者に依頼してスキャンやデジタル化することは、たとえ個人や家庭内での利用でも著作権法違反です。

ISBN978-4-86429-128-6